口絵１　改宗広場の仏塔とインド憲法の石碑（2013年８月31日）

口絵２　B. R. アンベードカルの像（2013年９月９日）

口絵３　佐々井秀嶺（2016年３月５日）

口絵４　仏教寺院の祭壇（2013年９月11日）

口絵 5　仏教僧に守護紐を巻いてもらう仏教徒（2014年 8 月24日）

口絵 6　インドーラー地区ライン A（2014年 8 月24日）

口絵９　仏教徒から紐を切り取る活動家
（2004年10月23日）

口絵７　仏教徒青年とマールバトの行進
（2008年８月31日）

口絵８　改宗広場において改宗記念祭に参加する人々（2005年10月12日）

口絵10　仏教徒によるハルディーの儀礼（2014年３月２日）

口絵11　「姉」からラーキーを巻かれる筆者（2008年８月16日　撮影：根本由香理）

口絵12　仏教徒に祝福を与える佐々井（2014年３月２日）

ポスト・アンベードカルの民族誌＊目次

＊カバー、口絵、本文中の写真は、但し書きのない限り、筆者による撮影である。

ポスト・アンベードカルの民族誌

現代インドの仏教徒と不可触民解放運動

序章　研究の視座：同一性の政治学と生活世界における寛容

現代インドにおいて、被差別者による反差別運動の文脈で頻繁に引用されるのは、元不可触民から「父なる指導者（*bābāsāheb*）」と呼ばれるB・R・アンベードカル（Bhīmrāo Rāmjī Ambedkar）（一八九一―一九五六）の思想と実践である。アンベードカルが一九二〇年代に開始した不可触民解放運動は、一九三五年の棄教宣言以降、被差別者がヒンドゥー社会から離脱する道を選択し、一九五六年一〇月一四日にナーグプル市でアンベードカルと三〇万人以上の元不可触民が仏教へ集団改宗するに至った。科学や歴史、合理性、世俗主義、人間の理性を信頼した「真のモダニスト」とされるアンベードカル（Chatterjee 2004: 9）は、この解放運動において「近代的な西洋のモード」を選択し、被差別者自身による「自己尊厳」の獲得を目指した(1)（Nagaraj 2011: 78–79 cf. アンベードカル 一九九四、Ambedkar 2011）。この自己尊厳モデルを通じて、仏教徒（元不可触民）とヒンドゥー教徒が別々のカテゴリーとして分離された結果、仏教徒たちは集団改宗後、「自己のマイノリティ化」と「自己の閉鎖」（Nagaraj 2011: 115）に向かうことになる。

一九五六年一二月六日の指導者アンベードカルの死去以降、アンベードカルへの支持を表明する元不可触民は、改宗以前に保持していた生活世界の論理、その中から立ち上がる寛容の論理さえも「ヒンドゥー教のもの」として否定しなければいけない状況にある。元不可触民の人格は「暴力、困惑、怒り」という言葉で表現され、元不可触民とカースト・ヒンドゥーの分離が、現代インドにおいて「相互の恐怖と不信」による暴力を生み出す要因の一つとなっている（Nagaraj 2011: 139, 212 cf. グハ 二〇一二：三一八—三二〇）。それでは、これらの元不可触民は、アンベードカルが著作や演説で残したもの以外の文化的記憶について、完全に「記憶喪失」（Nagaraj 2011: 158）の状態に陥っているのだろうか。本論では、元不可触民がポスト・アンベードカルの時代を生きる中、生活世界の中から立ち上がる寛容の論理が、同一性の政治学（アイデンティティ・ポリティクス）としての側面を持つアンベードカルの自己尊厳モデルに入り込み、それまでとは別の反差別運動を生み出していることを論じる。

第一節　排除の論理が浸透する不確実な世界

人、情報、技術、資本、観念が国境を越えて移動するグローバリゼーションが進む中、それぞれの生活の場では家族集団や地域共同体が既存の影響力を弱め、国際組織の複雑化や多国間連携の深化に伴い、国家はその役割を変えてきた（ギデンズ 一九九三、ベック 一九九七、Appadurai 1996）。人々は、近代の徹底化による社会の流動化や不確実性の高まりを認識し、人類の進歩を通じて公正で平和な社会が達成されるという「幻想」（バウマン 二〇〇一：三八—三九）への信頼を失いつつある（ベック 一九九八、ハーヴェイ 一九九九、リオタール 一九八六）。それぞれは、「自分が誰であるか」という自己認識に対し、他者からの承認を得ることでアイデンティティを安定させることができる。しかし、不確実な世界では、必ずしも国家や家族や地域が確固とした自己同一性を与えてくれるわけではないため、個々人は自らの手で自己認識への承認を獲得し、アイデンティティを確かなものとすることが求められている（バウマン　二〇〇一：四二―四四）。このような状況の中、グローバリゼーションがもたらす急激な流動化に抗するべく、狭義の当事者性に依拠すること、言い換えれば、「われわれが誰であるか」を排他的に決めることで所属先を与える同一性の政治学が勃興している。それぞれは、犯罪集団や非政府組織、宗教的セクトなど、国家と個人の間に位置する中間集団を再創出し、新たな社会的連帯を構築しようと試みている（ハーヴェイ　二〇〇七：二三七―二三八）。この意味で、民族や宗教間の差異を強調する同一性の政治学とは、グローバリゼーションと遠く離れた時代錯誤的なものではなく、差異が失われつつある不確実性の中で確実に見える差異を創り出そうとする近代的な現象と理解されるべきものと言える（Eriksen 2005: 29-30　cf.　アパドゥライ　二〇一〇）。

急速な経済発展を遂げるインドでは、一九八〇年代の一定程度の規制緩和、さらに一九九〇年代からの全領域的な経済自由化（佐藤　二〇〇二）以降、国外に居住するインド人の増加や国内に進出する多国籍企業の拡大など、人や技術や資本が国境を越えて移動するグローバリゼーションが進行してきた。そのような中、一九八四年にボーパールで発生したアメリカ系企業による有毒ガス流出事故（ベック　一九九八）や、二〇〇一年時点でムンバイー市人口の五四・〇六％を占めるスラム居住者数の増大（Office of the Registrar General and Census Commissioner, India 2005）など、近代化の否定的側面が目に見えるようになっている。そこでは、排他的で暴力的な対立（コミュナリズム問題）といった「人々の不安の受け皿になる「宗教空間」の顕在化」（関根　二〇〇六：四）が起こっているほか、都市部における地方出身者への暴力行為など、不確実性に直面するマジョリティがマイノリティを「都市部での社会不安や緊張を転位させる格好の標的」としている（アパドゥライ　二〇一〇：六五）。これらの現象は、流動化や不確実性の中で不安を抱える人々が他者への暴力行為を選択し、自らの不安を解消しようとする動きの一部と考えられる。グローバリゼーションがもたらす流動化に抵抗するように、排他的な当事者性に依拠する動きが強まる中、「他者の真実性を承認し、相互的過程としてその人たちの意見や考えに耳を傾け、熟慮する準備ができていること」である「対話型民主制」（ギデンズ　一九九七：一九九）、「政治システムの内と外で、様式や構造が形成される際の空間や形式、討議の場を実践し、またそれらを求めて闘っていくこと」である「政治の創造」（ベック　一九九七：七四）、「差異の否定、抑圧、隠蔽ではなく、調停と仲裁によってつくりだされた統一性」や「連帯の形式」（バウマン　二〇〇一：二三〇）の必要性が述べられている。これらの共通点は、対話や討議による交渉の場を通じた新たな共生の在り方の創出を目指し、未来に向けて「あるべき世界」（関根　二〇〇六：七）を論じていることにある。本論はこれらの議論の必要性に賛同しつつも、人類学がなすべきことの一つが、現在そこに「ある世界」（関根　二〇〇六：七）に目を向け、現存する自己と他者の交渉の場を描き出していくことにあると考える。

一九八〇年代以降の南アジアに目を向けると、民族・宗教間の暴力的対立とそれに伴う虐殺が発生してきた。例えば、一九八三年に反タミル人暴動がコロンボで発生し、その後のスリランカ内戦は二〇〇九年まで継続した。インドでは一九八四年に反シク暴動がデリーで起き、一九九〇年代以降になると、一九九二年にアヨーディヤー事件、二〇〇二年にゴードラー暴動というヒンドゥー教徒による反イスラーム暴動と虐殺が生まれている。これらの対立と虐殺を対象とする研究が、一九九〇年代になると相次いで発表されてきた。まず人類学者による研究として、被害者の視点に立つものがある。これらは暴動の犠牲者の苦しみを記述したものであり、デリー暴動の生存者（遺族）であるシク教徒の女性や子どもの個人的経験と現地社会の規範との緊張関係を記述したダース（Das 1990）や、コロンボ暴動などで暴力にさらされたタミル人の経験（痛みやトラウマ）や詩について特に記号論を用いて論じたダニエル（Daniel 1996）の研究などがある。次に暴動参加者（加害者）に焦点を合わせた人類学的研究として、タンバイア（Tambiah 1996）は、南アジアにおける暴動の比較研究を行ない、集合的暴力が格差の平準化という目的を持つことや暴力発生のプロセスにおける共通性を導き出した。ガーセムファシャンディー（Ghassem-Fachandi 2012）は、隣人であるイスラーム教徒を集合的な敵対者と描くヒンドゥー至上主義組織の幻想を受け入れ、ヒンドゥー教徒の統一をもたらすために一般のヒンドゥー教徒が供犠の論理に従ってイスラーム教徒の大虐殺（ゴードラー暴動）に加わったと論じた。また人類学以外でも、暴動発生のメカニズムを分析した政治学研究が複数発表されている。例えば、インド都市部で別々の宗教を信仰する市民の繋がりが宗教対立を煽るデマなどを抑え、暴動の発展を防ぐと主張したヴァールシュネーイ（Varshney 2002）、インド都市部の政治家などが政治的利益のために宗教対立を煽って暴動を引き起こす「制度化された暴動システム」を示したブラス（Brass 2003）、インド農村社会の変容と政権党による暴動への対処法の帰結から、同一性の政治学の台頭を論じた中溝（二〇一二）のものなどがある。これらの先行研究は、暴動が特定の集団から別の集団に対する目的を持った組織化された集合的暴力であり、被害者の多くが本人の直接関係していない理由で隣人などによって虐殺される点を明らかにしている。このことから、暴力的対立の発生メカニズムを議論する上で着目すべき点の一つは、タンバイアやガーセムファシャンディーが論じているように、加害者による被害者の本質化、つまり、他者化にある。例えばガーセムファシャンディーは、この他者排除の論理が政治家やメディアによる極端なレトリックの裏側で働いていることを明らかにしている。

江原が述べるように、排除の論理は「そもそも当該社会の「正当な」成員として認識しない」という「排除行為」と定義することができる（江原　一九八五：八四）。排除する側が「劣等のないし不名誉な表象」（テイラー　一九九六：五二）を用いて、同じ社会を生きる一部の人々を否定的に本質化し、この他者化によって権力に差がある「非対称的」な関係性が創り出される（江原　一九八五：八四、佐藤　二〇〇五：六五）。つまり排除行為は、「それが否定することになる対象を、生産する」ものであり、「禁止と産出を同時におこなう」ことを意味する（バトラー一九九九：一七一）。このことは著名な『オリエンタリズム』（サイード　一九九三a、一九九三b）にも明らかである。サイードによると、オリエンタリズムとは「「東洋」と（しばしば）「西洋」とされるものとの間に設けられた存在論的・認識論的区別にもとづく思考様式」であると同時に、「オリエントを支配し再構成し威圧するための西洋の様式」である（サイード　一九九三a：二〇―二一　cf. サイード　一九九二）。西洋は、自らを「オリエントと対照をなすイメージ、観念、人格、経験を有するもの」（サイード　一九九三a：一八）として規定するが、この際に「非ヨーロッパのあらゆる民族・文化を凌駕するものとしてみずからを認識するヨーロッパのヨーロッパ観」と、ヨーロッパのオリエント観によって、東洋人の後進性に対するヨーロッパ人の優越が繰り返し主張されることになる（サイード　一九九三a：三〇）。そして西洋は、「一種の代理物であり隠された自己でさえあるオリエントからみずからを疎外することによって」、自分たちの力とアイデンティティを獲得することができる（サイード　一九九三a：二二）。このように「不名誉な表象」とは、排除する側が自らの内部に持つ否定される側面を外部化し、ある人々に押し付けたものであり（Tambiah 1996: 291）、これにより両者の間には乗り越えられない絶対的な差異が生まれる。その意味で、この「非人間的なもの」は権力を持つ側の隠された一部なのだが、ここで起きていることが現状の権力関係に沿うものであるため、「分厚い織物にも似た言説」（サイード　一九九三a：六四）の一部として、排除される側を含む人々の間で受け入れられる。排除される側は、具体性や個別性のないものとして「非人間化」され、排除する側は、残虐な行為を正当化できるようになる（Tambiah 1996: 284）。そこでは排除される側が「よそ者」となるだけでなく、排除する側も「われわれ」としてカテゴリー化される（佐藤　二〇〇五：六〇）。このように、同じ社会のメンバーを「よそ者」として排除することを通じて、グローバリゼーションによる流動化・不確実性の中で明確な差異を設定し、「われわれが誰であるか」に答えを与え、自らのアイデンティティを安定させることが可能になる。

第二節　オリエンタリズム批判と同一性の政治学のジレンマ

サイードによるオリエンタリズム批判を受けた人類学は、ある社会に何らかの本質が存在するという考えを退け、非西洋の対象社会を均質的で静態的なものとするオリエンタリスト的表象を解体する取り組みを行なってきた。インドを対象とする研究に目を向けてみると、オリエンタリスト的なインド社会の表象として、特にデュモン（二〇〇一）とモファット（Moffatt 1979）のモデルが批判的に取り上げられてきた。デュモンによると、インド社会の本質とは、最も浄性の高いバラモンを頂点とし、最も不浄な不可触民を最下層とする浄・不浄の対立を原理とした階層性である。その土地の支配カーストが持つ権力は、宗教的な意味を持たない政治経済的なものであり、宗教原理に付随的に包摂されている（デュモン　二〇〇一：六八―八四、九一―一〇八、一九九―二一六）。さらにモファットは、不可触民が浄・不浄イデオロギーに基づくヒエラルキー観念を共有し、地位の低い役割を担うことで相補的な役目を果たすだけでなく、支配的な文化制度やヒエラルキー関係を模倣しており、不可触民が支配的なヒエラルキー観念に合意していることが示されているとした（Moffatt 1979: 4-5）。デュモンが、インド社会には「階層的人間（ホモ・ヒエラルキクス）」が存在する一方、西洋社会には「平等的人間（ホモ・エクワリス）」が存在すると主張したように（デュモン　二〇〇一：二九六―三〇四）、デュモンとモファットのモデルは、西洋社会内部の否定的要素である「ヒエラルキー」もしくは「不平等」をインド社会に付与することで、本質主義的なインド社会表象を形成しつつ、これとは相反する「平等」な西洋社会を生きる者として自己を肯定する側面を持つ。

これに対し、インドを研究対象とする人類学的研究の中には、オリエンタリスト的なインド社会表象の解体に取り組んでいる研究が複数存在し、大きく二つの方向性に区別することができる。第一の方向性は、インド社会の現実がデュモンのモデルのような相互補完的な一貫したものではなく、多様なイデオロギーが競合し、インドの人々に葛藤や対立をもたらすものであると論じている。そこでは吉祥・不吉を軸とする王権（Dirks 1987; Raheja 1988）や動態的で女性的な力（シャクティ）（Apffel-Marglin 1985）、さらには西洋近代的な価値観（Parry 1994）など、浄・不浄イデオロギーとは別のイデオロギーの存在が提示されてきた。これらの研究は、浄・不浄イデオロギーがインド社会の本質なのではなく、日常生活や儀礼において場面が変わる中で多様なイデオロギーのうち特定のものが優勢となり、そのイデオロギーを担う人々が中心的な位置を占める一方、バラモンをはじめとする特定の人々が劣位の地位に置かれるとする（田辺　一九九三、二〇一〇）。第二の方向性は、デュモンのモデルがトップダウンの視点に立つものと批判を加え、不可触民などの周辺化された存在をボトムアップの視点から理解することの重要性を主張する。例えばドリエージュによると、不可触民がカースト・ヒンドゥーを模倣していても、必ずしも模倣が合意を意味しているわけではない（Deliège 1992: 160）。被差別状況に押し込められながらも、「自己尊重」（Vincentnathan 1993）や「自己拡張」（関根　一九九五）などを動機として不可触民は自らの行動を選択し意味付けている。さらに関根によると、不可触民は不浄な存在とされるだけではなく、境界設定人として外部のものを受容し、創造力へと転換する力を持った両義的な存在である。しかし、支配的な浄・不浄イデオロギーによって不可触民が最も不浄とされることで、その外部性の脅威が隠蔽されている（関根　二〇〇二：一一六―一一七）。つまり、不可触民を浄・不浄の対立に沿ってただ「不浄な存在」と呼ぶことは、インド社会の支配的なイデオロギーを強化し、「隠蔽の暴力の巧妙な仕掛け」（関根　二〇〇二：一一八）に加担することになる。

このようにオリエンタリスト的な社会表象の解体が試みられる中、排除される側の中には権力を持つ側が排除行為によって設定したカテゴリーを自ら利用し、同一性の政治学を展開する人々が存在する。サイードは、「原地人が西欧の白人とは人種的、地理的に異なるカテゴリーに属するとみなされる」一方、「脱植民地化運動に代表される反帝国主義反乱においても、この同じカテゴリーが革命家たちの周囲で動員され、この同じカテゴリーが革命家という反抗的自己同一性の形成にひと役かった」と述べている（サイード　一九九二：七）。この被差別者による同一性の政治学は、「現状の否定」となる「抑圧的な社会関係の変革」（野口　二〇〇〇：二五四）を目的とするものであり、これらの被差別者は、差別者から分離された肯定的な自己表象を形成するイデオロギーを用い、自己の尊厳を回復・確立することを目指す。言い換えれば、被差別者による同一性の政治学の特徴の一つは、他者に与えられた否定的な表象を肯定的なものに転換する試みである点と言える。これは自分たち自身のイデオロギーに依拠するという意味で、周囲から独立した自らの場所を前提とする「戦略」（ド・セルトー　一九八七）としての側面を持つ。被差別者の宗教社会運動に関する人類学的な先行研究に目を向けると、特に一九九〇年代以降、本質主義的な自己表象に依拠する同一性の政治学が主要な研究対象となってきた。そこでは「原始的な生活を営む先住民」や「環境と調和して暮らす先住民」など、マイノリティが支援獲得のために欧米諸国の期待に沿った静態的で均質的な自己表象を意図的に用いる点（Conklin and Graham 1995; Conklin 1997; Jackson 1995）や、欧米の研究者が残した民族誌的記録や人口調査結果、考古学的資料などを用いてマイノリティが自分たちのコミュニティの尊厳を高める「歴史」を証明し、土地などを巡る法的な権利獲得を目指す点（クリフォード　二〇〇三、Narayan 2004）が議論されてきた。これらの特定の同一性の政治学における自己表象や文化の構築は、周囲の状況から切り離された自由な環境の中で選択されたものではなく、国家、国際的なＮＧＯ、植民地主義、資本主義などが絡み合う権力関係の中で強制されながら選択されたものである（Hodgson 2002; Li 2000; Nash 2005）。言い換えれば、同一性の政治学に依拠する集団を研究対象にする際は、その集団が埋め込まれているコンテクストの複雑さに目を向け、なぜ特定の集団が同一性の政治学を選択したのかという基本的な問いに立ち戻り、複雑な歴史的・社会的コンテクストを検討することが求められる。

一方、被差別者が同一性の政治学を選択することで直面する困難についても、複数の議論が行なわれている。例えば、被差別者の取り組みが押しつけられた排他的カテゴリーを繰り返し使用するため、その排除の論理を維持・強化してしまう（小田　一九九七）。排除する側も排除される側も相互に排他的カテゴリーを用いるため、排除する側と排除される側の間にある関係性が忘却され、分断線に沿って時に暴力的対立が生まれることになる（松田　一九九二、Abu-Lughod 1991）。この他にも、差別者にも被差別者にも不変の本質があると考えられた場合、経験が歴史的に構築され、時間の流れの中で変化していることが無視されてしまい、極端な場合には歴史が消去される点（Abu-Lughod 1991; Sylvain 2002）、当事者カテゴリーの排他性がこの枠内にいる多様な人々に本質化を強制し、その本質化から外れる境界的存在を他者化する点（金　一九九九、Lavie 2012）、同一性の政治学が特定の伝統を本質と決め、この伝統を起点として同一性の政治学を展開することで、同じ伝統に起因する集団内部の既存の差別が維持・強化される点（Gorringe 2005a; Muratorio 1998）などが指摘されてきた（cf. Edelman 2001; Gorringe 2005b; Ortner 1995）。また、被差別者の問題は被差別者が解決すべきであるなど、元々は社会全体において責任を負うべき多様な社会問題が、同一性の政治学が設定する狭義の当事者性の枠内にいる「当事者」だけの問題として矮小化されてしまうことも論じられている（豊田　一九九八）。

これに加え、被差別者の同一性の政治学を対象とする研究者が直面する難しさも存在する。例えば、被差別者の同一性の政治学に自己同一化した研究者が、運動の指導者層の意見を代表とみなして内部の差異を隠蔽し、境界的存在の他者化や既存の差別の維持などに加担してしまうことがある（Ortner 1995; Tsing 1993）。また、「伝統の発明」論争（Keesing 1989, 1991; Linnekin 1991, 1992; Trask 1991）でよく知られるように、本質主義批判の立場を取る人類学が理論的発展に取り組む一方、同じ理論によって現状変革に向かう被差別状況にある人々の本質主義が解体されてしまう（Sylvain 2014）。

ヘイル（Hale 2006）が指摘するように、この本質主義と構築主義の緊張関係は否定されるべきでなく、このジレンマこそが社会運動論や先住民性の議論において、複数の理論的で方法論的な展開を生み出してきた。例えばバトラーは、「女」というカテゴリーの一貫性や統一性に固執するのではなく、カテゴリーの中身を事前に定めないことで、さまざまな立場の女が予測なく集合し、各自のアイデンティティを表明することを可能にすると述べる。この「とりあえずの連帯（創発的連帯）」は、相違や亀裂や分裂や断片化を民主化の過程として受け入れるものであり、そこでカテゴリーは「さまざまな意味が競合する永遠に使用可能な場」となる（バトラー　一九九九：四一―四三）。同じくフレイザーは、特定の不正義において不公正な配分と不十分な承認の両側面を見出す「パースペクティブ二元論」（フレイザー　二〇一二：七二―七六）を提示している。そこでは、富の平等な配分により差異を解消する再配分の政治と、特定の集団の差異を肯定する承認の政治の統合のため、参加の平等を規範的な原理として肯定的是正を構造変革に繋げる「非改革主義的改革」（フレイザー　二〇一二：九四―一〇〇）の必要性が論じられている。これに加え、理論的純粋性を投げ捨てて本質主義を戦略的に選ぶ立場（スピヴァク　一九九二、一九九八）や、現地の運動組織と政治的に連帯し、活動家と議論しながら研究を進める「アクティヴィスト・リサーチ」（Hale 2006; Speed 2006）など、研究者と現地の活動家との関係性についても複数の方向性から議論が深められてきた。

第三節　反差別運動の当事者が持つ動態性と輻輳性

既存の研究では、被差別者が「戦略」としての同一性の政治学だけでなく、「戦術」（ド・セルトー　一九八七）を用いていることも指摘されてきた。ここで言う戦術とは、自分のものを持たないことを特徴とし、他者の場所で監視下に置かれながらも、何かの隙があればその機会を利用する試行錯誤的な「弱者の技」（ド・セルトー　一九八七：一〇一―一〇二）、「弱者の武器」（Scott 1985）、「統治される者の政治学」（Chatterjee 2004）である。バトラーの言葉を借りれば、「多様な言説の命令と共存と集中」が「複合的な再配置や再配備の可能性」を生み出すのであり、被差別者にできることは、「道具をそれが存在している場所で拾い上げる行為だけ」である（バトラー　一九九九：二五五―二五六）。特に南アジア地域における被差別者の生活世界を対象とした先行研究に目を向けると、元不可触民の男性のライフ・ヒストリーを収集した民族誌があり、被差別者が被差別状況から戦術的に逃れようとする姿が描かれている（Freeman 1979）。また「ダリト（*dalit*）文学」と呼ばれる被差別者による自伝の中には、被差別者が反差別運動の必要性に目覚めるプロセスを記述したもの（Moon 2002; Valmiki 2003）に加え、被差別者が戦術を用いて困難な日常生活を生き抜く姿を描いたもの（Kale 2000; Limbale 2003）が存在している。これらの先行研究は、同一性の政治学に取り組む被差別者が、必ずしも反差別運動の世界のみを生きているのではなく、生活世界において複数の他者との複雑な関係性の中で交渉しながら生きていることを思い出させる。求められているのは、活動家による静態的で均質的な自己表象が、被差別者全体を代表していると誤認することを避け、同一性の政治学に取り組む被差別者の動態性と輻輳性、言い換えれば、同一性の政治学に取り組む被差別者が永続的な変化の過程を生き、それぞれの内部が単一ではなく複雑に重なり合っている点を視野に入れることである。

このためには、活動家の働きかけを受ける他の被差別者の視点に着目するだけでなく、分析を進める上で、同一性の政治学と生活世界の論理のレベルを区分することが求められる。このことから、本論では分析の視点として、「想像されるスタイル」（アンダーソン　一九九七：二五）で区別される二つの共同体の在り方に注目する（cf. 小田　一九九六、鈴木　二〇一三）。一つ目は、近代に特徴的な国民的な同一性の論理を基礎として俯瞰的視点から想像される排他的な共同体であり、同一性の政治学の基盤となるものである。酒井は、「他の「社会」や「文明」を均質で一枚岩的な他者として表象することに見合って、反照的に、対―形象化の図式を通じて、自国民、自民族、自人種を均質で分割不可能な統一体として構想することが可能になる」とし、このような想像力に依拠するアイデンティティの在り方を「種的同一性」や「国民的同一性」と呼ぶ（酒井　一九九四：八―九）。ここにあるのは、「維持されるための境界」としてのアイデンティティと言い換えることができる（クリフォード　二〇〇三：四四二）。この同一性の論理を基礎とする人間関係の在り方は、「日本」や「インド」など、自らの共同体と他の共同体間に明確な境界線を設定し、「その大多数の同胞を知ることも、会うことも、あるいはかれらについて聞くこともなく」、自らと同じ共同体に属する「仲間」の存在を想像するものである（アンダーソン　一九九七：二四）。そこでそれぞれは、「日本人」や「インド人」など、分割不可能な統一体である排他的共同体の一部分として自らを認識する。

二つ目は、相手との関係性に依拠する同一性の論理を基礎として、水平的な視点から想像される対面関係の網の目である。酒井は「親―子、兄―弟、夫―妻、主―従といった社会関係性による同一化の論理によれば、個人は、同時に親でもありまた子であり（子でない親は原理的に存在し得ない）人生のある時点では従であっても別の時点では主でありうるから、個人は親、子、主、従の集合に同時帰属することができる」とし、これを「関係性による同一性」と呼ぶ（酒井　一九九四：九）。言い換えれば、これは「主体を積極的に繋ぎとめておくための諸関係の連鎖と相互作用」としてのアイデンティティである（クリフォード　二〇〇三：四四二）。この同一性の論理に基づく人間関係の在り方は、「各人に固有のものとして、個人を中心に無限に伸縮自在な親類、主従関係のネットワーク」（アンダーソン　一九九七：二五）であり、生活世界における交渉（交換）を基盤として相手と繋がる対面関係の網の目である。個々人は、「親―子」の「子」や「兄―弟」の「兄」など、それぞれ独自の網の目において一つの結び目となり、「兄」である自分が「弟」を通じて「弟の妻」とも繋がるように、この網の目は水平的に伸び縮みを続けることができる。

これに加え、本論における別の分析の視点として、同一性の政治学と日常生活における文化の構築の在り方の差異に着目する。まず、同一性の政治学を率いるエリートたちは、歴史や「神話」を描き、これらを実体化する儀礼や祝祭などの「伝統」を創り出し、その正統性を民族誌的記録や考古学的資料などで証明することで、自らのコミュニティの尊厳を高めようと試みている。ホブズボウムによると、この「創り出された伝統」とは「実際に創り出され、構築され、形式的に制度化された」ものであり、「日付を特定できるほど短期間」に生み出され、「歴史的な過去との連続性がおおかた架空のもの」である（ホブズボウム　一九九二：九―一〇）。そして伝統を創出する目的の一つは、「集団、つまり本当のないし人工的共同体の社会的結合ないし帰属意識を確立する」ことにある（ホブズボウム　一九九二：二〇）。このように同一性の政治学では、伝統の創造と呼ばれる「意識的で操作的な「文化」の創出としての客体化」が行なわれており、これは「民族意識の主要な担い手や創り手、すなわち運動家や政治的エリートによってもたらされる操作的ディスコース、あるいはそのディスコースに基づく限定された時空間でのプラクティス」と言える（前川　二〇〇四：一〇〇―一〇三）。

これに対し、日常生活における文化の構築の在り方は、人々が自らの文脈の中に身を置いたまま、既存の枠組みから新たな事物に意味を与えることで対象を客体化し、より受動的なかたちで理解可能なものへ読み換えるものである。ワグナーは、「彼が対象から「学ぶ」ものはすべて、すでに彼が知っているものを基礎として、それを材料にして構築された一つの拡張」であるとする（ワグナー　二〇〇〇：三二）。前川が述べるように、このワグナーの立場は、「外部からやってきた事物」に出会った際に「その出来事を構造（コンベンション）の枠組みによって捉える」とともに、「出来事（アクター、インベンター）によってその構造（コンベンション）自体も変容される」とするものである（前川　二〇〇四：一〇六―一〇七）。つまり、受け取る側が既存の意味付けの枠組みを基礎として新たな事物を読み換えることで、過去との連続性が維持されることに加え、「どちらかというと無意識のコスモロジカルなレベルの意味の革新」が引き続いて起こることになる（前川　二〇〇四：一〇七　cf.　前川　二〇〇〇、Bashkow 2006）。

以上のように、本論では二つの同一性の論理と文化の構築の在り方を分析の視点とすることで、同一性の政治学のレベルと生活世界の論理のレベルを区分する。これにより、対面関係の網の目に所属し、受動的な読み換えを行なっていた人が、同一性の政治学の影響を受けることで、排他的共同体に参加していると想像し、意識的な文化の客体化を行なうようになったり、逆に後者から前者に変わったりするなど、被差別者それぞれの動態的なプロセスを検討することができる。また、同一性の政治学の影響下にある人が対面関係の網の目と排他的共同体に同時に所属したり、受動的な読み換えと意識的な客体化を同時に行なったりする輻輳性も考察することが可能になる。

アンベードカルを指導者とする元不可触民の宗教社会運動は、現代インドにおける最大の反差別運動の一つであり、インド西部のマハーラーシュトラ州がその中心地とされている。同州のアンベードカル支持者に関する先行研究として、アンベードカルに率いられたマハール（*mahār*）の政治運動と改宗運動について一九三五年を分岐点として一九一七年から一九五六年までの歴史を詳細に論じたゼリオットの博士論文（Zelliot 1969）、一八二〇年代のジョーティラーオー・フレー（Jyōtirāo Phulē）（一八二七—一八九〇）からアンベードカルまでの不可触民解放運動の歴史について、指導者の思想と実践を中心に考察した内藤（一九九四）、マラートワーダーのパルバニー県の農村部における儀礼的交換関係と超自然的存在への仏教徒のかかわり方を議論したフィッツジェラルド（一九九四）、アンベードカルの著作やダリト文学、仏教徒による歌や詩などをもとに、仏教徒による抵抗や解放を目指した表現の言説分析をしたベルツ（Beltz 2005）、マーング（*māng*）のダリト組織と大衆社会党（ＢＳＰ）の社会文化的な闘争に着目し、カーストを横断する市民性の創出を目指すダリト政治の戦略を論じたワーガモーレー（Waghmore 2013）などがある。次に北インドのウッタル・プラデーシュ州を調査地とする研究として、都市部アーグラーにおいて一九四七年のインド独立と議会制民主主義導入の影響を中心に、仏教徒の社会移動と社会変化を考察したリンチ（Lynch 1969）、ラクナウとイギリス在住のダリト活動家のネットワークの分析に加え、人権や人種差別といった国際的に流通する概念とダリトの対抗言説の相互作用を論じたハルトマン（Hardtmann 2009）、農村部における仏教徒の生活実践や儀礼実践、詩聖人ラヴィダースへの信仰から仏教徒によるアイデンティティの生成を論じた舟橋（二〇一四）の研究などがある。(2) このうちゼリオットや内藤、ベルツ、ワーガモーレー、ハルトマンは反差別運動のレベル、フィッツジェラルドやリンチ、舟橋は生活世界のレベルを中心に議論を進めている。本論は、同一性の政治学のレベルと生活世界のレベルを区別し、分析を進めることで、既存の研究では取り上げられることの少なかった元不可触民の動態性と輻輳性を議論していく。

第四節　等質性なきものが共働する生活世界の寛容

狭義の当事者性が産出する暴力的対立の解決方法を議論するためには、同じ場所で他者化を行なった者自身によって排他的カテゴリーが解体される過程、つまり、非他者化のプロセスを考察する必要がある。この非他者化を進める方法の一つは、カテゴリー間の差異を絶対視する際に、つまり、「われわれ」と「よそ者」というカテゴリーを分離する上で否定されたものに着目することで導き出される。この否定されたものの一つは、複数の人々がかかわり合って生きる「人間関係の基本的「場」」（川田　一九九九）、同一性の政治学などの排他性の影響下にありながらも、必ずしもそれらに覆い尽くされることのない生活世界の存在である。この「各種の伝統のパターンに満ちた場」において、すべてのアクターはパートナーとの「関係性によって生産されつづける産物である」と言える（ハラウェイ　二〇一三：四三―四四）。生活世界の場で形成される二者関係においては、排除される者が「完全には排除され得ない被差別者」（佐藤　一九九〇：八六）として現れるため、排除する側は、「個と共同体の合一的に融合した「自己」（共同体）の声」」に従うだけでなく、この共同体のイデオロギーに「亀裂を入れる「他者の声」」（屋嘉比　二〇〇九：四九）を聴くかどうかを求められる。ここで言う生活世界にある他者の声とは、排除する側と排除される側が共有する歴史的な繋がり、受動的な読み換えによって接続される文化的な記憶、対面関係の網の目の中で分かち合う日常的な苦悩などであるだろう（cf.　関根　二〇〇六、Abu-Lugod 1991; Ortner 1995）。言い換えれば、同一性の政治学は、この「よそ者」の声を隠蔽しようとする。

南アジアを対象とする議論に目を向けると、ナンディーは、宗教的なものではなく、政治的もしくは社会経済的な利益を得るために、国家内部や国家をまたいで人々を識別する「イデオロギーとしての宗教」と、非一枚岩的なものと定義され、複数形で用いられる日常的な生活様式もしくは伝統である「信仰としての宗教」を区別する（Nandy 1990: 70）。同様にナーガラージュによると、「ヒンドゥー・ナショナリズム」は、一人のヒンドゥー教の神―英雄しか認めず、その神を歴史化し、単一の権威主義的な意味を与え、理想的な国家の象徴にする。一方、「フォーク・イマジネーション」は、一人の神を複数化することを認め、その神を歴史的事実から切り離し、別々の宗教的場所や像を融合することで、絶対主義的な解釈を不可能にする（Nagaraj 2014: 252–253, 256）。関根は、ヴェーダ聖典の権威やバラモンの階級的優位性を認める立場からの世界像を「「正統ヒンドゥー教」的解釈地平」と呼び、その縁辺部に生まれ、現世肯定的で情動的なバクティ信仰に体現される視座を「「庶民ヒンドゥー教」的解釈地平」とする（関根　二〇〇六：一三三―一三四）。また、内山田によると、高位の神とその分身とされる低位の神の本性を、予め答えが決まっている階層性の公準でとらえる「階層的に差異化する存在の静態的ロジック」と、一人のパーソンの内に複数の存在者の潜在態が隠されており、この内在する差異を持続の中で外在化したものが分身であるとする「変態する存在の動態的ロジック」を区別できる（内山田　二〇一一：五三、六〇―六一）。「日々の生活のありふれた過剰さと豊かさ」（Nagaraj 2014: 245）を持つ生活世界から産出される論理は、信仰としての宗教やフォーク・イマジネーション、「庶民ヒンドゥー教」的解釈地平、変態する存在の動態的ロジックと表現され、「社会の中に寛容をもたらす」（Nagaraj 2014: 255）ものと考えることができるだろう。言い換えれば、この生活世界の中から生み出される寛容の論理を通じて、他者の声を聴くことが可能になる。

　この寛容の在り方を理解する上で、ドゥルーズとガタリが論じた「樹木（ツリー）状のシステム」と「根茎（リゾーム）状のシステム」の区別が参考になる。ツリー状のシステムは中心化・統一化するものであり、それぞれの関係性は「血統」もしくは「出自」の論理で説明される（ドゥルーズ／ガタリ　一九九四：一五―三九）。レヴィ＝ストロース（一九七六）の言葉を借りれば、このシステムは、「エンジニア」が示す近代科学の認識の基盤となるものである。そこでさまざまな断片は、「より大きな全体へと組み立てられる部品」であり、「上方に向かって統合される」ことになる（インゴルド　二〇一四：一四四、一五二）。それぞれは、「支配する者と支配される者の非対称的な関係」の中に階層的に配置され、それぞれの経験は「過去―現在―未来の時間系列」に沿って秩序付けられる（中沢　二〇一〇：六八九、七三五）。他方、リゾーム状のシステムは、反序列的で反系譜学的なものであり、ここでは「同盟」もしくは「縁組」（アフィニテ）の論理が作動している（ドゥルーズ／ガタリ　一九九四：一五―三九）。このシステムは「織り合わされ複雑にもつれた紐の錯綜体」（インゴルド　二〇一四：一三一）であり、「階層性や他のいかなるタイプの超越的統一化にも抗うようなシステム」（ヴィヴェイロス・デ・カストロ　二〇一五b：一四二）を指す。リゾーム状のシステムには始点も終点もなく、すべてが常に「別のどこかへ行く途中」であるとされる（インゴルド　二〇一四：一三五）。生活世界の中から立ち上がる寛容の論理に共通する特徴の一つは、この非中心化・非統一化するリゾーム状のシステムと考えられるだろう。この同盟や縁組においては、「出来事（「此性」）」に対応する異質的な特異性どうし」が接続し、「「部分」と「全体」の区別」が棄却されることになる(3)（ヴィヴェイロス・デ・カストロ　二〇一五b：一三九―一四二）。

この同盟もしくは縁組と呼ばれる異質的な要素の結びつきの在り方については、ハラウェイとチャクラバルティの議論から多くを学ぶことができる。ハラウェイによると、「機械と生物のハイブリッド」であるサイボーグは、一体化とは言っても「同一性（アイデンティティ）」ではなく、「類縁性（アフィニティ）」もしくは「親和力（アヴィディティ）」によってひとまとまりになる方法論を示している（ハラウェイ　二〇〇一：四六、四八）。サイボーグは、

「有機的統一を夢見て部分的可能性のいっさいがっさいを見栄えよくまとめあげようとする試みすべてに」かかわっておらず、サイボーグにおける機械と生物は、それぞれの部分としての特徴を残したまま、「血縁ではなく選択によって関係性を持つ」のである（ハラウェイ 二〇〇一：三五、四六）。同様にチャクラバルティは、「断片的で挿話風なものが、国家と呼ばれる全体を夢みもしないし、そうすることもできないから、国家を生みだす意志と結びつけられていない知識形態を連想させる」とし、サバルタンのもとへ出かけるのは、「暗黙の全体を想定する断片の数々という意味で断片的ではなく、全体性という観念ばかりか、「断片」という観念そのもの（というのは、いかなる全体もないとしたら、断片はいったい何の断片だということになろう？）に挑戦する断片」について学ぶためであるとする（チャクラバルティ 一九九六：一〇〇―一〇一）。議論の要点は、機械と生物の差異、「全体を想定しない断片」同士の差異に目を向けながら、そこにある繋がりの在り方、つまり、異なる起源をもちながらも共に働く「等質性なき共存可能性」（ストラザーン 二〇一五：一三一―一三四）を知ることにある。(4) この等質性なき共存可能性という在り方こそ、生活世界の中から立ち上がる寛容の一側面と言えるだろう。

排他的な当事者性に依拠する運動が生活世界に影響を与えるだけでなく、生活世界の中から立ち上がる寛容の論理もまた反差別運動に影響を及ぼす。そこで排除する側が排除される側と共有する経験を認めることができれば、他者の非「非人間化」と自己の「非人間化」に至る可能性がある。言い換えれば、同一性の政治学と生活世界の結びつきは、必ずしも特定の運動を弱体化するわけではなく、同一性の政治学をずらしながら別のかたちの運動を創り出していくこともできる。そもそも「自分が誰であるか」というアイデンティティは、それぞれの行為の出発点として事前に存在しているものではない。例えばバトラーは、首尾一貫したジェンダーの核があると考えることが、生殖的な異性愛という義務的枠組みの中でセクシャリティを規定する幻想であり、実際には言説手段によって捏造されたものに過ぎないという意味で、ジェンダーが恣意的でパフォーマティヴなものであると論じる（バトラー　一九九九：二四〇、二四五）。「攪乱的な反復」では、「男」と「女」の二元論を前提とする法の次元の中で法が法自体に挑み、パロディ的な反復実践を通じて予期しない組み合わせが数限りなく生産される（バトラー　一九九九：一七一、二四七―二四八、二五八）。同様にギルロイは、起源や根づくことよりも、中間航路を経験した黒人の転地／居場所喪失や再定位／移住にかかわる経路に着目し、ブラック・アトランティックの政治文化が近代性の内側にいると同時に完全には部内者ではないという「二重意識」を特徴に持つと述べる（ギルロイ　二〇〇六：一一七、二六二）。ここにある「黒人性」というアイデンティティは、音楽文化が内包する借用、転地、変容、たえまない変奏の歴史に示される自己創造的な「変わってゆく同じもの」である（ギルロイ　二〇〇六：一三九、二〇〇、二四〇）。アイデンティティとは、複数の言説の内側における反復的な実践において産出されるものであり、「自分が何者であるか」を固定化しようとする中でも「自分が何者であるか」は常にずれを含んでいく。

「この問題の当事者が誰であるのか」という当事者性に目を向けると、マジョリティが選択するにせよ、マイノリティが取り組むにせよ、ツリー状のシステムを用いて狭義の当事者性を設定する同一性の政治学は、この運動が定義する「当事者」の枠内にいる者に自己尊厳を与える一方で、この枠外にいる者を「よそ者」とするため、その当事者性を拡張することが容易ではない。しかし、同一性の政治学を通じて被差別者が自己の尊厳を回復したり、獲得したりすることは、反差別運動の最終的なゴールなわけではなく、あくまで差別の撤廃に向けた長期のプロセスの一部であり、そこには公正で平等な社会の達成といったより大きな目標が存在している（cf.　鄭　一九九六）。言い換えれば、公正な社会の達成のためには、排他的な当事者性の枠内にいる者が自己尊厳を獲得することにとどまらず、「よそ者」とされた者こそが変容することを求められている。もし、機械と生物や「全体を想定しない断片」同士など、等質性なきものが結びつく連帯が存在するのであれば、それは、血統や出自を重視する同一性の政治学とは別のものであり、同盟や縁組の論理を基礎とするリゾーム状の連帯と考えることができるだろう。アイデンティティが出発点として存在するのではなく、絶えず産出され続けるものであることから考えると、等質性のないもの同士が協働する連帯においては、「当事者」と「よそ者」の両者が常に変容し続け、当事者性が拡張していくことになる。

第五節　本論の目的と構成

本論では、一九五六年の元不可触民による仏教への集団改宗と、仏教徒から「バーバーサーヘブ（父なる指導者）」と呼ばれるアンベードカルの死去以降を「ポスト・アンベードカルの時代」と呼ぶ。ここで言う「ポスト〇〇」とは、「ポスト」の後にくる「〇〇」の影響を受けながらもそこからずれが生じており、まだ「〇〇」とは別の明確な名前を持たない状況を指す言葉である。このポスト・アンベードカルの時代について、オムヴェドは、元不可触民（もしくはダリト）が「全体の見通しのないまま、もがき苦しんでいる」と述べている（Omvedt 2001: 144）。以下では、特に一九九〇年代以降の元不可触民による反差別運動の中から、①アンベードカルの思想や実践を引き継いでいる、②アンベードカルの運動からずれながら展開している、③まだ明確な名前で表現されていない、という三つの共通点を持つものについて考察する。これにより、「暴力、困惑、怒り」という言葉では完全には表現できない反差別運動の在り方を議論していく。

本論では、このポスト・アンベードカルの時代に反差別運動を通じて再創出されてきた中間集団として、特に一九五六年の集団改宗から四五年以上が経過した二〇〇〇年代以降のナーグプル市を生きる仏教徒を取り上げる。同市の活動家や仏教僧、在家信者、「半仏教徒・半ヒンドゥー教徒（*ādhā-bauddha ādhā-hindū*）」、「改宗キリスト教徒（*converted christian*）」、仏教僧佐々井秀嶺（一九三五―）の視点と実践にボトムアップから目を向け、同一性の政治学とともに生きる仏教徒たちの動態性と輻輳性に注目する。この分析を通じて同一性の政治学が元不可触民に自己尊厳を与えながら、本質主義的な差異を用いた他者化が暴力的な対立をもたらしていることを考察する。

これに加え、他者化とは逆の非他者化のプロセス、つまり、他者の非「非人間化」と自己の「非人間化」を考察し、流動化と不確実性の中、反差別運動に取り組む共同体の論理に反する生活世界の他者の声を聴く（もしくは聴かない）ことが、仏教徒による不可触民解放運動にどのような展開をもたらしているのかを明らかにする。言い換えれば、如何に複数化や動態性を特徴とする生活世界の寛容の論理が、閉鎖性や排他性にかかわる同一性の政治学の中に入り込み、この同一性の政治学の中からそれとは別の運動を生み出しているのかを考察していく。本論では最終的に、このリゾーム状の連帯を産出する動きを、ドゥルーズとガタリの言葉を借りて「生成変化の政治学」（ドゥルーズ／ガタリ　一九九四：二八五）と呼ぶことになる。

最後に本論の構成を示す。本論は序章と終章を含め、合計一一章によって構成されている。次の第一章では、筆者が二〇〇一年から二〇一六年の間にナーグプル市において計二年間実施したフィールドワークの概略を説明する。具体的には、ナーグプル市と同市で暮らす仏教徒の概要に加え、インド国勢調査の宗教別人口と仏教徒の認識の間にある仏教徒人口をめぐるずれ、ナーグプル市内の三カ所を巡るかたちで行なった筆者による現地調査の手法、仏教徒による「仏教徒」という名乗りと「新仏教徒」という名付けについて論じる。

第二章では、一九二〇年代にアンベードカルが開始した不可触民解放運動が現在のナーグプル市の仏教徒による反差別運動に至った歴史的プロセスを論じる。特に一九五六年を大きな転換点として、二〇世紀初頭から現在に至るまでの期間を五つに区分し、仏教徒の不可触民解放運動がマクロ・中間・ミクロという三つのレベルの間の相互作用の中で如何に変化し、それぞれの時代にどのような特徴を有しているのかを明らかにする。

第三章では、ナーグプル市で不可触民解放運動を率いる活動家の視点に目を向ける。ここでは、要約版としてのアンベードカルの教えが持つ本質主義的二元論、対立する歴史観、この教えを基礎とする仏教徒居住区での仏教文化の創造、仏教復興運動が生み出す他宗教信者との対立を考察するほか、活動家三名のライフ・ヒストリーを考察し、仏教徒が「アンベードカライト」として自己尊厳を獲得するプロセスを明らかにする。

第四章で分析対象となるのは、仏教僧と仏教儀礼に参加する在家信者であり、仏教寺院における勤行と仏教徒家庭における守護紐儀礼に注目する。ここでは、超自然的な力を否定するアンベードカルの教えと、これを肯定する既存の論理が競合関係にある中、カテゴリー化を逃れる意味が創出されている点を論じるとともに、守護紐への意味付けを三種類に区分できる点を考察し、一九三〇年代から現在までの意味付けの変容プロセスを検討する。

第五章では、仏教への改宗後もヒンドゥー教の神を信仰する「半仏教徒・半ヒンドゥー教徒」に目を向け、これらの仏教徒が家族や隣人への愛情を動機としてヒンドゥー教の神への礼拝を行なっていることを論じる。具体的には仏教徒女性が男性に行なうラクシャー・バンダンの儀礼と、仏教徒男性が深夜に実施するマールバト供犠を考察し、家族レベルと地域レベルという二つの対面関係の網の目が構築されている点を明らかにする。

第六章では、アンベードカルの教えを絶対視する活動家（「過激派」）と、「半仏教徒・半ヒンドゥー教徒」や「改宗キリスト教徒」（仏教からキリスト教に再改宗した人々）が交渉する場面に着目する。特に活動家によるヒンドゥー教の神の像を回収・焼却する取り組み、再改宗の働きかけ、改宗記念祭における紐切りの活動などを通じて、愛情の連鎖で繋がる対面関係の網の目が断ち切られ、「被差別者の中の被差別者」が創出されていることを論じる。

第七章では、一九五六年以降に生まれた活動家が、集団改宗を経験した世代から被差別の記憶を受け継いでいる点を考察する。これに加え、時に周りから「過激派」と呼ばれる活動家SGとDMについて、特にSGの結婚式、DMとDMの家族との軋轢に目を向け、反差別運動を積極的に推進する活動家も「差別と闘う団結か、家族との愛情か」という二者択一の問いに直面し、どちらを選択してもアイデンティティ・クライシスに陥ることを議論する。

第八章では、「半仏教徒・半ヒンドゥー教徒」と呼ばれる仏教徒青年の視点に立ち、青年たちが耕牛の祭で二つの戦術を用い、どの宗教に属するものか不確かな儀礼を創出することを明らかにする。次に青年たちが、親族関係にはないが愛情によって繋がった他者を「親族」として読み換え、この「開かれた親族」の網の目をアンベードカルの教えに依拠する排他的な仏教徒共同体に接続し、反差別の連帯を拡張する点を考察する。

第九章では、佐々井に特徴的な認識の在り方、具体的には類似性の重視と分身の論理を検討し、直喩の論理から隠喩の論理への展開に目を向ける。これに加え、佐々井が超自然的な力を否定する反差別運動を率いながら、この力を肯定する祝福の儀も同時に行なっており、「不可触民の指導者」だけでなく「不可触民の聖者」としても認識されていることを論じる。この佐々井の矛盾する実践を通じて、活動家と在家の仏教徒が同一の目標のもとで抗議デモに取り組むことが可能になる。

終章では、一九九〇年代以降のポスト・アンベードカルの時代において、「過激派」による同一性の政治学が生活世界にある他者の声を隠蔽する中、「半仏教徒・半ヒンドゥー教徒」がブリコラージュを用いることで、等質性なきものが協働する連帯を創り出している点を論じる。これと同時に、「不可触民の指導者／聖者」となる生成変化の政治学により、佐々井が不可触民解放運動の当事者性を拡張していることを論じる。

註

（1）アンベードカルに加え、現代インドにおける反差別運動の文脈で数多く言及されるのは、M・K・ガーンディー（Mohandās Karamchand Gāndhī）（一八六九―一九四八）の思想と実践である。生活世界の卓越した哲学者であったガーンディーは、インド研究のテキストを用いることはなく、ありふれた過剰さと豊かさを持つ生活世界の在り方を見定める際には、宗教を存在の他の側面から区別することがなかった（Nagaraj 2014: 244–247）。また、科学的推論よりも直感的な確信を優先し、「ポスト啓蒙主義の主題とは完全に矛盾する」立場に立ったとされる（Chatterjee 1999: 96–97）。不可触民解放運動においてガーンディーは、自己と他者を分割できない「伝統的なインドのモード」を選択し、差別者と被差別者との相互作用を通じてカースト・ヒンドゥーが道徳的責任に目覚める「自己浄化」を主張した（Nagaraj 2011: 45, 78 cf. Gandhi 1993: ガンディー 一九九四）。この反差別運動の手法では、生活世界におけるカースト・ヒンドゥーと元不可触民の関係性が尊重されながらも、被差別状況にある元不可触民が受動的な傍観者となってしまう。生活世界への着目から他者との関係性を重視するガーンディーの「自己浄化」モデルと、反差別運動を通じて被差別者が自分自身で「自己尊厳」を獲得するアンベードカルのモデルは、現在の元不可触民による宗教社会運動では相反するモデルとして対立関係にあると考えられており、必ずしも両者の利点を活用するかたちで相互補完的に統合されているわけではない（Nagaraj 2011: 57, 140, 161）。

（2）これら以外にも、北インドの元不可触民を対象とした研究として、ヒンドゥー的なものとインド半島的なもの（Indic）を区別する点など、ラクナウで暮らす都市部チャマール（*chamār*）の視点から文化的イデオロギーや社会的実践を論じたカレ（Khare 1984）や、憲法上の権利を象徴するアンベードカル像の建立から、元不可触民による自己尊厳の獲得と国家への働きかけについて議論したジョール（Jaoul 2006）の研究などがある。また、南インドを調査地とする研究として、政治意識の高まりの中で自己尊厳を求める元不可触民が、政治制度の枠外における時に暴力的な運動を通じて政治参加し、タミル・ナードゥ州の民主主義を民主化してきたことを論じるゴリンジ（Gorringe 2005a）のものなどがある。

（3）ここで言う「出来事（此性）」については、柄谷の議論が参考になる。柄谷は「この私」や「この犬」の「この」性を「単独性」と呼び、「一般性」（「私の集合」）の中の一つである「特殊性」としての「私」と区別する（柄

谷　一九九四：一一）。例えば、「子供に死なれた親に対して、「また生めばいいじゃないか」と慰めることはできない」理由は、「死んだのがこの子であって、子供一般ではないからだ」と述べ、「この私」や「この犬」、死んでしまった「この子」の代替不可能性について言及している（柄谷　一九九四：一六－一七）。

（4）　ハラウェイを引用するストラザーンによると、サイボーグは、一つでは少なすぎる一方で、二つでは多すぎる存在であり、比較可能性や等質性を前提とする共存可能性ではなく、比較可能性なき共存可能性もしくは等質性なき共存可能性を提示している（ストラザーン　二〇一五：一二八、一三四）。

第一章　フィールドワークについて

本章では、筆者が二〇〇一年から二〇一六年の間に、現代インドのマハーラーシュトラ州の一都市であるナーグプル市において、仏教徒（元不可触民）を対象として合計二四カ月間実施したフィールドワークの概略について説明する。第一に調査地のナーグプル市と調査対象である同市の仏教徒の概要に加え、インド国勢調査で示されている宗教別人口とナーグプル市の仏教徒たちが主張する仏教徒人口の間にずれが存在する点を考察する。第二に筆者がナーグプル市内の三カ所、具体的には仏教徒組織、仏教寺院、仏教徒居住区を巡るかたちで調査を実施したことを明らかにする。第三にナーグプル市の仏教徒が「仏教徒」と名乗っている一方で、国内外で「新仏教徒」と名付けられている現状にフラストレーションを抱えていることを論じる。

第一節　調査地と研究対象：ナーグプル市で暮らす仏教徒（元不可触民）

第一項　ナーグプル市の概要

ナーグプル市は、インド西部マハーラーシュトラ州の一都市である。ムンバイーを州都とするマハーラーシュトラ州は、三五県（District）によって構成され、ナーグプル県内に位置する（図1）。二〇一一年インド国勢調査によると、ナーグプル市の人口は二四〇万五六六五人であり、インド全体では一三番目、マハーラーシュトラ州ではムンバイーとプネーに続いて三番目に人口が多い（Office of the Registrar General and Census Com-

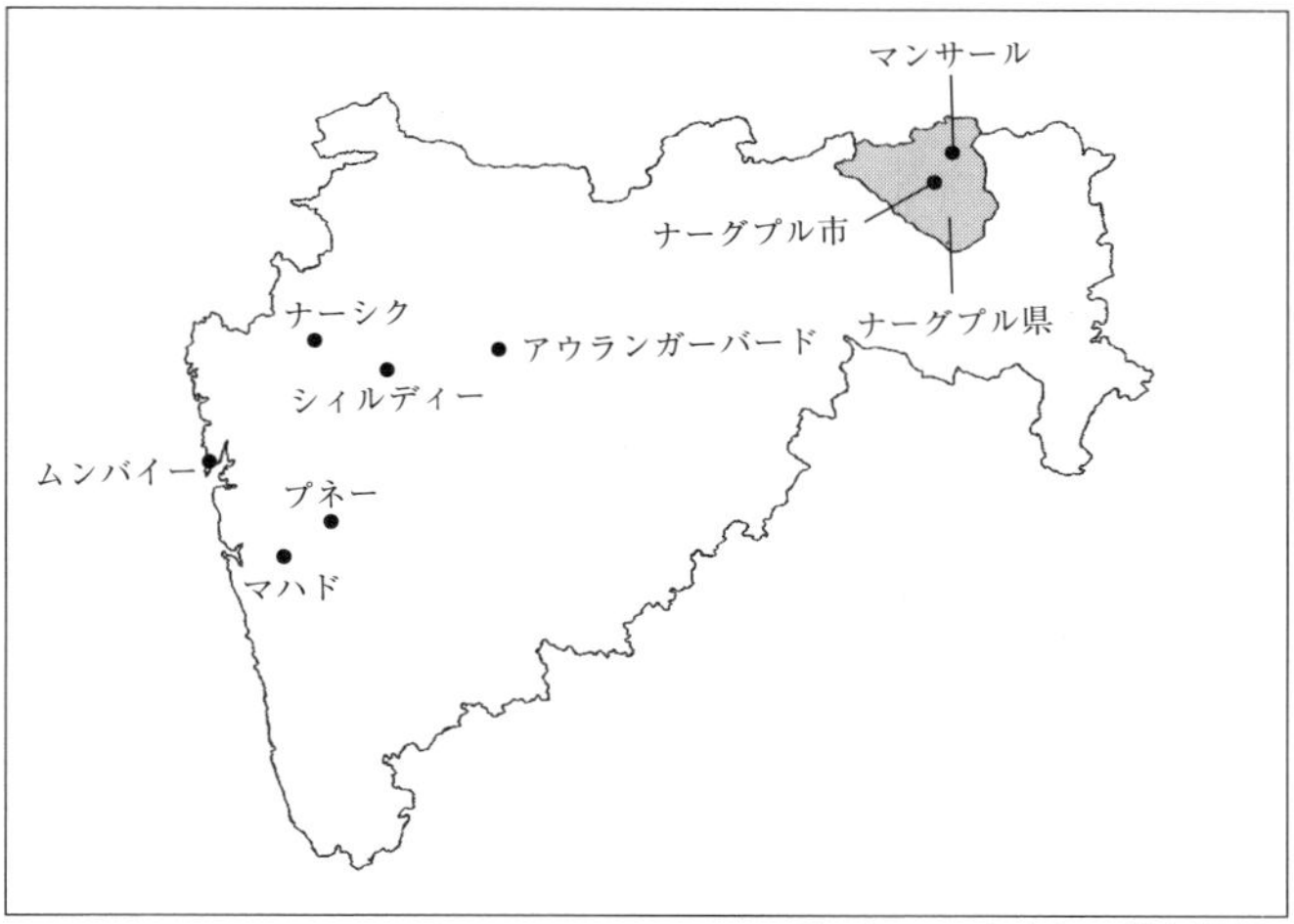

＊Survey of India 2004a 及び2004b をもとに筆者作製。

図1　マハーラーシュトラ州

missioner, India 2011）。マハーラーシュトラ州の「冬の首都」と呼ばれるナーグプル市は、冬期の州議会（図2のA）が毎年開催されており、州政治において重要な位置を占める。ナーグプル市は地理的にインドの中心にあり、主要な国営鉄道や国道が交差するインドの交通のハブとなっている。市の中心に位置するナーグプル駅（図2のB）からはデリー、ムンバイー、コルカタ、チェンナイといった大規模都市に電車を乗り換えずに行くことができる。市の南側にはバーバーサーヘブ・アンベードカル博士国際空港（図2のC）が存在し、デリーやムンバイーへの直行便が運航されている。また、ナーグプル市の近隣地域はオレンジの生産地として有名であり、ナーグプル駅の隣には広大なオレンジ市場がある。このことからナーグプル市は「オレンジ・シティ」と呼ばれる。ナーグプル市は、綿などの繊維業に加え、情報技術や自動車産業の工場などが建ち並ぶ工業地域でもある。デカン高原に位置しており、天然資源が豊富であることから、同市では鉱業も主要な産業の一つとなっている。また市の西側にあるラーシュトラント・トゥカドージー・マハーラージ・ナーグプル大学（図2のD）は、一九二三年に設立された州立の総合大学である。ナーグプル市の中でも経済的に発展している地区には、銀行、ショッピング・モール、ホテル、病院、レストランなどが並んでいる。この地区にある建物は階数が高く、コンクリート造りであるものが多い。医者やエンジニア、インド行政職官僚、会社経営者など、収入が高い職種に就く人々が住んでいる。また、医者やエンジニアの中には、ナーグプル市を離れて中東や東南アジアなどの外国で働いている人々も数多く存在する。一方、経済的に貧しい地区ではコンクリート造り、レンガ造り、土壁の家々が密集しており、政府が供給する飲料水などの衛生状態も悪い。これらの地区で暮らしている人々は、日雇い労働者、三輪タクシーや自転車リキシャの運転手、野菜などの露天商、使用人などの仕事をしている者が多い。失業している人々の中には、不法な高利貸しの取り立てや窃盗などの犯罪で生計を立てている人もいる。

二〇一一年インド国勢調査にある宗教別人口に目を向けてみると、インド人口一二億一〇八五万四九七七人のうち、ヒンドゥー教徒の人口は九億六六二五万七三五三人（七九・八〇％）であり、最も数が多い。二番目に人口が多いのがイスラーム教徒の一億七二二四万五一五八人（一四・二三％）、三番目がキリスト教徒の二七八一万九五八八人（二・三〇％）、四番目がシク教徒の二〇八三万三一一六人（一・七二％）、五番目が仏教徒の八四四万二九七二人（〇・七〇％）、六番目がジャイナ教徒の四四五万一七五三人（〇・三七％）となる（表1）。次にマハーラーシュトラ州では州人口一億一二三七万四三三三人のうち、ヒンドゥー教徒が八九七〇万三〇五七人（七九・八三％）で最大である。二番目に人口が多いのがイスラーム教徒の一二九七万一一五二人（一一・五四％）、三番目が仏教徒の六五三万一二〇〇人（五・八一％）、四番目がジャイナ教徒の一四〇万三四九人（一・二五％）、五番目がキリスト教徒の一〇八万七三人（〇・九六％）、六番目がシク教徒の二二万三二四七人（〇・二〇％）となる。インドの仏教徒のうち、七七・三六％がマハーラーシュトラ州に住んでいることになる（表2）。また、ナーグプル県では県人口四六五万三五七〇人のうち、ヒンドゥー教徒が三四九万二二〇二人（七五・〇四％）で最も数が多い。二番目が仏教徒の六六万八〇五〇人（一四・三六％）、三番目がイスラーム教徒の三九万九七四人（八・四〇％）、四番目がキリスト教徒の三万四六六七人（〇・七四％）、五番目がジャイナ教徒の二万四五二八人（〇・五三％）、六番目がシク教徒の二万四六九人（〇・四四％）となる（表3）（Office of the Registrar General and Census Commissioner, India 2011）。

表1　2011年インド国勢調査：インドにおける宗教別の人口と割合

	人口（人）	割合（%）
インド	1, 210, 854, 977	
ヒンドゥー教	966, 257, 353	79. 80
イスラーム教	172, 245, 158	14. 23
キリスト教	27, 819, 588	2. 30
シク教	20, 833, 116	1. 72
仏教	8, 442, 972	0. 70
ジャイナ教	4, 451, 753	0. 37
その他の宗教	7, 937, 734	0. 66
無回答	2, 867, 303	0. 24

＊Office of the Registrar General and Census Commissioner, India 2011より筆者作成。

表2　2011年インド国勢調査：マハーラーシュトラ州における宗教別の人口と割合

	人口（人）	割合（%）
マハーラーシュトラ州	112, 374, 333	
ヒンドゥー教	89, 703, 057	79. 83
イスラーム教	12, 971, 152	11. 54
キリスト教	1, 080, 073	0. 96
シク教	223, 247	0. 20
仏教	6, 531, 200	5. 81
ジャイナ教	1, 400, 349	1. 25
その他の宗教	178, 965	0. 16
無回答	286, 290	0. 25

＊Office of the Registrar General and Census Commissioner, India 2011より筆者作成。

このように全国、州、県の三つのレベルの仏教徒人口を比較すると、全国レベルよりも州レベル、州レベルより県レベルにおいて仏教徒の割合が増加している。全国レベルにおける仏教徒の割合は宗教別人口において五番目、州レベルでは三番目、県レベルでは二番目の多さになる。このように、すべてのレベルにおいてヒンドゥー教徒が圧倒的なマジョリティであり、マイノリティである仏教徒も他宗教の信者と同じくヒンドゥー教徒に囲まれて暮らしている。一方、ナーグプル県では、仏教徒がマイノリティの中で最大の規模であることが分かる。

表3　2011年インド国勢調査：ナーグプル県における宗教別の人口と割合

	人口（人）	割合（%）
ナーグプル県	4, 653, 570	
ヒンドゥー教	3, 492, 202	75. 04
イスラーム教	390, 974	8. 40
キリスト教	34, 667	0. 74
シク教	20, 469	0. 44
仏教	668, 050	14. 36
ジャイナ教	24, 528	0. 53
その他の宗教	12, 181	0. 26
無回答	10, 499	0. 23

＊Office of the Registrar General and Census Commissioner, India 2011より筆者作成。

ナーグプル市に目を向けると、デリーやムンバイーといった他の大規模都市と同様、市内では宗教施設などを中心にある程度の居住区の区別がありつつも、日々の生活ではさまざまな宗教を信仰する人々が混在して暮らしている（図2）。二〇一一年インド国勢調査によると、ナーグプル市の人口のうち、ヒンドゥー教徒は一六七万九三二人（七五・〇四％）、仏教徒が三七万四五三七人（一四・三六％）、イスラーム教徒が二八万七四三六人（八・四〇％）、キリスト教徒が二万七五六九人（一・一五％）、ジャイナ教徒が二万一六八九人（〇・九〇％）、シク教徒が一万六三六九人（〇・六八％）となる（Office of the Registrar General and Census Commissioner, India 2011）。マハーラーシュトラ州ではヒンドゥー教の神ガネーシャ（*gaṇeśa*）への信仰が盛んであり、バードラパダ月（*bādrapada*）（太陽暦八—九月）のガネーシャの祝祭ガネーシャ・チャトゥルティー（*gaṇeśa chaturthī*）が盛大に祝われるが、ナーグプ

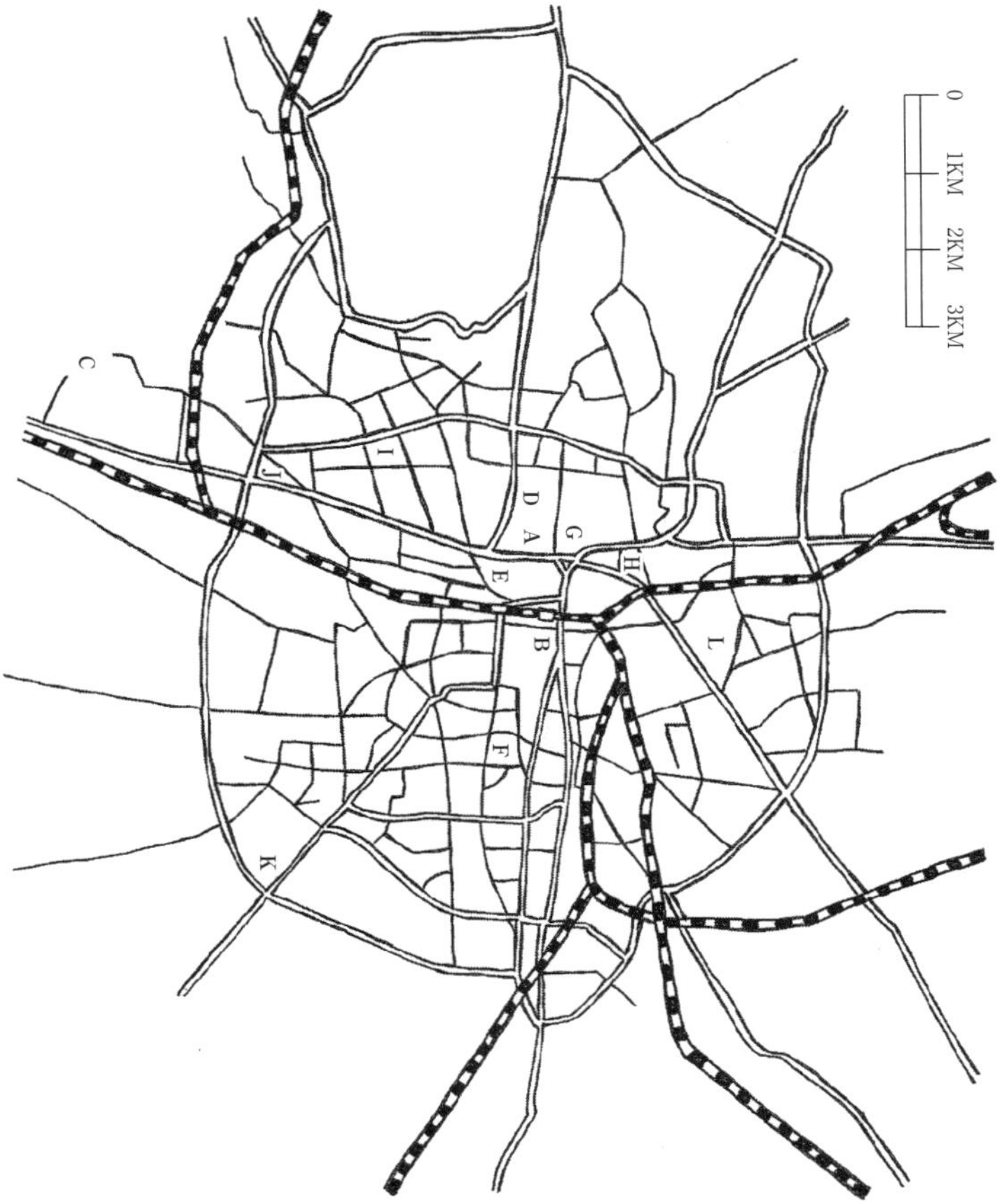

A　マハーラーシュトラ州議会
B　ナーグプル駅
C　バーバーサーヘブ・アンベードカル博士国際空港
D　RTMナーグプル大学
E　ガネーシャ・テクディー寺院
F　RSS本部
G　オール・セインツ・カテドラル
H　聖フランシスコ・サレジオ・カテドラル
I　改宗広場
J　サーイー寺院
K　タージ・バーグ
L　インドーラー仏教寺院

*Survey of India 2007をもとに筆者作製。

図2　ナーグプル市

写真１　ガネーシャ・テクディー寺院（2014年３月９日）

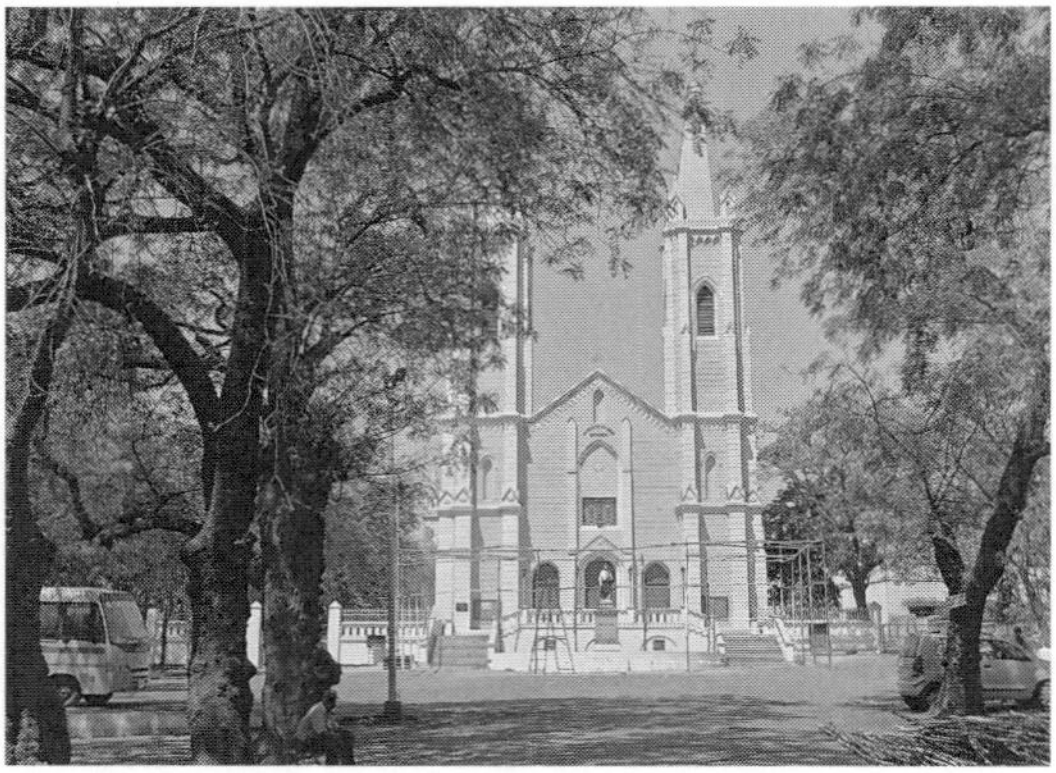

写真２　聖フランシスコ・サレジオ・カテドラル（2012年３月23日）

ル市でも同様である。市内に数多く存在するヒンドゥー教寺院の中で最も著名なものはガネーシャ・テクディー寺院（Śrī Gaṇeśa Mandir Ṭekḍī）（図２のＥ）（写真１）であり、ガネーシャ・チャトゥルティーではいくつもの巨大なガネーシャの像が山車に載せられ、市内を練り歩く。これに加え、ナーグプル市には、一九二五年創立のヒンドゥー至上主義組織ＲＳＳ（Rāshṭriya Swayamsevak Sangh）（民族奉仕団）の本部（図２のＦ）が存在する。ヒンドゥー・ナショナリズムを掲げるＲＳＳは、ヒンドゥー国家の建設を目指し、特にイスラーム教やキリスト教に敵対的な立場をとる。キリスト教に目を向けると、ナーグプル市は一九世紀中頃までにイギリス植民地主義の影響下に置かれ、イギリス人宣教師などによるキリスト教の布教活動が開始されていた[1]。現在の市の中心部には、英国国教会系のオール・セインツ・カテドラル（All Saints Cathedral）（一八六二年設立）（図２のＧ）やカトリック教会の聖フランシスコ・サレジオ・カテドラル（Francesco di Sales Cathedral）（一八八六年設立）（図２の

H）（写真2）など、巨大なキリスト教会が数多く存在し、布教活動も継続して行なわれている。キリスト教の宣教師団は、貧困や病気などに苦しむ人々への支援活動を行なっており、キリスト教系の学校は、英語を教授言語とし教育の質が高いことで知られる。仏教に目を向けると、ナーグプル市は一九二〇年代からアンベードカルが不可触民解放運動を展開し、一九五六年に三〇万人以上の元不可触民と仏教へ集団改宗した場所である。この集団改宗が行なわれた土地は「改宗広場（Dikṣā Bhūmi）」（図2のI）と呼ばれ、マディヤ・プラデーシュ州サーンチーのものをモデルとした巨大な仏塔が建つ（口絵1）。仏教徒居住区を中心に、市内のさまざまな場所にはアンベードカルの銅像（口絵2）や仏教寺院が並び、仏教旗が掲げられている。また、マハーラーシュトラ州は「聖者の土地（*sant kī bhūmi*）」と呼ばれ、数多くの聖者（*sant*）を生み出した場所とされる。ナーグプル市でも聖者への信仰が深く、マハーラーシュトラ州シィルディーの聖者サーイー・バーバー（Sāī Bābā）（一八三〇年代―一九一八）の寺院（サーイー寺院）（Sāī Mandir）（図2のJ）（写真3）や、ナーグプルの聖者タージュディーン・バーバー（Tājuddīn Bābā）（一八六一―一九二五）の廟タージ・バーグ（Tāj Bāg）（図2のK）を数多くの人々が訪れている。

写真3　サーイー・バーバーの寺院（2012年8月28日）

第二項　現在の仏教徒たちと仏教文化

より詳細にナーグプル市の仏教徒たちに目を向けると、仏教徒の中でも留保制度や奨学金といった「指定カースト（Scheduled Castes）」への優遇措置を受け、大学教授や医者、エンジニアとなった人々や、経済自由化政策によるグローバリゼーションにおいてチャンスを手に入れ、中東や東南アジア、日本、アメリカなどのインド国外で働いている人々がいる。(2) 一方、ナーグプル市内の仏教徒居住区は、市内でも経済的に貧しい地区にある。例えばオレンジ市場地区は、ナーグプル市の中で最も経済的に貧しい人々が暮らしている地域の一つと言われる。オレンジ市場地区で暮らしている仏教徒たちの家は小さいものであり、隣の家との距離も非常に近く建てられている。道幅も狭く、二人が横に並んで歩くことができない。また、他の仏教徒居住区と比べても、オレンジ市場地区の水は衛生状態が非常に悪いとされる。仏教徒たちは、仏教徒の間に経済格差や教育格差が存在していることを問題視しており、失業問題などは深刻な課題として認識されている。経済的に豊かになった仏教徒の中には、仏教徒の間の経済的な格差を解消するため、自分たちが手に入れた利益を他の仏教徒たちに還元しようとする人々が存在する。また、経済的に貧しい仏教徒たちも同様に、自らの生活が厳しい状況の中でも経済・教育格差といった課題の解決に向けて積極的に活動を行なう人々がいる。これらの活動家たちは、自分自身を「アンベードカライト（*ambedkarite*）（アンベードカルの支持者）」や「アンベードカル化された（*ambedkarized*）人々」と呼ぶ。

現在の仏教徒たちはアンベードカルを「父なる指導者」と呼び、彼の死去以降の反差別運動に思想的基盤を与えているのは、アンベードカルが残した著作や演説である。特に二〇一六年現在の仏教徒たちに頻繁に引用されるものは、『カーストの絶滅（*Annihilation of Caste*）』（Ambedkar 2010; アンベードカル　一九九四：七―一一〇）、「二十二の誓い（*bāis pratijñā*）」（舟橋　二〇一四：一五六―一五九、山崎　一九七九：一三六）、『ブッダとそのダンマ（*The*

Buddha and His Dhamma)』(Ambedkar 2011) である。一九三六年に発表された『カーストの絶滅』は、ヒンドゥー教の改革を目指し、ヒンドゥー教とカーストへの厳しい批判が展開されている。一九五六年集団改宗式で読み上げられた「二十二の誓い」は、仏教への改宗方法を示したものである（写真4）。この誓いにおいて改宗とは、ヒンドゥー教の破棄、仏教の肯定、仏教への改宗の三段階からなる。一九五六年集団改宗式の翌年の一九五七年に出版された『ブッダとそのダンマ』は、ブッダの生涯と仏教について説明するものである（cf. 志賀 二〇一六）。この三冊に続いて、アンベードカルが不可触民の起源を論じた著作『不可触民（*The Untouchables*）』（Ambedkar 1990: 233-382）や、集団改宗式の翌日にアンベードカルが行なった演説「偉大なる改宗に際して（On the Eve of the Great Conversion）」（アンベードカル 一九九四：二二七—二五四）も引用されることが多い。

写真4　改宗広場にある「二十二の誓い」の石碑（2013年8月31日）

ナーグプル市の仏教徒の間で特に重要な仏教の祝祭と考えられているのは、四月一四日のアンベードカル生誕祭（*ambedkar jayanti*）、ヴァイシャーカ月（*vaiśākha*）（太陽暦五—六月）の満月の日のブッダ・プールニマー（*buddha pūrṇimā*）、アーシュヴィナ月（*āśvina*）（太陽暦九—一〇月）の満月の日の改宗記念祭（*dhamma caklā pari-vartan din*）（転法輪の日）、一二月六日のアンベードカル入滅日（*mahāparinirvāṇa*）の四つである。これらの

写真５　アンベードカルが火葬された場所に建つ聖廟（2012年12月６日）

祝祭では、仏教やアンベードカルについての演劇や歌、食事や小冊子の無料配布、活動家の演説など、特に活動家を中心にナーグプル市内ではさまざまなプログラムが実施される。仏教祝祭の中で最も重要で最大の祝祭が改宗記念祭であり、マハーラーシュトラ州を中心としてインド全土から数万から十数万人の仏教徒が改宗広場に集まる。改宗記念祭に次いで大きな祝祭はアンベードカル生誕祭であり、仏教徒居住区にアンベードカルや仏教に関する模型作品が制作される。また、仏教徒たちの中には、ブッダ・プールニマーの際にブッダガヤーの大菩提寺を巡礼する者も数多く存在する。アンベードカル入滅日にインド全土で最も多くの仏教徒が集まるのは、ムンバイーのダーダルであり、ナーグプル市の仏教徒もダーダルのアンベードカルが火葬された場所（Caitya Bhūmi）を訪れている（写真５）。

ナーグプル市において、日常的な仏教儀礼や改宗式は仏教僧によって執り行なわれる。仏教徒の間で頻繁に実施される日常的な仏教儀礼は、仏教寺院で実施される「勤行（*vandānā*）」と、仏教徒家庭などにおいて行なわれる「守護紐儀礼（*paritrān pāṭh*）」である。仏教僧がこれらの仏教儀礼を執り行ない、どちらの儀礼においてもブッダとアンベードカル、両者の肖像画と像が置かれた祭壇が準備される。仏教寺院での勤行は、仏教僧が在家信者と五戒文や三帰依文などの経文を読むかたちで実施される。守護紐儀礼は、主に仏教徒の家で行なわれるものであり、経文を読み上げた後、仏教僧が在家信者の右手に白い紐を巻く儀礼である。落慶法要、婚約式、結婚式、誕生日、家族の命日における法事といった人生の節目に行なわれる仏教儀礼は、この勤行と守護紐儀礼を組み合わせるかたちで構成されている。また、仏教寺院や仏教の祝祭では「改宗式（*dhamma dīkṣā*）」や「得度式（*upasampadā*）」が行なわれてきた。改宗式では、ブッダの像やアンベードカルの肖像画が置かれた祭壇の前で、仏教僧が礼拝文、三帰依文、五戒文を順々に一節ずつ読み上げ、改宗者がそれを繰り返す。次に仏教僧が「二十二の誓い」を一文ずつ読み上げ、参加者が復唱する。三宝への三拝が行なわれた後、「尊師ゴータマ・ブッダの勝利（*bhagvān gautama buddha ki jay*）」や「インドの至宝、偉大なる父、アンベードカル菩薩の勝利（*bhārat ratna bodhisattvā bābāsāheb ambedkar ki jay*）」といった掛け声がかけられる（cf.　舟橋　二〇一四：一五四―一五八）。

一方、優遇措置などを通じて高い教育を受け、経済的に豊かな生活を送っている仏教徒の中には、収入の高い仕事を得た後、経済的に貧しい仏教徒居住区からナーグプル市の中心部に移り住み、他の仏教徒たちとのかかわりを避ける仏教徒もいる。これらの仏教徒は「ダリトのバラモン（*dalit brāhman*）」、言い換えれば、「元不可触民のバラモン」という蔑称で呼ばれることがある。また、必ずしもすべての仏教徒が仏教の祝祭だけに参加し、仏教儀礼のみを行なっているわけではない。アンベードカルの教えに反すると知りつつも、ヒンドゥー教の神々や聖者の祭壇を家の奥に隠している仏教徒もいる。これらの仏教徒は、アンベードカル生誕祭や改宗記念祭に参加する一方で、ヒンドゥー教の祝祭ではヒンドゥー教の神々へ礼拝を行なっている。特に活動家たちは、これらの仏教徒に対し「半仏教徒・半ヒンドゥー教徒」という蔑称を与え、ヒンドゥー教の神々の像やポスターを家々から回収・焼却する活動を行なっている。これに加え、キリスト教の宣教師による働きかけなどを受け、仏教からキリスト教へ

（再）改宗した人々も存在している。これらのキリスト教徒は「改宗キリスト教徒」という蔑称で呼ばれ、活動家たちは、「改宗キリスト教徒」を仏教へ再改宗させる取り組みを続けている。これらのキリスト教徒は、改宗後に必ずしもブッダやアンベードカルの像のすべてを破棄したわけではなく、キリストの横にブッダやアンベードカルを祭壇に並べ、礼拝を行なっている者もいる。

第三項　仏教徒人口についての認識のずれ

インド国勢調査を見てみると、アンベードカルに導かれた元不可触民が一九五六年にナーグプル市で仏教へ集団

表4　1951年と1961年のインド国勢調査の比較：インドにおける宗教別の人口（単位：人）

	1951	1961
インド	361, 088, 090	439, 234, 771
ヒンドゥー教	303, 575, 474	366, 502, 878
イスラーム教	35, 414, 284	46, 939, 357
キリスト教	8, 392, 038	10, 726, 350
シク教	6, 219, 134	7, 845, 170
仏教	180, 823	3, 250, 227
ジャイナ教	1, 618, 406	2, 027, 267
その他の宗教	1, 848, 224	1, 606, 964

＊Mitra（1965）より筆者作成。

表5　1951年と1961年のインド国勢調査の比較：インドにおける宗教別の人口の割合（単位：％）

	1951	1961
ヒンドゥー教	84. 07	83. 44
イスラーム教	9. 91	10. 69
キリスト教	2. 35	2. 44
シク教	1. 74	1. 79
仏教	0. 05	0. 74
ジャイナ教	0. 45	0. 46
その他の宗教	0. 52	0. 37

＊Mitra（1965）より筆者作成。

改宗したことで、インドにおけるヒンドゥー教徒の割合が減少したことが分かる。一九六一年インド国勢調査によると、インド人口における仏教徒数は、一九五一年と一九六一年を比較して一八万〇八二三人から三二五万〇二二七人に増加し、インド人口に占める仏教徒の割合が〇・〇五％から〇・七四％に増加した。他方、ヒンドゥー教徒の割合は八四・〇七％から八三・四四％へ減少している（表4、表5）。同じく、マハーラーシュトラ州では仏教徒の数が二四八七人から二七八万九五〇一人に増加し、州人口に占める仏教徒の割合が〇・〇一％から七・〇五％に増加した一方、ヒンドゥー教徒の割合は八九・五〇％から八二・二四％に減少した（表6、表7）（Mitra 1965: 482

表6　1951年と1961年のインド国勢調査の比較：マハーラーシュトラ州における宗教別の人口（単位：人）

	1951	1961
マハーラーシュトラ州	32,002,564	39,553,718
ヒンドゥー教	28,642,304	32,530,901
イスラーム教	2,436,357	3,034,332
キリスト教	433,290	560,594
シク教	41,434	57,617
仏教	2,487	2,789,501
ジャイナ教	337,578	485,672
その他の宗教	109,114	95,101

＊Mitra（1965）より筆者作成。

表7　1951年と1961年のインド国勢調査の比較：マハーラーシュトラ州における宗教別の人口の割合（単位：%）

	1951	1961
ヒンドゥー教	89.50	82.24
イスラーム教	7.61	7.67
キリスト教	1.35	1.42
シク教	0.13	0.15
仏教	0.01	7.05
ジャイナ教	1.05	1.23
その他の宗教	0.34	0.24

＊Mitra（1965）より筆者作成。

-485)。一九六一年の時点で、インドの仏教徒のうち、八五・八二%がマハーラーシュトラ州居住者であったことになる。また、元不可触民とされる「指定カースト」の割合に目を向けると、マハーラーシュトラ州では、人口の一二・五一%から五・六三%に減少している（Kulkarni 1964: 26)。同様に、ナーグプル市が含まれるナーグプル県の「指定カースト」の割合は、一八・一一%から三・六〇%へ減少した（Maharashtra Census Office, Bombay 1969: 20）。一九五六年の仏教への集団改宗を経て、「指定カースト」が仏教徒になったことが理解できる。マハーラーシュトラ州の近隣州であるマイソール州やグジャラート州などでも仏教徒人口が増加しており、特にマディヤ・プラデーシュ州では仏教徒の人口が二二九一人から一一万三三六五人に急増した（表8）（Mitra 1965: 482-485）。

表8　1951年と1961年のインド国勢調査の比較：各州及び連邦直轄地デリーにおける仏教徒の人口（単位：人）

	1951	1961
インド人口	361, 088, 090	439, 234, 771
インド仏教徒人口	180, 823	3, 250, 227
アンドラ・プラデーシュ	230	6, 753
アッサム	22, 628	36, 513
ビハール	1, 092	2, 885
グジャラート	198	3, 185
ジャンム&カシミール	不明	48, 360
ケララ	90	228
マディヤ・プラデーシュ	2, 291	113, 365
マドラス	1, 179	777
マハーラーシュトラ	2, 487	2, 789, 501
マイソール	1, 707	9, 770
オリッサ	969	454
パンジャーブ	1, 660	14, 857
ラジャスタン	4, 361	759
ウッタル・プラデーシュ	3, 221	12, 893
西ベンガル	81, 665	112, 253
デリー	503	5, 466

＊Mitra（1965）より筆者作成。

このように一九六一年インド国勢調査によると、一九六一年のインド人口のうち〇・七四%、マハーラーシュトラ州人口のうち七・〇五％、また、ナーグプル県人口（一五一万二八〇七人）のうち一五・四八％を仏教徒が占めていた（Mitra 1965: 482–485; Office of the Registrar General, India 1963: 26–27）。次に二〇一一年インド国勢調査を見てみると、仏教徒はインド人口の〇・七〇％、マハーラーシュトラ州人口の五・八一％、ナーグプル県人口の一四・三六％を占めている。つまり、一九六一年と二〇一一年を比較すると、インド、マハーラーシュトラ州、ナーグプル県のそれぞれにおいて全人口に占める仏教徒の割合に大きな変化がないことになる。また、人口増減率に目を向けると、二〇一一年における仏教徒の人口は、一九六一年から一五九・七七％の増加となっており、インドの人口増減率（一七五・六七％）を下回っている。二〇一六年現在のナーグプル市には一九五六年集団改宗式に参加した仏教徒たちに加え、その子や孫が暮らしているが、この国勢調査の結果のみから考察すると、一九六一年以降は、それまでに改宗した仏教徒の子や孫だけが仏教徒となったことになる。もしくは、新たに仏教に改宗する他宗教信者よりも仏教から他宗教に改宗する人々が多かったため、仏教徒の人口増加率がインドの人口増加率を下回ったとも考えられる。

この国勢調査の数値に対し、現在のナーグプル市の仏教徒の間には「国勢調査の仏教徒人口が現実の仏教徒人口を反映しておらず、現実よりも非常に少ないものである」との共通認識が存在する。特に活動家たちは、実際のインドの仏教徒数が数千万から一億人、最も多い場合には二億人であると考えている。仏教徒たちはナーグプル市の仏教徒の人口についても、同様に国勢調査の結果よりも実際の数が多いと考えており、ナーグプル市の全人口の三〇％から四〇％であるという認識が示されることが頻繁にある。この認識をもとにすると、ナーグプル市の仏教徒の人口は九〇万人以上となる。その理由として仏教徒たちは、「現在まで佐々井や他の仏教僧が改宗記念祭やインド各地において大規模な集団改宗式を数多く執り行なってきた」ことを指摘している(3)。また「仏教徒に国勢調査が実施されたことはない」、「調査員が仏教徒に宗教を聞くことはなく、調査票には「ヒンドゥー教徒」と記入される」、「国勢調査に仏教徒と記入しても、ヒンドゥー教徒に書き換えられる」など、国勢調査では意図的に仏教徒の数が減らされているとの認識が示されることが多い。特に頻繁に言及されるのは、「仏教徒の多くが「指定カースト」への留保制度を利用するために、政府関係の書類にはヒンドゥー教の「指定カースト」と記している」という理由である。このことはゼリオット（Zelliot 1969: 292, 1996: 127）や一九七一年インド国勢調査の報告書（Chandra Sekhar 1972）も指摘している。例えば、一九七一年インド国勢調査の報告書は、一九六一年から一九七一年の仏教徒の人口増加率がインドの人口増加率よりも低く、仏教への改宗者の中には「指定カースト」への優遇政策を利用できなくなることを懸念して国勢調査票に「ヒンドゥー教徒」と記入した者がいる可能性があると分析している（Chandra Sekhar 1972: 22–23）。

ヒンドゥー教から仏教に改宗した元不可触民への留保制度の適用に目を向けると、州レベルではマハーラーシュトラ州が一九六〇年五月に「指定カースト」への優遇措置の対象範囲を仏教徒まで広げた（Kulkarni 1964: 31）。連邦レベルでは、シク教へ改宗した元不可触民が一九五六年に優遇措置の対象資格を付与され、仏教へ改宗した元不可触民は一九九〇年に優遇措置の対象資格を獲得した[(4)]（杉山　一九九八：八〇）。つまり、一九九〇年以前に元不可触民がヒンドゥー教から仏教へ改宗することは、連邦レベルにおける「指定カースト」への優遇措置の対象から外れることを意味していた。これを避けるため、政府関係の書類にヒンドゥー教の「指定カースト」と記入している仏教徒が多く存在してきたと考えられる[(5)]。二〇一六年現在でも、「仏教へ改宗した元不可触民であること」を証明する書類を手に入れるには、「指定カースト」の証明書の入手に加えて所定の手続きが必要となるため、書類上は「指定カースト」としている仏教徒が多いとされる。このように国勢調査の結果と仏教徒の認識の間にはずれが存在し、このずれを生み出した仏教徒たちの行為は国勢調査の結果に反映されていないため、仏教徒たちの正確な人数を把握することは難しい。また先述したように、ナーグプル市にはブッダやアンベードカルだけでなくヒンドゥー教の神々や聖者に礼拝する仏教徒や、仏教からキリスト教に改宗した後もブッダやアンベードカルの像を祭壇に置くキリスト教徒がおり、一人の人間が一つの宗教のみを信仰すると考える国勢調査では把握しきれない現実も存在する。

第二節　三カ所を巡る調査手法：仏教徒組織・仏教寺院・仏教徒居住区

本論のフィールドワークは、筆者がナーグプル市北部にある仏教徒（元不可触民）居住区に滞在し、ヒンディー語と英語と日本語を用いて行なわれた。フィールドワークの期間は、二〇〇一年から二〇一六年の間に合計二四カ月間である。より具体的には、二〇〇一年四月から五月の一カ月半、二〇〇四年二月から二〇〇五年一〇月までの間に計一三カ月間、二〇〇六年六月と一二月に計半月間、二〇〇八年八月から九月に一カ月間、二〇一〇年に半月間、二〇一一年から二〇一六年三月までは毎年一カ月半の計七カ月半実施した。この期間の現地通貨ルピーの取引レートは、二〇〇一年四月には一ルピーが約二・六円であったが、二〇一六年三月には約一・七円まで下落した。人口約二四一万人のナーグプル市は広大な都市であることから、筆者のフィールドワークは特に以下の三つの場所を中心として行なわれた。

一つ目の場所は、活動家が率いる仏教徒組織「アンベードカル博士国際ミッション（Dr. Ambedkar International Mission）（以下ＡＩＭ）」や「正義と平和を目指すアンベードカルセンター（Ambedkar Center for Justice and

Peace）（以下ＡＣＪＰ）」である。まず調査期間の最初の八カ月間、筆者はＡＩＭとＡＣＪＰの活動家とナーグプル市内や市外の近郊農村を移動し、仏教徒居住区にある活動家の家、仏教徒団体の事務所、ナーグプル大学内にある仏教徒の教授の研究室などを訪れ、その地域で活動する活動家にインタビューを行なった。そのため、この期間の主要なインフォーマントは活動家となった。筆者は、改宗記念祭といった祝祭におけるスピーチ、若い活動家や学生との議論、仏教やアンベードカルに関する本の販売、ビデオや写真の撮影といった仏教カリキュラムの運営などを活動家とともに行なった。これらの活動の中で筆者は、アンベードカルの教えを支持し、他の活動家の取り組みに賛同を示すことで、他の活動家たちから徐々に「アンベードカルを支持する日本出身の活動家」として認められるようになっていった。

二つ目の場所は、佐々井（口絵3）が滞在するインドーラー仏教寺院（Indorā Buddha Vihāra）（図2のL）である。筆者は調査期間全般を通じてインドーラー仏教寺院を訪れ、佐々井や仏教僧へインタビューを行なった。この寺院には佐々井だけでなく、常に複数の仏教僧が滞在していた。筆者は、佐々井や仏教僧とともにナーグプル市内や市外の仏教寺院、仏教徒家庭における仏教儀礼に参加した。また筆者は、インドーラー寺院における朝夕の勤行などに参加し、仏教寺院を訪れる在家信者からも聞き取り調査を行なった。この場合には主要なインフォーマントが佐々井や仏教僧、在家信者となった。これらの活動により、筆者は、仏教僧や在家信者たちから「佐々井の弟子として仏教を学ぶ日本人」として認知されるようになった。ナーグプル市には筆者以外にも仏教僧、ジャーナリスト、大学教員、学生、ビジネスマンなど、佐々井に面会するために数多くの日本人が訪れており、それらの日本人の多くは「佐々井のもとへ仏教を学びにきた人」として位置付けられた。実際に二四カ月間の調査期間において、ナーグプル市で筆者が出会った日本人は五〇名以上に及んだ。「仏教を学ぶ人」であることは、ブッダの教えを知り、それに従って行動することが求められる。このため、筆者は佐々井や仏教僧から仏教について学び、ブッダと仏教僧の前でひざまずき、額が地面につくほど頭を下げ、祝福を授かった。

三つ目は、インドーラー地区にある「半仏教徒・半ヒンドゥー教徒」とされる仏教徒家庭である。調査期間を通じて筆者は、主に佐々井に寄贈された経済的に貧しい人々のための無料診療所の二階に滞在していた。この無料診療所は、インドーラー仏教寺院があるインドーラー地区に隣接した地区にある。筆者は、特に調査期間の九カ月目から二〇一六年まで、インドーラー地区で暮らしている「半仏教徒・半ヒンドゥー教徒」と呼ばれる仏教徒たちと日常的な生活を過ごした。具体的には「半仏教徒・半ヒンドゥー教徒」とされる仏教徒の家を毎日訪れ、昼食と夕食を毎日のように食べ、仏教の儀礼だけでなくヒンドゥー教の儀礼にも参加した。時にはヒンドゥー教の神や聖者の寺院を訪れた。これにより筆者は「インドーラー地区で暮らしている「半仏教徒・半ヒンドゥー教徒」家族の成員」として認識されるようになった。この期間の主要なインフォーマントは、「半仏教徒・半ヒンドゥー教徒」とされる仏教徒たちであり、その中でも特に男性であった。言い換えれば、この時期に筆者が収集したデータは男性の視点を中心とするものである。(6) なお、本論に記載されているインフォーマントの年齢や職業は、インタビューなどが実施された時点のものとなる。

第三節　名付けと名乗り：「新仏教徒」か、「仏教徒」か

アンベードカルに率いられて仏教へ改宗した人々を指し示す名称として「新仏教徒（New Buddhist もしくは Neo Buddhist）」という呼び名があり、これまで国内外の研究者によっても頻繁に使用されてきた。現在のナーグプル

市の仏教徒は、この「新仏教徒」という名付けを蔑称と考えている。ナーグプル市の仏教徒の多くは、「海外の仏教徒たちはインドの仏教徒を「新仏教徒」と呼び、海外の仏教徒とインドの仏教徒を区別している。インドの仏教徒を「新仏教徒」と呼ぶことでインドの仏教徒が「不可触民」であることを示唆し、同じ仏教徒として認めていない」といった批判を行なってきた。(7) しかし、依然として「新仏教徒」という呼び名が根強く残っている。この理由の一つは、アンベードカルを支持する仏教徒の不可触民解放運動が現代インドに多大な影響を与えながらも、これらの取り組みに関する研究が限定された数しか発表されておらず、「新仏教徒」という名付けを拒絶する仏教徒の声が名付ける側まで届いていないことにあると考えられる。実際にナーグプル市の仏教徒は、「仏教徒」という自分たちの名乗りと、「新仏教徒」という外部からの名付けが一致しない中でフラストレーションを感じており、自らのアイデンティティを安定させることが困難な状況に置かれている。言い換えれば、ナーグプル市の仏教徒は、「仏教徒」と自己認識しながらも、自分たちが仲間だと考えている他国の仏教徒から「仏教徒」としての承認を得られず、アイデンティティ・クライシスを抱えている状態にある。同様の批判は、「改宗仏教徒（Converted Buddhist）」という名付けにも向けられることがある。

また、「抑圧された者たち」を意味する「ダリト」という名称は、近年学術書やインド国内の新聞などにおいて頻繁に使用されている。この「ダリト」と「仏教徒」という名前にはいくつかの共通点が存在している。まず両者とも「不可触民」や「ハリジャン」、「指定カースト」という名称とは異なり、元不可触民側が自らの否定的表象を肯定的なものに転換するために用いたカテゴリーとされる。つまり、「不可触民」というカテゴリーを被差別者の側から「ダリト」や「仏教徒」に置き換えるものである。そして両者とも、この置き換えによって元不可触民や被差別者の内部に存在する境界線や対立を乗り越え、元不可触民や被差別者の組織化を目指している。例えば、「ダリト」という言葉には、元不可触民だけでなく「指定部族（Schduled Tribes）」や土地を持たない農民や女性などの他の社会的弱者層も含まれているとされる（堀本　一九九七：三四六）。「仏教徒」という名称についても同様であり、仏教徒たちは、マハール以外の元不可触民などにもヒンドゥー教から仏教への改宗を広め、他の社会的弱者層も「仏教徒」の枠内に取り込もうと試みている。ただし、ナーグプル市の仏教徒について言えば、仏教徒たちは自らを「仏教徒」と呼ぶことが常であるため、「ダリト」という言葉を耳にする機会は非常に少ない。

一九五六年集団改宗から約六〇年が経過し、現在のナーグプル市において一九五六年集団改宗に参加したことを記憶している仏教徒のほとんどは、七〇代以上となっている。それより下の世代の仏教徒の多くは、改宗したのではなく仏教徒として生まれた世代である。これらの仏教徒たちは、「新仏教徒」や「改宗仏教徒」ではなく「仏教徒」と名乗っており、「新仏教徒」や「改宗仏教徒」よりも「仏教徒」と呼ばれたいと考えている。本論ではこういった現地の仏教徒の声を踏まえ、ナーグプル市の仏教徒を「新仏教徒」や「改宗仏教徒」ではなく、「仏教徒」と記すことにする。また文脈に応じて「元不可触民（Ex-Untouchables）」という言葉も用いる。一九五〇年に施行されたインド共和国憲法において「不可触民制の廃止」が宣言されているため、現在の法制度において仏教徒たちは元不可触民となる。仏教徒たち自身も時と場合によって自分たちを「不可触民」と呼ぶこともあれば、「元不可触民」と名乗ることもある。詳細は後述するが、アンベードカルの著作『不可触民』や演説「偉大なる改宗に際して」では不可触民が生まれた起源が語られており、そこでは仏教徒がヒンドゥー教徒との対立の中で仏教を捨てなかったために不可触民にされたと説明される。この考えに基づくと、現在の時点で元不可触民であることは、過去に仏教徒であったことを意味している。このため、特に活動家たちは、肯定的な意味で自らを「不可触民」や「元不可触民」と呼ぶことが頻繁にある。

註

（1）イギリスは、一八一三年からインドにおけるキリスト教の布教活動を自由化し、インドではイギリス人宣教師の活動が活発化していった（小谷・辛島　二〇〇四：二七六—二七七）。現在のマハーラーシュトラ州がある地域でも一九世紀の前半からマハールを中心とする不可触民がキリスト教への改宗を行なっており、ナーグプル市でも布教活動が展開されていた（Zelliot 1969: 29）。

（2）二〇一一年インド国勢調査によると、インドの仏教徒八四四万二九七二人のうち、農村部居住者は四八一万四八四九人（五七・〇三％）、都市部居住者は三六二万八一二三人（四二・九七％）となっている。マハーラーシュトラ州に目を向けると、仏教徒六五三万一二〇〇人のうち、農村部居住者は三四一万二〇七八人（五二・二四％）、都市部居住者は三一一万九一二二人（四七・七六％）である（Office of the Registrar General and Census Commissioner, India 2011）。このことから、マハーラーシュトラ州では仏教徒の約半数が都市部で暮らしていると考えられる。

（3）佐々井以外にも、例えば佐々井の弟子の一人である仏教僧ボディ・ダンマ（Bodhi Dhamma）（一九六二—）は、南インドを中心に仏教への回帰運動を進めており（中外日報　二〇一〇）、インド仏教徒協会も同様の取り組みを続けてきた（舟橋　二〇〇七）。

（4）二〇〇一年インド国勢調査の質問票によると、質問八（「指定カーストであるならば、与えられたリストから指定カーストの名前を選択し、記入せよ」）の註として、「指定カーストになり得るのは、ヒンドゥー教徒、シク教徒、仏教徒の中からのみである」と記されている（Directorate of Census Operation, Maharashtra 2005: 397）。

（5）このことについて佐々井は、「仏教徒より「指定カースト」への留保制度が良い場合、仏教徒は「仏教徒」としてではなく「指定カースト」として登録しています。仏教徒にとって重要なのは教育や生活の保障です。現在の仏教徒には生活の保障がないため、まだ仏教徒として登録する時期には来ていません。国勢調査の仏教徒の数が少ないと言われていますが、悲観する必要はありません。「仏教徒」と登録することで教育を受けられず、仕事にも就けないならば、そうする必要はありません。数が問題なのではなく、仏教徒が実際に向上できるかどうかが重要なのですから」と述べている（二〇〇五年一月二四日）。

（6）　実際に二〇〇六年と二〇〇八年の調査において筆者が妻とナーグプル市を訪れた際、妻は仏教徒女性と台所で話をしたり、装飾品を買いに行ったり、女性だけの儀礼に参加したりすることで、筆者の知らないデータを数多く収集することができた。

（7）　舟橋によると、ウッタル・プラデーシュ州の仏教徒たちの間でもナーグプル市の仏教徒たちと同様に、「新仏教徒」という名称が拒絶の対象となっている（舟橋　二〇〇七：七七）。

第二章　歴史的背景：一九五六年以前と一九五七年以降

第一章においては筆者のフィールドワークの概要を明らかにしたが、本章では一九二〇年代にアンベードカルが開始した不可触民解放運動が、イギリス植民地政府による政策、インドの独立運動、近代国家誕生、国民会議派の圧倒的な政治権力、社会的弱者層への優遇措置、コミュナリズム（宗派対立主義）、グローバリゼーションなどから大小さまざまな影響を受けた結果として、現在のナーグプル市の仏教徒たちによる反差別運動に至っていることを歴史的に考察する。

以下では、まずイギリス植民地政府の政策、インド近代国家の成立、グローバリゼーションなどのマクロ・レベル、アンベードカルによる不可触民解放運動や佐々井による仏教復興運動といった中間レベル、マハールや仏教徒の日常的な実践などのミクロ・レベルの三つに区分する。次に、イギリス植民地下のマハールから、グローバリゼーション下の仏教徒へと繋がる二〇世紀初頭から現在までの期間を、①一九一三―一九三五年（アンベードカルのヒンドゥー社会改革と棄教宣言）、②一九三六―一九五六年（仏教への集団改宗とアンベードカルの死去）、③一九五七―一九六六年（仏教徒の政治家の失敗と仏教復興の停滞）、④一九六七―一九九一年（仏教文化の復興と佐々井によるインド国籍の取得）、⑤一九九二年―（佐々井による大菩提寺奪還運動の開始以降）の五つの期間に分ける。①と②がアンベードカルによって反差別運動が率いられた時代であり、③から⑤がポスト・アンベードカルの時代となる。これにより、二〇世紀初頭から現在に至るまでの間に、仏教徒たちの不可触民解放運動が三つのレベルの間の相互作用の中で如何に変容してきたかを考察し、それぞれの時代区分においてどのような特徴を有していたのかを検討することが可能になる。

第一節　一九一三—一九三五年：アンベードカルのヒンドゥー社会改革と棄教宣言

第一項　イギリスによる植民地支配とその政策

イギリス東インド会社は、一八一八年までに西インドを支配するマラーター（*marāṭhā*）諸侯を破り、現在のナーグプル市があるマハーラーシュトラ地方の大半を支配下に置き、一八五三年にはナーグプル藩王国の領土も中央州となった（小谷・辛島　二〇〇四：二八五—二八六、二九〇—二九一　cf. Zelliot 1969: 15）。東インド会社のインド人兵士による反乱（「セポイの反乱」）を鎮圧したイギリスは、一八五八年にインド統治改善法によって英領インドを設立し、一八七七年にヴィクトリア女王がインド皇帝として即位した（長崎　二〇〇四b：三三五）。イギリス植民地政府は、一九世紀末から二〇世紀初めにかけて地租制度や司法制度の整備、国勢調査の実施などの諸事業を実施し、これらの事業では『マヌ法典』などのサンスクリット古典籍に依拠した。このためヒンドゥー社会は、バラモンを頂点として四ヴァルナ（*varuṇa*）（バラモン、クシャトリヤ、ヴァイシャ、シュードラ）に分割された階層的な社会であり、ヴァルナ区分に沿って差別的な扱いや刑罰規定が存在するものとみなされた。イギリス政府は、この特定の社会観を基盤としてインド社会を集中的に調査・定義・記述・分類していった（藤井　二〇〇三：三〇—四一、七九―八〇)。

インドの人々は、一八七一年から開始されたイギリス植民地政府による国勢調査において、カーストの名称、自らが信仰する宗教、使用している言語名などを初めて公に問われることになり、人々はその時々に応じて自分の属する「内婚集団名、伝説的始祖名、職業名、役職名、称号、村落名など」を自らのカースト名として回答した。この結果を受け、イギリス植民地政府がそれぞれのカーストを序列化したランキングを作成し公表したため、インドの人々はカースト団体や運動組織を結成し、国勢調査におけるランキングの向上を目指した運動が活発に行なわれるようになった(藤井　二〇〇三:六四―六六、七九、一〇四　cf. Cohn 1987;小谷・辛島　二〇〇四:三一一―三一六)。もともとは日常生活レベルにおいて婚姻と共食とによって結びついた諸集団が「地域社会」を場として上下の序列関係を形成していたのだが、このイギリス植民地政府による政策を通じて、運動体としての「広域的なカースト結合体」が誕生することになった(小谷　一九九六:二四二―二四三)。

また、イギリス植民地時代には、さまざまなかたちで被差別者への優遇措置の実施が試みられた。イギリス植民地政府は一九三五年のインド統治法において、不可触民を確定するために行政上のカテゴリーである「指定カースト」を初めて導入し、「指定カースト」の選定に取り組み、一九三六年に「インド政府(指定カースト)指令」として「指定カースト」のリストが制定された(押川　一九九五:二七)。イギリス植民地政府の政策を通じて、「バラモンを頂点とする階層的な社会」というオリエンタリスト的インド社会観が流布され、両義的な存在であった不可触民は、「ヒエラルキー社会の最下層に位置する不可触民」と名付けられることになった。言い換えれば、不可触民は、不浄という一義的な存在として固定化され、境界設定人としての創造的な側面が隠蔽される傾向が強まっていった(cf.　関根　二〇〇六a:二九七―三〇六)。

第二項　ヒンドゥー社会改革と棄教宣言

一九一五年に南アフリカから帰国したガーンディーは、イギリス植民地政府に対する非協力運動（*satyāgraha*）を開始した。(1) 一八八五年に結成された「国民会議派（Indian National Congress Party）」は、ガーンディーが率いた非協力運動を通じて、インドの人々を独立運動に参加させる組織へと成長していった（長崎　二〇〇四c：三八五―三九〇）。これに加え、ガーンディーは、一九二〇年代中旬に南インドで不可触民によるヒンドゥー寺院の道路立ち入り運動を率い、一九三五年には「ハリジャン奉仕者団（Harijan Sevāk Saṅg）」を設立した。「不可触民」に代わって「神の子」を意味する「ハリジャン（*harijan*）」という呼び名を用いたガーンディーは、不可触民制がヒンドゥー教と無関係であるとして不可触民制とジャーティ（*jāti*）を否定する一方、四ヴァルナ制をヒンドゥー教本来のものとして擁護し、不可触民を四ヴァルナ制に組み込むべきであるとした（cf. 内藤　一九九四、藤井　一九九四、Zelliot 1996）。差別撤廃のためにカースト・ヒンドゥー側の罪の悔悟や改心を重視したガーンディーは、一九三三年に週刊の『ハリジャン』紙を創刊し「ハリジャン行脚（*harijan yātrā*）」を行なうなど、不可触民差別の撤廃に大きな力を注いだ(2)（サルカール　一九九三b：四三九―四四〇、藤井　一九九四：六三―六五、森本　一九九四：三二一―三三〇）。

マハーラーシュトラ州で反バラモン運動の思想的基盤の形成に貢献したジョーティラーオー・フレーが死去した翌年の一八九一年、アンベードカルは、中央インドのマフーで不可触民とされるマハールとして生まれた(3)（内藤　一九九四：一六三―一七〇、Zelliot 1969: 42-44）。アンベードカルの祖父や父親はイギリス軍で働いており、父親はバクティの詩人カビール（Kabīr）（一四四〇―一五一八頃）への強い信仰心を持っていた。アンベードカルは、インドでの学生時代から厳しい差別を受けたが、一九一三年からアメリカのコロンビア大学に留学し、一九一六年に修士号を取得（一九二七年には博士号取得）、一九二〇年からイギリスへ留学してロンドン大学で修士号と博士号、グレイ法曹院で弁護士資格を得た。[4]一九二三年に帰国したアンベードカルは、一九二七年からマハドにおいて不可触民による貯水池の使用を求めるチャウダール貯水池開放運動、一九三〇年からヒンドゥー教の聖地ナーシクにおいて不可触民によるカーラーラーム（*kālārām*）寺院立ち入り運動を開始した。アンベードカルは、不可触民制だけでなくヴァルナやジャーティも否定し、それらが存在しないヒンドゥー社会を創り出すことを目指した。アンベードカルは、一九三〇年にカースト・ヒンドゥーから如何なる苦難を与えられようともヒンドゥー教を捨てるつもりはないと宣言した（Keer 1971: 12–143　cf. 内藤　一九九四、藤井　一九九四、Zelliot 1996）。

ガーンディーとアンベードカルの両者が鋭く対立したのは、一九三一年にイギリス政府とインド側代表がインド統治法について話し合った円卓会議であった。不可触民の政治・経済的権利の獲得を求めるアンベードカルは、不可触民の代表を不可触民による投票だけで選出する分離選挙権と留保議席を求めた。他方、ガーンディーは不可触民への分離選挙だけでなく留保議席も認めない立場であった。一九三二年にイギリス首相は分離選挙を認めたが、その取り消しを求めてガーンディーが「死に至る断食」を開始したため、アンベードカルは分離選挙を破棄する一方で留保議席を増加する「プーナ協定」に合意した（考忠　二〇〇五：八三—八七、藤井　一九九四：六一—六二）。この三年後の一九三五年、アンベードカルはナーシク近郊での被抑圧諸階級会議において、過去五年間にわたるカーラーラーム寺院立ち入り運動が完全な失敗に終わり、すべての努力が無駄になったと述べた（Keer 1971: 252–253）。アンベードカルは、「私は不幸にも不可触民という烙印を押されて生まれた。しかし、それは私の過ちによるものではない。私はヒンドゥー教徒としては死なない」と宣言し、ヒンドゥー教からの改宗を表明した（Zelliot 1969: 202–203）。翌年、アンベードカルはヒンドゥー教とカーストを厳しく批判する『カーストの絶滅』を発表した。

この英語版は二カ月で売り切れ、パンジャーブ語、マラーティー語、タミル語、グジャラート語、マラヤーラム語などのインドの主要な言語に翻訳された（Keer 1971: 269–272）。

第三項　イギリス植民地下のマハールと被差別状況の改善

一九三一年インド国勢調査によると、当時、現在のナーグプル県が含まれる「中央州及びベラール（Central Province and Berar）」の人口は一七七九万九三七人であった。そのうち一三〇万七九六二人を占めるマハールはこの地域において最大のカーストであり、人口の七・三五％を占めていた（Hutton 1933: 18, 464）。二〇世紀初頭の農村部で暮らすマハールの家は、村の出入口の外側や、村が壁で囲われていなければ村の中心から離れた場所に建てられていた。(5) 世襲的な仕事で報酬を得る権利である「ワタン（*vatan* もしくは *watan*）」を持つマハールは村境の見張りや門番、荷物運搬人、動物の死体の除去といったさまざまな仕事を行ない、免税地で暮らす権利や現金などを手にしていた。マハールは特に牛の死体を処理しており、いくつかの地域ではその肉を食用として用い、皮や骨を売ることで利益を得ていた。十分な耕作地を有していたマハールは、経済的により豊かであり、他のカースト・ヒンドゥーと同じような家で暮らしていた。仕事を求めて農村部から都市部へ出てきたマハールは、経済的に貧しい臨時雇い労働者だけでなく、イギリス人の家庭で使用人や子守、建築業者や高利貸し、仲買人、紡績・織物工場で働くことができた者もいた（小谷　一九九七：九四―一四三、Robertson 1938: 18–53; Zelliot 1969: 3–38）。

儀礼の側面に目を向けると、マハールはマリアーイー（*mariāī*）女神の管理者であり、この女神の寺院はマハールの居住区の近くに建てられていた。マリアーイー女神はコレラなどのかたちをとって姿を現すため、コレラやペスト、天然痘などが流行した際、マハールはマリアーイー女神の怒りを鎮めるために他カーストも参加する儀礼を執り行なった。また春のホーリー祭（*holi*）において、最初に焚火に火をつけるのは、マハールの役目であった。焚火を通じて多産や豊穣を祈ることはホーリー祭の重要な儀礼であり、マハールが火をつけるホーリーの焚火は、村や町の広場だけでなく、バラモンの家でも燃やされていた。一方、農村部でも都市部でも、マハールは不浄な存在として差別の対象となっていた。カースト・ヒンドゥーはマハールが手にした水差しから水を受け取らず、バラモンが司祭を務める寺院の聖域にマハールが入ることは認められず、農村部の学校でマハールは教室内ではなくベランダに座って授業に参加することがあった（Robertson 1938: 17–95）。

ガーンディーとアンベードカルは如何にヒンドゥー社会を改革するかについて考え方の違いがあり、不可触民への分離選挙の付与を巡って激しい対立を見せた。しかし、この対立が必ずしも不可触民へ悪影響を与えたわけではなく、両者の取り組みは、それぞれの方法でマハールの被差別状況を改善することに繋がっていた。著名なアンベードカル支持者である活動家ヴァサント・ムーン（Vasant Moon）（一九三二—二〇〇二）によると、小学校に通っていた時、ムーンのクラスには彼以外にマハールの学生はおらず、多くがバラモンの学生であった(6)。ほとんどの教師はガーンディーの教えの影響を受けており、ムーンは教師たちから軽蔑した態度をとられるような経験はなかった。これらの教師は学生たちの間にカースト差別の意識が広まらないように気を配っており、ムーンは、バラモンの学生たちから差別を受けることなく友情を育むことができた。これに加えて、一九三〇年頃からアンベードカルの運動の影響が大きくなり始め、ムーンの祖父と親交のあったマハールの活動家は、一九二〇年代からアンベードカルの運動に参加していた。この活動家の呼びかけに答えたマハールたちは、一九三〇年頃から動物の死体を除去する仕事をやめるようになった（Moon 2002: 10–17）。

第二節　一九三六―一九五六年：仏教への集団改宗とアンベードカルの死去

第一項　インド独立運動とインド憲法の制定

二〇世紀のインド政治における主要なイデオロギーは、「世俗主義的ナショナリズム」、「宗教ナショナリズム」、「下位カーストの団結」であり、それぞれが特定の運動の基盤となっていた（Varshney 2003: 56-57）。この中でも「世俗主義的ナショナリズム」は、独立運動における重要な指導原理であり、ガーンディーやネルー（Jawāharlāl Nehru）（一八八九―一九六四）が率いる国民会議派は、インド独立運動において他宗教への寛容的態度や多宗教の共存を主張する「世俗主義的ナショナリズム」の立場に立った(7)。インドにおける「世俗主義的ナショナリズム」とは、特定の宗教が国家の機能を独占すべきでなく、国家は常にそれぞれの宗教と等距離を保ち、何らかの宗教的な問題が発生した場合には中立的な立場を維持するという意味での政教分離主義と定義される（Varshney 2003: 55-59）。この考えは独立後もインドの支配的なイデオロギーとなり、一九七六年一二月の第四二次改正では、憲法の前文にある「主権を有する民主主義共和国」が「主権を有する社会主義的・政教分離主義的・民主主義共和国」に改正されることになる（孝忠・浅野　二〇〇六：三九）。

国民会議派は、ガーンディーが率いた第二次不服従運動を経て、一九三四年の中央立法議会選挙において勝利した後、一九三五年インド統治法に基づいて実施された一九三七年州議会選挙でも大勝し、一一州のうち七州において国民会議派単独で州政権を担当することになった。ガーンディーと国民会議派はインドの独立を求め、一九四二年八月から「インドを立ち去れ（Quit India）」運動を開始した。ガーンディーやネルーといった国民会議派の指導者は開始直前に逮捕されたが、運動自体は全インドにおいてさまざまなかたちで展開し、一九四四年まで続いた。また国民会議派は、一九四六年初めの選挙において再び大きな勝利を収め、八州で州政権を成立させた。一九四六年二月にボンベイ港においてインド海軍による反乱が発生するなどした後、イギリスは閣僚使節団をインドに派遣し、権力移譲について国民会議派をはじめとするインド側と交渉した。その結果、インドは一九四七年八月一五日にイギリスからの独立を果たした。しかしガーンディーは、独立直後の一九四八年一月にヒンドゥー教徒のバラモンによって暗殺された（長崎　二〇〇四c：四〇四―四二三）。

「下位カーストの団結」とは、支配層である上位カーストと社会的弱者層である下位カーストの対立、カーストに基づくヒエラルキー社会の否定、優遇措置などを通じた社会的正義の実現を強調するものであり、国民国家建設を目指すものではないとされる（Varshney 2003: 57–59）。インド独立の前年である一九四六年、アンベードカルは、将来のインド憲法における不可触民の権利の明確化などを国民会議派に求めて運動を展開し、制憲議会は一九四七年に「如何なるかたちの不可触民制も廃止し、如何なる不可触民差別も罪とみなすこと」を宣言した。八月にインドが独立を果たした後、アンベードカルは、ネルーからの要請を受けて第一次ネルー内閣の法務大臣に就任し、憲法起草委員会の委員長に選任された（Keer 1971: 380–396）。一九五〇年一月二六日より施行されたインド憲法では、「宗教、人種、カースト、性別又は出生地を理由とする差別の禁止」（第一五条）と「不可触民制の廃止」（第一七条）が規定された(8)。また連邦下院と州議会における議席の留保（第三三〇条や第三三二条）や公務・公職における優遇措置（第一六条や第三三五条）、教育・経済分野に関する優遇措置（第四六条）など、「指定カースト」への差別是正措置の実施も定められることになった（孝忠・浅野　二〇〇六：六三―六四、七六、二〇五―二一三）。

第二項　アンベードカルによる不可触民団結（もしくは分離）への取り組み

一九三五年の被抑圧諸階級会議においてアンベードカルは、ヒンドゥー教からの改宗を宣言したことに加え、カースト・ヒンドゥーから支持を得るためのすべての取り組みが無駄であり、不可触民はカースト・ヒンドゥーから独立し、インドの他の社会において平等と名誉ある立場を手に入れる努力をすることを決定した。一九三六年にアンベードカルは、ボンベイでマハールの会議を開催し、集団改宗に向けた準備を行なうこと、今後マハールがヒンドゥー教の神への礼拝やヒンドゥー教の祝祭を行なわないことなどを宣言した（Keer 1971: 272-277）。これ以降、アンベードカルは、どの宗教に改宗すべきかを検討するようになり、イスラーム教やキリスト教、シク教、仏教などのさまざまな宗教集団が各宗教の利点をアンベードカルに伝え、それぞれの宗教への改宗を促した。また、一九三五年のインド統治法において「指定カースト」への留保議席の導入が認められたことは、より広範な政治活動に取り組む動機と機会を不可触民に与えた（Zelliot 1969: 205-243）。アンベードカルは、一九四二年にナーグプル市で開催した被抑圧諸階級会議において、不可触民がヒンドゥー教の下位区分でなく、イスラーム教徒と同様にインド社会の別個の構成要素であると述べ、政党「全インド指定カースト連合（All India Scheduled Castes Federation）」の設立を宣言した（Keer 1971: 350-353）。一九四五年、アンベードカルは『会議派とガーンディーは不可触民に何をしてきたか（*What Congress and Gandhi Have Done to the Untouchables*）』（アンベードカル　一九九四：一五九―二〇一）を発表し、国民会議派とガーンディーを厳しく批判した。

一九四八年になるとアンベードカルは、仏教信仰と牛肉食をやめなかった人々が不可触民にされたとする著作『不可触民』、一九五〇年には仏教が道徳に基づく宗教でありブッダが「救済を与える者（*mokṣ dātā*）」ではなく「道を示す者（*mārg dātā*）」であるとする「ブッダとその宗教の将来（*Buddha and the Future of his Religion*）」（アン

ベードカル 一九九四：二〇五―二二三）を発表した。アンベードカルは、同年にスリランカで開催された仏教徒会議と、一九五四年にビルマのラングーンにて開催された世界仏教徒会議に参加した後、一九五五年に「インド仏教徒協会（The Buddhist Society of India）」を立ち上げた。(9) 一九五六年五月、ボンベイでのブッダ生誕祭に参加したアンベードカルは、一〇月に仏教へ改宗することを宣言し、同年九月にはナーグプル市で一〇月一四日に改宗式を実施するとの声明をメディアに発表した。またインド仏教徒協会は、白い服を着て改宗式に参加するよう呼び掛けた。改宗式の一週間前から、元不可触民は白いサリーや白いシャツを着て、「ブッダの勝利、偉大なる父アンベードカルの勝利」と掛け声をかけながら、近隣の州からナーグプル市に到着した。集団改宗式の前日にアンベードカルは、ほとんどの参加者が仏教について無知であるが、今後は著作や説教を通じて仏教を伝えると述べ、次期選挙までに「インド共和党（Republican Party of India）」を設立する意向を明かした（Keer 1971: 421–499）。

第三項　アンベードカル支持者とガーンディー支持者の対立

一九三五年以降、マハールは「不可触民」に代わり、自分たちを呼ぶ名前として「指定カースト」と「ハリジャン」という二つの選択肢を持つようになった（Zelliot 1969: 191）。インド全土で独立への気運が高まる中、アンベードカルの一九三五年棄教宣言を支持するマハールの多くは、ガーンディーが率いる独立運動の流れには参加せず、不可触民の団結を掲げるアンベードカルの運動に参加するようになった。ナーグプル市ではアンベードカルを支援するマハールと、国民会議派を支持するカースト・ヒンドゥーやマハールとの対立が深まっていった。アンベードカルが設立した組織サマター・サイニク・ダル（Samatā Sainik Dal）（平等の兵士団）の集会では、アンベードカルの機関誌『ジャナター（*janatā*）（民衆）』が読み上げられ、マハールたちはアンベードカルの棄教宣言を聞き、ヒンドゥー教を離れることについて考え始めた。サマター・サイニク・ダルは家々をまわる取り組みを開始し、「ヒンドゥー教の神々に礼拝を行なわず、ヒンドゥー教の祝祭に参加すべきでない」とするアンベードカルの決定を広め、マハールが所持するヒンドゥー教の神や女神の像を破壊するなどの活動を行なった。またアンベードカルの決定は、演劇や歌、詩によってマハールに広められた。演劇団や歌手たちは村々をまわり、迷信や教育、改宗などについて演劇を行ない、アンベードカルの功績を称賛する歌を歌った。ナーグプル市のマハールには、一九五〇年以前からアンベードカルが仏教へ改宗するという情報が届いており、一九五〇年代初めからは、それまで毎年行なわれてきたアンベードカル生誕祭に加え、ブッダ・プールニマーの祝祭が行なわれるようになった（Moon 2002: 40–153; Zelliot 1969: 205–232）。

ムーンによると、一九四一年、ガーンディーや国民会議派を支持する不可触民の学生たちは、ガーンディーをナーグプル市に招待した。しかしガーンディーが演説を行なうために壇上に進んだ際、アンベードカルを支持するマハールの学生やサマター・サイニク・ダルのメンバーが抗議の声をあげ、会場の外側では投石などの妨害活動が行なわれた。このためガーンディーは演説をすることができず、主催者側はガーンディーを会場から連れ出すことになった。アンベードカルを支持するマハールは、国民会議派を支持する反アンベードカルのマハールを軽蔑的に「ハリジャン」と呼び、これらの家族と社会的な関係を持つことを拒否し、結婚式や命名式などの儀礼に招待しなかった。一九四二年に国民会議派は「インドを立ち去れ」運動を率い、インド全国で独立への気運が高まったが、多くのマハールは国民会議派の運動に参加しないというアンベードカルの方針を知っており、国民会議派が率先する行進やストライキに協力しなかった。またムーンの学校においてマハールの学生たちは、自分たちが「ハリジャン」でなくアンベードカルの支持者であるとし、ハリジャン奉仕者団からの奨学金を拒否した。一九四六年に選挙が実施されることが発表されると、複数の新聞が「アンベードカルの政党が独立に反対している」と報道したため、国民会議派を支持するヒンドゥー教徒と指定カースト連合を支持するマハールの間で対立が深まっていった。ナーグプル市のさまざまな場所で他のヒンドゥー教徒とマハールの間で口論や喧嘩が起こり、一九四六年には大規模な暴動に発展し、死者も出た（Moon 2002: 37–153）。

第四項　一九五六年の集団改宗式とアンベードカルの死去

一九五六年一〇月一四日、アンベードカルは、マハールを中心とする三〇万人以上の元不可触民と、ビルマの仏教僧チャンドラマニー（Chandramani）が先導する改宗式に参加した。チャンドラマニ僧がパーリ語で三帰依文と五戒文を唱え、アンベードカルはマラーティー語でこれを繰り返した。その後、アンベードカルはブッダの像に三拝し、白蓮をブッダの像の前に供物として置いた。アンベードカルによる仏教への改宗が宣言され、参加者は「アンベードカルの勝利！」、「ブッダの勝利！」と叫んだ。ヒンドゥー教からの離脱と仏教への改宗を宣言する「二十二の誓い」を読み上げた後、アンベードカルが改宗するならば立ち上がるよう求めると、すべての参加者が立ち上がった。人々はアンベードカルに従って三帰依文と五戒文と「二十二の誓い」を宣言し、仏教へ集団改宗した（Keer 1971: 499–505）。集団改宗式の翌日にアンベードカルは、「偉大なる改宗に際して」という演説を行ない、ナーグプル市を改宗の場所に選んだ理由として同市が仏教を広めたナーガ族の居住地であったからであると説明した（アンベードカル　一九九四：二二七―二五四）。

一九五六年の集団改宗式に参加した活動家や近隣農村で暮らしていた活動家は、次のように語っている。

一九五六年集団改宗式に参加した時、私は二〇歳で学生だった。全インド指定カースト学生連合のメンバーであり、活動家だった。(10) 改宗式場ではバーバーサーヘブ（アンベードカル）が「二十二の誓い」を参加者に伝えた。学生を含め多くの人々が仏教徒になるために出席しており、白い服を着ていた。そこには数え切れないほどの人がいた。バーバーサーヘブの演説は力強かった。バーバーサーヘブは、「今日から私たちはヒンドゥー教や不可触民制、奴隷制から自由になる。ヒンドゥー教による精神的な抑圧、精神的な奴隷制から自由になる。私たちの考え方も自由になり、良い行ないをするため、人間を良くするための考え方を持つことができる」と言った。また、「私たちには三つの宝石があり、それらはブッダ・ダンマ・サンガである。私たちはヒンドゥー教の慣習に従うのではなく、仏教徒として明確なアイデンティティを持たなければならない。私たちは奴隷ではなく自由なのだ。話すことも考えることも自由なのだ。これからは仏教の著作を読まなければならない」と語った（元全インド指定カースト学生連合メンバー、六〇代男性、二〇〇四年三月六日）。

私は二〇歳で一九五六年集団改宗式に参加し、その時はサマター・サイニク・ダルのメンバーだった。サマター・サイニク・ダルは集団改宗式において改宗式場の警備を行なった。ナーグプル市にはＲＳＳの本部があり、サマター・サイニク・ダルは反アンベードカルや反仏教徒から改宗式場を守った。また、私はサマター・サイニク・ダルだけでなく、インド仏教徒協会のメンバーでもあった。一九五六年一〇月一四日は、自分の人生においてあまりに重要であるため、その日を描写することが難しいほどだ。私は家族や友人と一緒に改宗記念祭に参加し、ヒンドゥー教の世界、不可触民の世界から新たな世界に入っていった。改宗式は一四日に行なわれ、一五日にはバーバーサーヘブが重要な演説を行なった。バーバーサーヘブは「改宗によって私は新たな人生を手に入れた」と言った（サマター・サイニク・ダルの元メンバー（活動家SGの父）、六〇代男性、二〇〇四年三月二一日）。

仏教がアンベードカルから与えられたものだということが重要だった。教育を受けてきた人たちの中には仏教の本を読んでいた人もいたが、一般の大衆はほとんど仏教について知らなかった。一九五六年の改宗式の時点では、まだ『ブッダとそのダンマ』は出版されていなかった。私もその時一三歳か一四歳であったが、ブッダがヴィシュヌの九番目の化身であるということ以外に仏教については何も知らなかった。私は一〇月一四日の改宗式には参加していないが、ナーグプル市近郊の私が住んでいた村にも改宗のメッセージが伝わってきた。一番重要であったのは「二十二の誓い」であり、自分たちをヒンドゥー教から切り離し、私たちは仏教徒であると考えるようになった。［中略］文字の読み書きができない人々がほとんどであったが、仏教徒はすぐにヒンドゥー教の神を捨てた。ただ雑に捨てたわけではなく、きちんと儀礼を行なってヒンドゥー教の神や女神を川に流したり、井戸に沈めたりした。そして自分たちの考えで仏教を始めた（編集者BL、七〇代男性、二〇一五年三月七日）。

アンベードカルは、ネパールのカトマンドゥで開催された世界仏教徒会議に出席した後、一九五六年一二月六日に死去した。一二月七日、ボンベイでは工場や学校は休みとなり、午後には四時間にわたって葬式の行進が行なわれた。ダーダルの火葬場には数十万人の人々が集まり、仏教僧によって葬儀が執り行なわれ、アンベードカルの遺体は火葬された（Keer 1971: 506–517）。アンベードカルが一二月一六日にボンベイで集団改宗式を予定していたことから、葬儀の場ではインド人仏教僧アーナンド・カウサリャーヤン（Ānand Kausalyāyan）（一九〇五―一九八八）などの手により集団改宗式が実施され、一〇万人以上の元不可触民が仏教へ集団改宗した。これから二カ月の間、マハーラーシュトラ州のさまざまな場所で集団改宗式が執り行なわれた（Ahir 1998: 83–86; Zelliot 1969: 238–239）。一二月七日、ナーグプル市では日が沈む頃から大規模な行進が行なわれ、ろうそくを手にした参加者は、ナーグプル市全域を練り歩いて改宗式場まで進んでいった（Moon 2002: 162）。翌年、アンベードカルが仏教やブッダの生涯を解説する著作『ブッダとそのダンマ』が出版された。

第三節　一九五七―一九六六年：仏教徒政治家の失敗と仏教復興の停滞

第一項　国民会議派の圧倒的な勢力

独立後から一九六〇年代後半までの期間、インド国内政治を導いたイデオロギーは、「世俗主義的ナショナリズム」（もしくは「政教分離主義」）と「社会主義的計画経済」であり、ネルー首相の卓越した指導力の下、国民会議派が政治権力を独占した時代であった。また官僚組織や軍隊機構など、独立後の統治機構の基本的枠組みは一部の制度を除いて、イギリス植民地政府によって形成された諸制度を引き継ぐことになった（サルカール　一九九三a：六、長崎　二〇〇二：一四―一七）。このネルー時代の政治体制は「一党優位体制」（コタリ　一九九九）と呼ばれる。中心に位置する国民会議派は、内部に複数の派閥を抱える多元的な構造であり、多様なイデオロギーを内包することで国内のさまざまなカテゴリーの利益を代表する組織であった。しかし政治権力自体は、上位カーストの知識人層といった社会上層部出身で、植民地主義の時代に近代西欧的で世俗的な教育を受けたエリートたちが独占していた

（コタリ　一九九九：一一二、長崎　二〇〇二：一四―一七、広瀬　二〇〇六：二八―二九）。

一九六四年にネルー首相が死去するまで、国民会議派は、独立後の三回の連邦下院選挙（一九五二年、一九五七年、一九六二年）において、それぞれ四四・九九％、四七・七八％、四四・七二％の得票率を記録し、中央議会の政権を維持し続けた（Election Commission of India）。この独立後の二〇年間、ネルーは国民所得を増加するために「社会主義的計画経済」を推し進め、一九五〇年に計画委員会が組織され、一九五一年から第一次五カ年計画が開始された。一九五六年から実施された第二次五カ年計画では、民間企業に規制を加え、公共部門拡大を優先することが決定された。また高い関税率や輸入許可制といった輸入制限が実施されるとともに、外資の流入にも厳しい制限が加えられた（長崎・小谷・辛島　二〇〇四：四三一―四三二）。この時期には「指定カースト」への優遇政策として、教育普及や保健衛生などの分野における取り組みが実施されたが、元不可触民の経済状況の改善を目指した政策は本格的には実施されなかった（押川　一九九五：三七―三八）。

第二項　仏教徒の政治家による失敗

アンベードカルの死後、指定カースト連合はアンベードカルの遺志を受け継ぎ、一九五七年一〇月にインド共和党となった。インド政治の場面で国民会議派が政治権力を独占する中、インド共和党の得票率は、独立後の四回の連邦下院選挙（一九五二年、一九五七年、一九六二年、一九六七年）において、それぞれ二・三八％、一・六九％、二・八三％、二・四七％を記録した。しかし、アンベードカルという重要な指導者を失ったインド共和党は、結成以降、内部での対立を繰り返し(11)（堀本　一九九七：三四〇―三四三、Keer 1971: 520-521）、一九七〇年に分裂した結果、一九七一年選挙における得票率の合計は〇・四七％へと激減した（Election Commission of India）。

アンベードカルの死後、最も著名な元不可触民の政治家は、インド共和党の政治家ではなく、独立運動の活動家であり国民会議派所属のジャグジーヴァン・ラーム（Jagjīvan Rām）（一九〇八－一九八六）であったとされる。不可触民とされるチャマールとして生まれたジャグジーヴァン・ラームは、ハリジャン奉仕者団のビハール支部書記長を務め、アンベードカルの棄教宣言などに批判的な立場であった。ジャグジーヴァン・ラームは、第一次ネルー内閣で労働大臣を務めた後、通信大臣なども歴任した。当時「指定カースト」が国民会議派の重要な支持母体であったのは、彼の存在によるところが大きいと言われている（グハ　二〇一二：三二二、山崎　一九七九：七七－七八、Zelliot 1969: 208, 267, 298）。

第三項　仏教復興の停滞

一九五六年の集団改宗以降、ナーグプル市の仏教徒たちは、カースト・ヒンドゥーを公然と批判するという明確な意図を持ち、マハール居住区からヒンドゥー教の神々を投げ捨て、時にはより礼儀正しく川や貯水池に投げ込んだり、土に埋めたりした（Zelliot 1996: 138）。活動家ムーンによると、彼の母親は、改宗後もブッダだけでなくシィルディーの聖者サーイー・バーバーに礼拝を行なっていた。ムーンは母親を傷つけることを心配しつつも、サーイー・バーバーに礼拝を行なうべきでないことを伝えると、それ以降、母親がヒンドゥー教の神や聖者に礼拝したことは一度もなかった（Moon 2002: 168, 171）。これに加え、仏教徒たちは、動物の死体の除去など、改宗前に村で課せられていた義務を拒むようになった。改宗によって勇気づけられたマハールたちが、自分たちを低い位置に貶めてきた村の義務ときっぱりと手を切ったことは、実際にヒンドゥー教から改宗をしたという事実よりもカースト・ヒンドゥーからの復讐を呼ぶものになった（Zelliot 1996: 138）。

仏教徒たちは、ヒンドゥー教の神や儀礼を破棄した後、仏教徒として新たな儀礼などを創り出す必要があった。しかし、アンベードカルは集団改宗の約一カ月半後に死去し、インド仏教徒協会も十分に組織化されてはいなかった（Zelliot 1969: 291–292）。つまり、仏教徒を率いる宗教的指導者が不在であったため、仏教徒たちは日常生活においてどのような祝祭や儀礼を行なうべきか自分たちで試行錯誤せざるをえなかった。一九六一年インド国勢調査によると、マハーラーシュトラ州で暮らす仏教徒は、ブッダ・プールニマー、アンベードカル生誕祭、改宗記念祭、アンベードカル入滅日に加え、ヒンドゥー教の祝祭とされるナーガ・パンチャミー祭（*nāga panchamī*）やディーワーリー祭（*diwālī*）、ホーリー祭を仏教式に行なっていた。例えば、仏教徒は、ナーガ・パンチャミーにおいて仏教徒であったとされるナーガ族に敬意を表し、ディーワーリーにおいては雨安居の終わりを祝った[12]。また大多数の仏教徒は、満月の日とアンベードカルが死去した木曜日にも断食を行ない、断食後も肉食を避け、野菜のみを食べるなどした（Maharashtra Census Office, Bombay 1969: 42–43）。

第四節　一九六七—一九九一年：仏教文化の復興と佐々井によるインド国籍の取得

第一項　国民会議派の低迷

卓越した指導力を持ったネルーが一九六四年に死去した後、一九六五年と一九六六年に旱魃となり、一九六五年には第二次インド・パキスタン戦争が勃発した。このような混乱の中、ネルーの娘であるインディラー・ガーンディー（Indirā Gāndhī）（一九一七—一九八四）が一九六六年に首相に就任した。インディラーは、「貧困追放」を掲げて大衆からの支持を取り付け、一九七一年の連邦下院選挙と翌年の州選挙に勝利したが、選挙での不正行為によって有罪判決を受けることになった。インディラーは「非常事態宣言」を発令し、一九七五年六月からの一九カ月間で七〇〇人以上を逮捕するなどの強権的な政治体制を敷いた。この結果、国民会議派は一九七七年の連邦下院選挙において大敗し、独立後初めて中央政権を失った（長崎・小谷・辛島　二〇〇四：四四〇―四四五）。インディラーは、支持基盤強化のために国民の宗教やカーストへの帰属意識を利用する戦略を選択し、インディラーの息子ラージーヴ（Rājīv Gāndhī）（一九四四―一九九一）もこれを引き継いだため、国民会議派は「政教分離主義」から離れていくことになった。一九八四年、インディラーはシク教武闘派を掃討するため、パンジャーブ州アムリトサルにあるシク教の聖地ゴールデン・テンプルにインド軍を投入し、その四カ月後に自らの護衛をしていたシク教徒に射殺された。これを受けてデリーを中心に反シク暴動が発生し、デリーを中心に一〇〇〇名以上のシク教徒が殺害された（グハ　二〇一二：二五三―二六二）。

経済状況の悪化や中央政権を失うといった困難な状況の中、国民会議派は貧困対策や社会的弱者層に対する優遇政策を強化した。これは「指定カースト」などから支持を獲得することが主要な目的の一つであった。一九六九年以降、公共部門企業や政府関連法人、大学などへの留保実施義務が導入されるなど、さまざまな留保制度の強化策が実施されていった。インディラーが率いる国民会議派が留保制度を強化したことを受け、一九六〇年代末から一九七〇年代にかけて「指定カースト」の一部に高等教育や公的雇用に進出する動きが目立つようになった（押川　一九九五：三九―四二）。

国民会議派の衰退によってインド政治が一党優位体制から多党連立政治へ移り、特定のコミュニティや地域の特定の州の利益を代弁する政党が台頭していった。これらの政党は、優遇政策を通じて特定のコミュニティに利益をもたらすことを約束し、そのコミュニティからの支持を集める政治戦略を推し進めた（広瀬　二〇〇六：二九―三四）。

このような中、パンジャーブ州のシク教徒の家庭に生まれたカーンシー・ラーム（Kānsī Rām）（一九三四―二〇〇八）は、活動拠点をナーグプル市からデリーに移し、一九七八年のアンベードカル入滅日（一二月六日）に「全インド後進・マイノリティ社会職員連盟（ＢＡＭＣＥＦ）」を設立した。アンベードカル支持者であるカーンシー・ラームは、「下位カーストの団結」を掲げ、「指定カースト」を主要な支持母体とする「大衆社会党（Bahujan Samaj Party）」を一九八四年のアンベードカル生誕祭（四月一四日）に結成した（グハ　二〇一二：三一二―三一四、堀本一九九七：三四八―三五三）。「指定カースト」を主要な支持基盤とする大衆社会党は、反上位カースト・反エリートの姿勢を打ち出し、北インドのウッタル・プラデーシュ州を中心に勢力を伸ばしていった（cf. Pai 2007）。

第二項　佐々井とカウサリャーヤンによる仏教の布教活動

「政治家の失敗と仏教復興の停滞」に特徴付けられる「空白の一〇年」を経て、一九六七年からは日本出身の仏教僧佐々井秀嶺（インド名：Ārya Nāgārjuna Surei Sasāī）がナーグプル市を拠点として仏教復興運動に取り組み始めた。一九三五年に岡山県新見市に生まれた佐々井は、一九六〇年に高尾山薬王院において出家した後、一九六五年にタイへ留学し一九六七年にタイからインドに渡った。同年に佐々井はビハール州ラージギルにおいて龍樹(13)（Nāgārjuna）（一五〇―二五〇頃）からお告げを授かり、アンベードカルやナーグプル市の仏教徒についてほとんど何も知らないままナーグプル市へと移った。到着後、佐々井は仏教の布教活動を始め、団扇太鼓を叩きながら「南無妙法蓮華経」を唱え、市内を歩き回ったが、初めのうちは石を投げられたりした。佐々井はまず仏教寺院建立に向けた取り組みを開始し、いくつもの仏教寺院が建てられていった。また、仏教徒たちは次第に結婚式や命名式などの儀礼を佐々井に頼むようになった。佐々井は仏教徒組織と一緒にナーグプル市内だけでなく、近郊農村地域の仏教徒家庭も訪れ、仏教徒たちが儀礼に参加する数十人分の食事を作るなどした。佐々井は近隣州でも改宗式などを執り行なうようになり、一九八〇年にナーグプル市で開催された第二回全インド仏教徒大会の導師や、一九五六年集団改宗の二五周年記念式典実行委員会メンバー、一九八二年のアンベードカル入滅日の式典における導師などを務めるようになった。査証が失効していた佐々井は一九八七年に不法滞在を理由として逮捕されたが、佐々井のインド国籍取得に向けた大規模な署名運動がナーグプル市を中心にマハーラーシュトラ州で開始され、翌年、佐々井に国籍証明書が付与された（山際　二〇〇〇：一三三―二八六）。

佐々井に続いて一九六八年からは、アンベードカルとも親交があったインド人仏教僧アーナンド・カウサリヤーヤンがナーグプル市を拠点に仏教布教活動を開始した。一九〇五年に北インドのチャンディーガル近郊農村でヒンドゥー教徒として生まれたカウサリヤーヤンは、アンベードカルが英語で著した『ブッダとそのダンマ』をヒンディー語やパンジャーブ語に翻訳したことに加え、仏教に関する著作や小冊子を四〇冊以上出版するなど、仏教やアンベードカルの思想を仏教徒たちに広めることに尽力した。カウサリヤーヤンは、一九二八年にスリランカでヒンドゥー教から仏教へ改宗して仏教僧となり、一九四四年にアンベードカルと初めて会った。特に一九五〇年以降は、仏教への改宗についてもアンベードカルからの相談を受けていた。カウサリヤーヤンは、一九五六年一〇月の集団改宗式の時には、インド代表団を率いて中国で開催されたブッダ生誕二五〇〇年祭に出席していたが、帰国後すぐにマハーラーシュトラ州を訪れ、アンベードカルの改宗に続いて行なわれた数多くの改宗式に参加した。一二月、カウサリヤーヤンはボンベイにおけるアンベードカルの葬儀に参列し、その葬儀の場でも他の仏教僧とともに集団改宗式を執り行なった。一九五九年から一九六八年までスリランカの大学に勤めた後、一九六八年から一九八二年まで改宗広場に滞在し、ナーグプル市の仏教徒に仏教を教えた。その後、カウサリヤーヤンは、ナーグプル市の別の場所に建立した「ブッダ広場（Buddha Bhūmi）」に移り、一九八八年に死去した（Ahir 1998: 83-86）。

また、一九七〇年代以降のマハーラーシュトラ州では、過激性や地域密着性を特徴とする宗教社会運動組織「ダリト・パンサー（Dalit Panther）」が勢力を拡大した。アンベードカルを支持するダリト・パンサーは、留保制度の恩恵を受けたマハールの高学歴の青年層を中心に、ボンベイで一九七二年に結成され、文学作品やデモ活動を通じて不可触民差別の状況を告発した。徐々にダリト・パンサーの活動は戦闘的なものとなり、カースト・ヒンドゥーとの対立事件を生み出しながら、いくつものグループに分裂し、影響力を弱めていった（舟橋 二〇一四：五七—六四、堀本 一九九七：三四五—三四八）。

第三項　仏教徒たちによる仏教復興の開始

インド政治における国民会議派の低迷によって政治権力の集中が徐々に解消され、また、「指定カースト」の高等教育や公的雇用への進出が進む中、政治家への不信を抱いたナーグプル市の仏教徒は、政治権力の獲得に進むのではなく、佐々井とカウサリャーヤンという二人の宗教指導者の登場を大きな契機として仏教復興を活発化させていった。仏教徒たちは、仏教徒居住区にあったヒンドゥー教寺院を壊した後、佐々井などの指導の下で仏教寺院を建立し、ブッダの像を置いた。仏教寺院の入口や本堂には、青いスーツを着用し、左手にインド憲法を携え、右手で空を指差したアンベードカルの立像が建てられた。また、世界各地で使用されている六色仏旗と、中心に白い法輪の描かれた紺地の旗が仏教の旗として用いられ、前者が「五戒（*pañcsīl*）の旗」、後者が「アショーカの法輪（*aśoka caklā*）の旗」と呼ばれるようになった。仏教徒たちは、佐々井に協力して日常的な仏教儀礼の普及に努め、佐々井が主催する集団改宗式などを手伝った。仏教徒の家々の祭壇にはブッダとアンベードカルの像が置かれ、命名式や婚約式、結婚式、葬式などの人生の要所において仏教僧による儀礼が行なわれるようになっていった。またナーグプル市の仏教徒は、改宗広場においてカウサリャーヤンから仏教の知識を手に入れたほか、カウサリャーヤンがヒンディー語に翻訳したアンベードカルの著作『ブッダとそのダンマ』など、彼が手掛けた著作や小冊子から仏教やアンベードカルの思想を学んだ。活動家は、仏教の集会などにおいて仏教やアンベードカルの著作を引用し、文字を読める仏教徒は、文字を読めない仏教徒に『ブッダとそのダンマ』を読み聞かせるなどした。

仏教への改宗前、マハールたちはカースト・ヒンドゥーに出会った際、「万歳、父と母」もしくは「ようこそ、父と母」を意味する「ジョーハール、マーヤバーパー、ジョーハール（*johār māya-bāpā johār*）」という挨拶を行なっていた（Robertson 1938: 15; Zelliot 1996: 315）。しかし改宗後は、ヒンドゥー教のものであるとして「ジョーハール、マーヤバーパー」や「ナマステ（*namaste*）」という挨拶をやめ、仏教徒たちは胸の前で両手を合わせて「ジャイ・ビーム（*jay bhīm*）（アンベードカルの勝利）」と挨拶を交わすようになった。このように仏教徒たちは、「ジャイ・ビーム」という挨拶を通じて自らが仏教徒であることを相手に示した。また仏教徒は、自分たちの氏名や仏教徒居住区の地名、学校名などをヒンドゥー教の名前から仏教の名前に変えた。例えば、仏教徒の男性の名前として、ラーマ（*rāma*）やガネーシャ（*gaṇeśa*）、ラクシュマナ（*lakṣmaṇa*）といったヒンドゥー教の神や英雄のものでなく、シッダールタ（*siddhārtha*）やガウタマ（*gautama*）、ラーフラ（*rāhula*）といった仏教に関するものが使われるようになった。女性の場合には、ラクシュミー（*lakṣmī*）やガンガー（*gaṅgā*）といったヒンドゥー教の女神の名前をやめ、ヴァイシャーリー（*vaiśālī*）やアムラパーリ（*amrapālī*）などの仏教に由来するものを使用するようになった。同様にナーグプル市内の仏教徒居住区の名前も、シッダールタ・ナガル（*siddhārtha nagar*）やブッダ・ナガル（*buddha nagar*）、アングリマーラ・ナガル（*angulimāla nagar*）といった仏教にかかわるものに変えられた。

マハーラーシュトラ州内のアウランガーバードでも、仏教徒をはじめとするアンベードカル支持者たちがマラートワーダー大学をドクター・バーバーサーヘブ・アンベードカル大学へ改称する運動を起こした。一九七八年に州政府によって承認されたが、支配的な立場にあるマラーターの激しい反対が暴動へとつながり、大学改称の決定は取り消された（グハ　二〇一二：二一一—二一二）。

第五節　一九九二年—：佐々井による大菩提寺奪還運動の開始以降

第一項　カースト間対立、経済自由化、宗教ナショナリズム

一九九〇年代以降のインドは、マンダル（Mandal）、マーケット（Market）、マンディル（Mandir）の三つのMに特徴付けられるとされる。年代順に見ていくと、一つ目は、マンダル委員会報告を巡る衝突に象徴されるカースト間の対立である。非国民会議派政権であるV・P・シン政権は一九九〇年、後進諸階級への留保制度拡大を提言した一九八〇年のマンダル委員会報告を踏まえ、「指定カースト」と「指定部族」だけでなく、それ以外の「その他の後進諸階級（Other Backward Classes）」を対象として二七％の公職留保政策を全国一律に実施する計画を発表した。この発表を受け、上位カーストの学生による焼身自殺といった激しい抗議行動が行なわれるなど、インド各地において留保制度を巡る混乱が発生し、政権は総辞職に追い込まれた（小谷　一九九六：二六一—二六二、杉山　一九九八：七六—七七）。このような中、独立以降の優遇措置の実施を通じて、「指定カースト」の中にも政府の職を獲得し、経済的に豊かになり、社会的な威信を手に入れることで強い発言力を持つ人々が生み出されていった。「指定カースト」を支持母体とする大衆社会党も、北インドのウッタル・プラデーシュ州で勢力を大幅に拡大し、

マーヤーワティー党首（Māyāwatī）（一九五六―）は、一九九三年に元不可触民として初の州首席大臣となった。これらの「指定カースト」の自我意識の高まりは、各地でカースト間の対立の拡大をもたらし、例えば、インド北部のハリヤーナー州や南部のタミル・ナードゥ州においても数多くの死傷者を出している（グハ　二〇一二：三二四―三二〇）。

二つ目はマーケット、つまり、一九九一年の全領域的な経済自由化政策に象徴されるグローバリゼーションの進展である。一九八〇年代にも一定程度の規制緩和を行なった国民会議派は、一九九一年連邦下院選挙において中央政権を奪還した後、一九九一年七月に閉鎖的社会主義型経済から大きく方向転換し、全領域的な経済自由化政策を採用した。公共部門拡大優先の原則と産業許認可制が事実上撤廃され、対外経済開放のために貿易の大幅な自由化措置が実施されるなど、経済自由化に向けたさまざまな新経済政策が打ち出された（佐藤　二〇〇二：二一―二四、長崎・小谷・辛島　二〇〇四：四五九―四六六）。インド政府は新たな経済政策として、インド国籍を持ちながら国外に居住する在外インド人（NRI: Non-Resident Indian）に対する所得税の優遇措置や、インド人留学生への大規模な教育ローン計画を打ち出し、国外に進出するインド人の数が増加することになった（長崎　二〇〇四a：一三三―一四四）。また、経済自由化によりインド国内に進出する多国籍企業が増えていった。他方、農村部から都市部への大量の移住者が大都市のスラムで劣悪な生活環境に置かれたり、都市部での暴力行為のターゲットにされたりするなど、否定的な側面も明らかなものとなっている。

三つ目は、アヨーディヤー事件やゴードラー暴動に象徴される「宗教ナショナリズム」の台頭である。「政教分離主義」を掲げる国民会議派が衰退する中、大きな躍進を果たしたのが一九八〇年に組織された「インド人民党（Bharatiya Janata Party）」であり、一九九八年と翌年の連邦下院選挙で勝利し、連立政権を樹立した。インド人民党はヒンドゥー至上主義組織ＲＳＳを支持母体とし、「サング・パリワール（Sangh Parivār）（ＲＳＳ一家）」の一員とされる。ナーグプル市内に本部があるＲＳＳは、ヒンドゥー・ナショナリズムを掲げ、ヒンドゥー教が唯一の卓越した宗教であるとする。ＲＳＳは、ヒンドゥー教国家の建設を目指し、イスラーム教徒やキリスト教徒を敵視する傾向にある（長崎・小谷・辛島　二〇〇四：四六二、広瀬　一九九四：八―一〇、三輪　二〇〇七：五三―五六）。一九八〇年代からサング・パリワールは、ビハール州アヨーディヤーのモスクを破壊し、ラーマ誕生地寺院を建立する運動を展開した。その結果、一九九二年一二月にヒンドゥー・ナショナリストがアヨーディヤーのモスクを破壊するに至り、ヒンドゥー教徒による大規模な反イスラーム暴動に発展した（長崎・小谷・辛島　二〇〇四：四六二―四六四、広瀬　一九九四：一〇―一二）。これに加え、グジャラート州のゴードラーでは、インド人民党政権下にあった二〇〇二年、アヨーディヤーを巡礼したヒンドゥー教徒が乗った列車の車両で火災が発生した。これをきっかけに反イスラーム暴動が起こり、モスクが破壊され、一〇〇〇人以上の死者が出ることになった（グハ　二〇一二：三七一―三七四）。

第二項　大菩提寺奪還運動の開始

北インドを中心に宗教間の対立（もしくはコミュナリズム問題）が発生する中、一九九〇年代になると佐々井も仏教の聖地を巡る運動に取り組み始めた。一九四九年に制定された「ボードガヤー寺院法（Bodh Gaya Temple Act）」では、「大菩提寺管理委員会（Bodh Gaya Temple Management Committee）」がインド国籍を有する九名で構成され、ヒンドゥー教徒四名と仏教徒四名がメンバーとなり、地区行政官を委員長とすることが定められている（Barua 1981: 112–114）。この寺院法に基づき、一九九二年当時の大菩提寺管理委員会は五名のヒンドゥー教徒と四名の仏教徒で構成され、ヒンドゥー教徒が二つの上位ポスト（委員長及び事務総長）を占めていた。一九九二年五月、佐々井と数百人の仏教徒がビハール州ブッダガヤー（ボードガヤー）の大菩提寺において、バラモン司祭に対し、寺院内の仏像をヒンドゥー教の神々や英雄の像とみなしたり、仏塔をヒンドゥー教のシヴァ・リンガとして礼拝したりすることをやめるよう求めた。しかしバラモン司祭が拒否したため、仏教徒たちはヒンドゥー教儀礼のために使用されていた壺を割り、像を覆っていた布をはがすなどした。これにサング・パリワールが反発し、大菩提寺を取り囲む外壁には大菩提寺がヒンドゥー教のものであるとの主張がインド人民党の署名入りで書き込まれ、ＲＳＳなどが小冊子を配るなどして仏教徒へ批判を加えた。このような状況を目にした佐々井は、ブッダが悟りを開いた場所に建設された大菩提寺の管理権を仏教徒の手に移すため、七月にマハーラーシュトラ州の仏教徒組織や青年団体の代表などをナーグプル市に集めた[14]。その結果、「全インド大菩提寺解放実行委員会」が結成され、第一次大菩提寺奪還運動が開始されることになった（山際　二〇〇〇：二九七―二九九、Doyle 2003: 249–259）。

　一九九二年八月、佐々井は仏教僧と数百人の仏教徒とともにトラックやジープに乗り分け、ボンベイのダーダルからブッダガヤーまで行進する「法の灯の行進（*dhamma joti yātrā*）」を実施し、市中行進や座り込みによって大菩提寺の管理権の移譲を求めた。続いて一二月になると、佐々井はデリーにおいて第二次奪還運動を開始し、仏教徒と市中行進や座り込みを実施したが、一二月六日にアヨーディヤーのモスクが破壊されたことを受け、デリーでの活動を中止し、ナーグプル市に戻った。アヨーディヤー事件の影響からインド国内の警備が強化される中、佐々井は一九九二年以降も大菩提寺奪還運動を継続し、マハーラーシュトラ州以外の仏教徒も奪還運動に加わるようになった。また佐々井は、仏教徒の組織化にも努め、一九九五年に仏教徒の若者を中心に仏教行事などにおいて奉仕活動を実施する「全インド法兵軍（Akhil Bhāratīya Dhamma Senā）」を組織し、一九九六年には仏教僧の組織「全インド比丘マハーサンガ（Akhil Bhāratīya Bhikṣu Mahā Saṅg）」を結成した。一九九八年にビハール州政府は、佐々井の弟子である仏教僧を大菩提寺管理委員会の事務総長に任命し、仏教徒が初めて事務総長の職に就任した（山際二〇〇〇：二九八―四〇九、Doyle 2003: 251, 262–271）。佐々井は二〇〇二年、ＡＣＪＰの活動家たちとジュネーヴの国連人権高等弁務官事務所などを訪問し、インドでの人権侵害撤廃や大菩提寺管理権移譲への協力を求めた。その後、佐々井は二〇〇三年にインド政府の「少数派委員会（National Commission for Minorities）」の仏教徒代表に選出され、同職を二〇〇六年まで務めた。二〇〇九年に四四年ぶりに日本を訪れた佐々井は、それ以降も継続的に日本に戻り、各地でインド仏教徒の被差別状況を訴え、支援を呼びかけている。

第三項　ローカルな取り組みとグローバルなネットワーク

一九六〇年代末以降の優遇措置の拡大や、一九九〇年代初頭から始まった経済自由化政策によるグローバリゼーションは、ナーグプル市の仏教徒にも大きな影響を与えている。仏教徒たちの中でも優遇措置を利用して英語教育などの高い教育を受けた仏教徒は、政治家、インド行政職（ＩＡＳ）官僚、医者、大学教授、会社経営者といった収入の高い職を得ている。さらにナーグプル市近郊に数年前に建設された多国籍企業の工場やコール・センターで仕事を手にした仏教徒もいる。特にエンジニアとなった仏教徒たちからは、中東や東南アジア、日本、アメリカ、カナダで働いている人々も数多く出てきている。これらの仏教徒の中には、組織的もしくは個人的に他の仏教徒への教育活動や仏教普及に取り組む人々もおり、アンベードカルの「教育せよ、扇動せよ、組織せよ」というスローガンのもと、大小さまざまな仏教徒組織を結成している。これらの団体は、日常的にはそれぞれの地域の活動に取り組み、仏教の祝祭においては食事や飲料水、アンベードカルの教えが書かれた小冊子の無料配布など、組織ごとのプログラムを行なっている。アンベードカル自身の三〇年に及ぶ取り組みが政治、経済、教育、法、宗教的側面など多岐にわたるものであったことから、現在の仏教徒による不可触民解放運動もまた、ヒンドゥー教から離脱するための仏教への改宗運動、「自由、平等、博愛」の仏教を復興する運動、仏教徒への犯罪に対してデモ行進などを実施する差別撤廃運動、経済・教育プログラムを通じた社会的地位の向上運動など、多様な側面を有するものとなっている。

例えば、ナーグプル市内で活動する組織として「仏教寺院友好サンガ（Buddha Vihār Maitri Saṅg）」がある。二〇〇〇年に結成された仏教寺院友好サンガは、市内に三〇〇以上あるとされる仏教寺院のネットワークの形成、閉じられている仏教寺院の活動の再開、中断された仏教寺院の建設を再び始めることなどに取り組んでいる。この組織の働きかけを受けて活動が再開された仏教寺院では、朝夕の勤行や子どもたちへの仏教教室などが実施されるようになった。仏教寺院友好サンガは、毎週日曜日に集会を開くことに加え、市内で数日間の仏教研究集会を開催している。そこでは、仏教やアンベードカルの生涯について教えるとともに、「二十二の誓い」に従ってヒンドゥー教を破棄するように働きかけを行なっている。また、ブッダ・プールニマー、アンベードカル生誕祭、改宗記念祭といった仏教の祝祭でも、仏教寺院友好サンガは毎年、改宗広場などでプログラムを実施している。

仏教徒組織ＡＩＭ（アンベードカル博士国際ミッション）は、国内外のインド人仏教徒が連携している組織である。ＡＩＭは一九九四年四月のアンベードカル生誕祭において、アンベードカルの思想をインド国外や国内に広めるためのネットワーク組織として、マレーシアのクアラルンプールで結成された。本部はカナダにあり、東南アジアや中東、アメリカ、イギリス、日本、またチェンナイやナーグプル市などのインド国内に支部が存在する。ＡＩＭはアンベードカルの教えを国内外へ広めることや、国外在住のインド人仏教徒が国内の仏教徒を支援することに取り組んでいる。具体的には、インド国内の仏教徒学生に奨学金や賞を与えたり、改宗記念祭に改宗広場においてアンベードカルの著作を無料で配布したり、インド国外の三〇以上の図書館や仏教寺院にアンベードカルの著作を寄付するなどの活動を実施してきた。また、インド国外でもアンベードカル生誕祭やブッダ・プールニマーの式典を主催している。

仏教徒組織ACJP（正義と平和を目指すアンベードカルセンター）は、カナダとアメリカ在住のマハーラーシュトラ州出身の仏教徒を中心に活動が行なわれている。ACJPの本部はアメリカにあり、インド国内にもムンバイーとナーグプル市に支部が設置されている。ACJPの前身は、一九七六年に設立された「ヴィジョン」という組織であり、この組織が発展して一九九一年にACJPとなった。同年にACJPは、アンベードカルが留学したニューヨークのコロンビア大学においてアンベードカル生誕祭を祝ったほか、国連の会議に初めて参加した。それ以降、ACJPは、毎年コロンビア大学などでアンベードカル生誕祭やブッダ・プールニマーのプログラムを主催し、国連などでもインドにおける元不可触民への差別や児童労働といった人権侵害の問題について働きかけを続けている（cf. Ambedkar Center for Justice and Peace 2004）。二〇〇二年、ACJPは佐々井とパリにあるユネスコ本部やジュネーヴの国連人権高等弁務官事務所を訪れ、大菩提寺管理権移譲への協力を求めるなどした。

註

（1）ガーンディーは、一八六九年にインド西北部の藩王国ポールバンダルにおいて、ヴァイシャ（*vaiśya*）とされるモードド・バニヤー（*mōdh baniyā*）の家庭に生まれた。ガーンディーの祖父と父はポールバンダル国の宰相であった。ガーンディーは一八八八年からイギリスに留学し、弁護士資格を取得した後、一八九一年に帰国した。ガーンディーは南アフリカへ渡り、年季契約労働者などとして働くインド人への差別撤廃と権利獲得のため、二〇年以上にわたって非暴力運動（サティヤーグラハ）を率い、一九一五年に南アフリカよりインドへ帰国した（森本　一九九四：二八五―三〇五）。

（2）ガーンディーは「ハリジャン」という語を用いる理由について、神がすべての宗教において弱き者の保護者であり、その弱き者である不可触民が「神の子」と呼ばれるにふさわしい存在であるためと説明している（ガンディー　一九九四：六三―六四）。なお現在のナーグプル市の仏教徒の間には、「ガーンディーがアンベードカルの最大の敵であった」という共通認識が広まっており、仏教徒たちは「ハリジャン」と呼ばれることを強く拒否している。

（3）「マハートマー（*mahātmā*）（偉大なる魂）」と呼ばれたフレーは、当時の国勢調査上では「中間カースト」とされるマーリー（*māli*）に属し、一九世紀半ばから教育の普及を中心とする社会活動を開始した。フレーは独自の反差別・反カースト思想を掲げ、女性や低カースト、不可触民への差別撤廃を目指し、後に続く反差別運動へ大きな影響を与えた（内藤　一九九四：一六三―一七〇）。

（4）アンベードカルの被差別経験として、例えば、アンベードカルは、一〇歳頃から通った学校での授業中、家から持参した麻袋を教室の隅に置き、その上に座らなければならなかった。バラモンの教師の中には親切な者もいたが、教師たちの多くは、アンベードカルのノートに触れるのを避け、彼に質問することさえ嫌う教師もいた。アンベードカルは、学校でのどが渇いた際、口を上に向けて他の誰かに水を流し込んでもらわなければならなかったとされる（Keer 1971: 12–20）。

（5）スコットランド人宣教師アレクサンダー・ロバートソンの記録（Robertson 1938）には、二〇世紀初頭のマハール・カーストの人々の生活が描かれている。ロバートソンはマハーラーシュトラ州に三五年間滞在し、プーナやナーグプル市、近隣の農村においてキリスト教の布教活動を行ない、ナーグプル市内のカレッジでは哲学教授を務めた人物である（Robertson 1938: 5, 14）。

（6）活動家ムーンは、アンベードカルや他の活動家と不可触民解放運動に取り組み、二〇〇二年に死去するまでナーグプル市の仏教徒たちにとって重要な指導者の一人であった。彼のライフ・ヒストリー（Moon 2002）には、イギリス植民地時代以降のナーグプル市におけるマハールの状況が詳細に記されている。またムーンは、死去するまでマハーラーシュトラ州政府が発行した *Dr. Ambedkar Writing and Speeches* の編集を担当した。二〇一六年現在のナーグプル市でもムーンの名前は仏教徒たちの間に広く知れ渡っている。

(7) 独立運動期に「宗教ナショナリズム」を掲げたのは、ジンナー(Mohammad Ali Jinnāh)(一八七六―一九四八)が率いる「ムスリム連盟(All India Muslim League)」であった。ムスリム連盟は「ヒンドゥーとムスリムは異なる宗教コミュニティでなく異なる国民である」とする「二民族=国民論」を主張し、一九四七年のパキスタン独立によって「宗教ナショナリズム」に基づくイスラーム国家建設を実現した(長崎 二〇〇二:二五、Varshney 2003: 55–86)。

(8) インド政府は一九五三年、インド憲法第一七条に基づいて不可触民差別に対する罰則などの詳細を定めた「不可触民制(犯罪)法案」を作成し、一九五五年に成立させた。この「不可触民制(犯罪)法一九五五年」は一九七六年に「市民権保護法」に改称され、内容が強化された(押川 一九九五:三一)。

(9) 二〇一四年時点で、インド仏教徒教会の本部はムンバイーのダーダル地区にあり、マハーラーシュトラ州を中心にウッタル・プラデーシュ州やマディヤ・プラデーシュ州、デリーなど、西インドから北インドにかけて仏教への改宗運動を活発に展開している(舟橋 二〇一四:一〇四―一〇九)。

(10) 「全インド指定カースト学生連合(All-India Scheduled Casts Students Federation)」は、一九四二年にアンベードカルがナーグプル市で主催した被抑圧諸階級会議の後、不可触民の高校生や大学生が参加する組織として設立された(Moon 2002: 86)。

(11) 国民会議派は、インド国内の諸勢力を代表するという国民戦線的な性格を独立後も維持した。このため、インド共和党をはじめとする各野党は、国民会議派との差異化を目的として自党の理念や政策を純化させると広範な支持を獲得できなくなる一方、現実化路線を選択すれば国民会議派との差異化ができずに自党の支持基盤を弱めるという二律背反に陥った。さらに国民会議派は、元不可触民からの支持を獲得するため、指定カースト連合やインド共和党の指導者を国民会議派へ取り込むなどした(堀本 一九九七:三四三―三四五 cf. Zelliot 1969: 298)。

(12) ナーガ・パンチャミーは「蛇神」の祝祭であり、シュラーヴァナ月(太陽暦七―八月)に行なわれる。二〇一六年現在のナーグプル市の仏教徒たちの間ではナーガ・パンチャミーに関する見解は分かれており、この祝祭をヒンドゥー教のものであるとして批判する活動家がいる一方、アンベードカルの著作や演説で仏教徒とされるナーガ族を祝うための祝祭として擁護する者もいる。

(13)「八宗の祖師」と呼ばれる龍樹は、およそ紀元後一五〇年から二五〇年頃の人と推定されており、空の思想を理論的に基礎づけ、大乗仏教の基盤を確立した思想家である（中村　二〇〇二：一七―一八）。

(14) 仏教徒が大菩提寺の管理権を獲得するための運動は、もともとスリランカの仏教僧アナーガーリカ・ダルマパーラ（Anāgārika Dharmapāla）（一八六四―一九三三）によって始められた。ダルマパーラは、この運動を前進させることを一つの目的として、一八九一年に「マハーボーディ・ソサエティ（Mahabodhi Society）」を創設し、その本部をブッダガヤーに置いた（Kantowsky 2003: 59–68）。

第三章　反差別の取り組みと自己尊厳の獲得

第二章では、一九二〇年代にアンベードカルが開始した不可触民解放運動が現在のナーグプル市の仏教徒による反差別運動に至るプロセスを考察した。本章で主な分析対象となるのは、ナーグプル市の仏教徒の中でもアンベードカルの影響を最も強く受ける活動家（アンベードカライト）である。言い換えれば、以下では、アンベードカルの教えに依拠する同一性の政治学の中心に位置する活動家の視点に立ち、要約版としてのアンベードカルの教えが持っている特徴、仏教復興の取り組みが生み出す他宗教信者との対立、仏教徒が「アンベードカライト」になるプロセスなどに目を向ける。

第一に活動家を中心とする仏教徒たちの語りに着目し、そこに二元論的認識枠組みと対抗する歴史観という二つの共通点があることを考察する。活動家たちはアンベードカルの著作と演説から、短縮化され、焦点化された要約版としてのアンベードカルの教えを導き出し、このイデオロギーを認識枠組みの基盤とすることで、閉鎖的で排他的な仏教徒共同体を創出（または想像）している。第二に一九五六年集団改宗以降、活動家を中心に仏教徒たちが意識的な客体化による文化構築を通じて、自分たちの生活環境を「アンベードカルの教えに基づく世界」に作りかえていることを論じる。アンベードカル生誕祭で仏教徒たちは、アンベードカルの著作や生涯に関する模型作品を仏教徒居住区に配置し、アンベードカルの教えを流布する。他方、こういった伝統の創造を通じて、隣接して暮らすヒンドゥー教徒の間で対立が生まれている。第三に反差別運動に熱心に取り組む三人の活動家のライフ・ヒストリーに目を向け、活動家がアンベードカルの教えに依拠する反差別運動に積極的に参加するようになった三段階のプロセスを考察する。このプロセスを経て、カースト・ヒンドゥーからの差別に苦しむ仏教徒が「アンベードカライト」になり、自己尊厳を獲得することが可能になる。

第一節　アンベードカルの教えを通じて想像される共同体

第一項　二元論的な認識枠組み

前章でも示したように、アンベードカルは思想的・実践的変遷の中で膨大な量の著作を残すことで思想を言語化しており、この変遷を理解するには彼の著作を通時的に読む必要がある。一方、現在のナーグプル市の仏教徒の間では、時間軸でなく重要性の軸が優先され、頻繁に言及されるアンベードカルの著作とそれ以外に分けられている。活動家は、重要性の高いアンベードカルの著作や演説を共時的に読み、特定の部分に焦点を合わせるかたちで要約し、他の仏教徒たちに流布するためのアンベードカルの教えを導き出す。現在の仏教徒による宗教社会運動の一つのかたちは、この要約版としてのアンベードカルの教えに従って仏教を「自由、平等、博愛」の宗教と定義し、この仏教をインドに復興することで公正な社会の達成を目指す反差別運動である。この運動を率いるのが、自らを「活動家（*activist*）」、「社会奉仕者（*social worker*）」、「アンベードカライト」、「アンベードカル化された人間」と呼ぶ活動家である(1)。その語りにはいくつかの共通点が存在しており、そこから活動家が考えるアンベードカルの教えを知ることができる。一つ目は、「差別と迷信のヒンドゥー教」と「平等と科学の仏教」という二元論的な見取り図である。活動家たちは次のように語っている。

仏教は科学であり、自由、博愛、正義、平等に基づく人道主義的なものである。ヒンドゥー教はこれらすべてに反対している。バーバーサーヘブ（アンベードカル）は、仏教を受け入れることが自由への第一歩になることを教えてくれた。私たちはすべてのヒンドゥー教の神々や神話を拒絶し、ブッダだけを偉大な哲学者として受け入れている。ブッダは神や超自然的存在ではない。仏教には天国や地獄もない。仏教は如何に平和な生活を達成するかを示しており、仏教徒は道徳的価値を信じている（大学教員、四〇代男性、二〇〇一年五月二一日）。

仏教では、良い行ないをすれば良い結果を得ることができ、悪い行ないをすれば悪い結果になると考えられている。この原因と結果の理論は、仏教の重要な特徴の一つである。他方、ヒンドゥー教では殺人などの悪い行ないを犯したとしても、体を洗い清めればこのような罪が洗い流されると信じられている。仏教にはこのような教えはなく、仏教徒はこのような迷信を信じていない（映画館・レストラン経営MH、五〇代男性、二〇〇四年三月四日）。

ヒンドゥー教にはカースト制度が存在する。シュードラ（*śūdra*）や不可触民は数千年前から教育を受けられず、社会的な活動に取り組めなかったため、現在も神への盲目的信仰を持ち、死後の世界を信じている。低カーストは、教育や社会的意識の欠如からこのような迷信に従わされてきた。しかし、このような迷信は完全に間違ったものである。ヒンドゥー教と異なり、仏教では高い教育を受けて現実の問題へ取り組むことが重視されている（エンジニアS、六〇代男性、二〇〇四年九月一〇日）。

これらの活動家たちは、ヒンドゥー教と仏教を相反するものと定義しており、同様の特徴が他の活動家の語りでも見られる。このことから仏教徒たち、特に活動家の間で「差別と迷信のヒンドゥー教」と「平等と科学の仏教」という本質主義的で二元論的な見取り図が共有されていることが分かる。アンベードカルを強く支持する活動家たちは、ヒンドゥー教の本質を「差別」や「迷信」であると否定的に表象し、ヒンドゥー教徒を均質的で排他的なカテゴリーに押し込め、他者として切断する。一方、仏教の本質がこれとは相反する「平等」や「科学」であるとして肯定し、仏教徒（元不可触民）に肯定的な表象を付与する。これにより、両者の間に明確な境界線が引かれることになる。このことから、アンベードカルの教えに依拠する仏教徒運動が同一性の政治学の特徴を持っている点を理解できる。

ここにある「差別と迷信のヒンドゥー教」という定義は、アンベードカルの著作『カーストの絶滅』などが下敷きとなっている。この『カーストの絶滅』においてアンベードカルは、カースト制度を厳しく批判し、ヒンドゥー教の聖典を破棄すべきと訴えている。例えばアンベードカルは、「ヒンドゥーはしばしばギャングやならず者が持つ孤立性や排外性を批判し、彼らは反社会的精神を持っていると言って非難します。しかし、ヒンドゥーは、その種の反社会的精神こそ自分たちの持っているカースト制度の最悪の特色だということを、都合よく忘れているのです」、「良徳はカーストに支配され、道徳心はカーストに束縛されています。そこには、あわれむべき人々に対する同情が欠如しています」、「理性と道徳心とをいっさい否定する（聖典である）ヴェーダとシャーストラにダイナマイトを仕掛けねばなりません」、「カーストを欲しないとすれば、理想的な社会とはどんな社会なのかということが問題になります。私の理想とする社会は、「自由、平等、友愛」に基づいた社会です」と述べている（アンベードカル 一九九四：五六、六七、六九、一〇七（ ）内筆者）。

同様に「平等と科学の仏教」という定義は、著作『ブッダとそのダンマ』などから導き出される。(2) アンベードカルはこの著作の第三部「ブッダが教えたこと」において、何がブッダの教えであり、何がブッダの教えではないかを示している。そこには、「ブッダは（しばしば奇跡と呼ばれる超自然的な原因から出来事が発生するという）これらの教義を否定した。彼はすべての出来事に原因があるだけでなく、その原因が人間の行動や自然の法則の結果であると主張した」、「（神の存在が無益である点について）彼（ブッダ）によると、宗教の核は人と神の関係にあるのではない。それは人と人の関係性にある。宗教の目的は、すべての人が幸福になるために人は他の人々にいかに振る舞うべきかを教えることにある」、「ブッダは、カルナー（悲）（*karuṇā*）について教えるだけにとどまらなかった。カルナーは人間のみへの愛である。ブッダは先に進み、マイトリー（慈）（*maitrī*）についても教えた。マイトリーは命あるものへの愛である」、「不平等はバラモン教の公式の教義である。ブッダはこれに徹底的に反対した。彼はカーストに最も強く反対する者であり、平等を最も早く確かに支持した者であった」と記されている（Ambedkar 2011: 133, 135–136, 159, 161–162 （ ）内筆者）。活動家たちは、アンベードカルの著作や演説から「差別と迷信のヒンドゥー教」と「平等と科学の仏教」という二元論的な見取り図を導き出し、この見取り図では両宗教の間には超えることができない絶対的な差異が構築される。これにより改宗とは、「差別と迷信のヒンドゥー教」を離れ、「平等と科学の仏教」に移り、「自由、平等、博愛の仏教徒」という肯定的なアイデンティティを獲得することを意味するようになる。

第二項　対抗する歴史観

活動家はアンベードカルの「教育せよ、扇動せよ、組織せよ」というスローガンのもと、さまざまな仏教徒組織を結成し、要約版としてのアンベードカルの教えを仏教の祝祭や集会における演説で引用し、小冊子を無料で配布する。また、仏教徒や指定カーストへの差別が行なわれた場合、活動家たちは大規模な抗議活動を率いて被害者を支援するなどしている。このような中で、仏教徒が所有するヒンドゥー教の神々の像を回収し、キリスト教徒への改宗者を仏教に再改宗させる活動家も存在する。これらの活動家たちの語りにある二つ目の共通点として指摘できるのは、インドの歴史を「ヒンドゥー教（カースト・ヒンドゥー）対仏教（不可触民）の歴史」とする視点である。活動家や仏教僧は次のように述べている。

ナーガ族はインドの先住民であり、ナーグプル地域で暮らしていた人々である。数千年前にアーリヤ人がインドに侵入した時から、アーリヤ人とナーガ族の対立が続いている。ナーガ族は反ブラーマン主義で反ヒンドゥー教であり、ブッダが教えを広めた時にブッダに従って仏教に改宗した。しかし、ナーガ族はバラモンによって不可触民にされ、ナーガ族の歴史も消されてしまった。このことは考古学や人類学などによって明らかにされてきた。不可触民にとって仏教に改宗することは、数千年前の自分たちの宗教に戻ることを意味している（活動家SG、学生、二〇代男性、二〇〇四年二月二八日）。

バーバーサーヘブは、一九五六年一〇月一四日の集団改宗式において重要な演説を行なった。当時、私は一五歳であり、バーバーサーヘブから五〇〇メートルくらいの場所で改宗式に参加していた。バーバーサーヘブは

「ナーグプルとはナーガのプルという意味であり、ナーガ族の首都（プル）を指している」と述べた。ナーガ族はインドの先住民で支配者であったが、ヒンドゥー教徒に滅ぼされた。生き残ったナーガ族は、牛肉食と仏教への信仰を捨てなかったため不可触民とされた。つまり、不可触民はもともと仏教徒であったのだ。インドのすべての歴史は仏教徒とヒンドゥー教徒の闘争である。バーバーサーヘブは、一九五六年の集団改宗式において祖先の宗教に戻ったのだ（企業経営者、六〇代男性、二〇〇四年八月一日）。

インドの歴史の中で「ナーガ」という名前は動物の名前ではなく、人間のことを指していることが明らかにされてきた。ナーガ族とは、ブッダが生きていた時代に仏教僧の組織を最初に支援した人々である。バラモンが差別的な教えを広めようとした時も、ナーガ族はブッダの教えを捨てなかった。それに対する罰として、バラモンはナーガ族を不可触民とした。［中略］現在の仏教徒もナーガ族の子孫である。現在のインドの仏教徒たちは、改宗したのではなく、もともとの宗教に再び目覚めたのである。そのため改宗という言葉を使うことに意味はない（仏教僧V、六〇代男性、二〇〇五年一〇月三日）。

これらの語りから、活動家たちがインドの歴史を「先住民である仏教徒対侵略者であるヒンドゥー教徒」の歴史として認識する視点を共有していることが理解できる。この対抗する歴史観は、不可触民の起源を示すものであり、そこでは、仏教徒であるナーガ族が、バラモンをはじめとするヒンドゥー教徒との対立の中で仏教を捨てなかったため、不可触民にされたと説明されている。インドの歴史を「先住民である仏教徒対侵略者であるヒンドゥー教徒の歴史」とする認識は、「平等と科学の仏教」と「差別と迷信のヒンドゥー教」という二元論的な見取り図をインドの歴史に適用したものであり、数千年にわたるインドの歴史の中で仏教徒（不可触民）をヒンドゥー教から分離することを意図している。この対抗する歴史観についての活動家たちの語りもまた、アンベードカルの著作『不可触民』や、アンベードカルが一九五六年集団改宗の翌日に行なった演説「偉大なる改宗に際して」を基礎としている。『不可触民』の中でアンベードカルが記した不可触民の起源の要約は、以下の通りである。

　戦争に敗れた部族（ブロークン・メン）がバラモンを不浄であるとして尊敬せず、儀礼のためにバラモンを雇うことがなかった。これに対し、バラモンも仏教徒であるブロークン・メンを嫌い、仏教徒への軽蔑や憎悪の教えを説いた。バラモンがバラモン教を仏教より優位にするため、菜食主義者となって牛への崇拝を始め、牛肉食と仏教への信仰をやめなかったブロークン・メンは、不可触民となった（Ambedkar 1990: 229–379）。

アンベードカルは演説「偉大なる改宗に際して」の中で、ナーグプル市を改宗式場に選んだ理由について、同じように説明している。アンベードカルによると、「ナーガ族は非アーリヤ人であり、アーリヤ人とナーガ族は烈しく敵対していました。［中略］アーリヤ人はナーガ族を焼き殺しました。聖仙アガスティヤが一人のナーガを救いました。そして、私たちはそのナーガの子孫だと考えられています。［中略］世尊ブッダは、彼ら（ナーガ族）を衰退と絶滅から救い出しました。ブッダの宗教を全世界に広めたのはナーガ族でした。そして、彼らのうちの大多数がナーグプールに住んでいました」（アンベードカル　一九九四：二二八―二二九　（　）内筆者）。この著作や演説から、活動家たちは「先住民である仏教徒対侵略者であるヒンドゥー教徒」という対抗する歴史観を学び取っている。この対抗する歴史観によると、仏教へ改宗することは、新たな宗教に移ることではなく、自分たちのもともとの宗教に戻ることを意味し、現在、元不可触民として差別を受けることは、自らが仏教徒であることの証明となる。「常に被差別状況にある元不可触民」であることは「平等と科学の仏教徒」であることを示しており、両者は表裏一体の関係にある。

現在のナーグプル市において、仏教とアンベードカルの教えを学ぶために最も重要なものとして頻繁に言及されるのは、アンベードカルが著した『カーストの絶滅』と『ブッダとそのダンマ』である。これに加え、アンベードカルの著作『不可触民』と演説「偉大なる改宗に際して」も引用されることが多い。仏教徒たちの間でこれらの著作や演説は、正統な知識が導き出される「聖典」として認識されている。仏教徒運動を率いる活動家たちは、重要性の高いアンベードカルの著作を共時的に読み、この要約版を仏教祝祭で小冊子として配布したり、仏教徒集会における演説で引用したりする。つまり、仏教徒たちは、アンベードカルの教えを理解するために必ずしも著作を自分で読まなければならないわけでない。小冊子、カセットテープ、CD、DVD、仏教研究集会、活動家による演説など、さまざまな方法を通じて学ぶことができるため、仏教徒たちが触れるのは、オリジナルの著書や演説より短縮化され、焦点化されたアンベードカルの教えである場合が多い。言い換えれば、現実を生きたアンベードカル、アンベードカルが残した著作や演説、現在の仏教徒の間に流通するアンベードカルの教え、それぞれの間にはずれが存在していることになる。

第三項　想像される排他的共同体

二元論的な見取り図は、仏教とヒンドゥー教が明確な境界線を持ち、内部が均質的な閉じられた別個の共同体として仏教とヒンドゥー教を提示するものである。また対抗する歴史観は、ヒンドゥー教の歴史と仏教の歴史を分離し、それぞれを独自の歴史を持った共同体とすることで、仏教とヒンドゥー教を別々のものとみなす視点を強化する。これらの教えを内面化することを通じて、活動家たちはヒンドゥー教を「差別と迷信の宗教」と認識し、ヒンドゥー教徒を静態的で均質的な他者として表象する一方、仏教を「平等と科学の宗教」として捉え、仏教徒を均質的で分割不可能な統一体として想像することになる。ここに存在するのは、国民的同一性の論理を基盤とする排他的な共同体であり、活動家たちは自らをその共同体の一部として認識している。ここで仏教への改宗は、「差別と迷信のヒンドゥー教」から「平等と科学の仏教」へ飛び移り、閉鎖的で他的な仏教徒共同体に参入する（と想像する）ことを意味している。活動家たちが国際社会を如何にとらえているのかに目を向けると、この近代的な国民的同一性の論理を基盤として世界の国々を宗教によって切断し、自分の仲間である国と仲間でない国に分類していることが分かる。活動家たちは以下のように語っている。

インドの仏教徒社会には、教育や失業や貧困の問題が存在している。インドの仏教徒にとって外国の仏教徒との関係が非常に重要であり、外国の仏教国はインドの仏教徒を経済的に支援してほしい。日本やタイや韓国の仏教徒には、インドに仏教寺院を建立し、社会的な事業に取り組んでもらいたい（元ＩＡＳ官僚、六〇代男性、二〇〇四年四月二〇日）。

仏教国である日本は、インドの仏教徒を守り、インドにおける仏教の今後の発展を促進する必要がある。日本政府はインド政府に多額の援助をしてきたが、それが本当にどのように使われてきたのかについて調査していない。日本は仏教国として道徳的責任がある。私たちは、インドの黄金時代であるアショーカ（Aśoka）王の時代のレベルまで仏教を発展させたいと考えている。そのためには日本からの経済的・技術的な支援が必要だ（企業経営者、六〇代男性、二〇〇四年八月一日）。

ナーグプル市には日本やタイから数多くの仏教徒が訪れているが、日本やタイの仏教徒はインドの仏教徒を本当の友人だとは考えていないのではないか。ヒンドゥー教徒は反仏教なのだが、日本の仏教徒は、インドでビジネスをする際にヒンドゥー教徒と手を組んでいる。欧米のキリスト教の団体は、インドのキリスト教徒と協力しており、外国のイスラーム教徒もインドのイスラーム教徒を助けている。しかし日本の仏教徒は、インドの仏教徒と手を組もうとしない（新聞記者、四〇代男性、二〇〇五年九月一〇日）。

このように活動家たちは、アンベードカルの教えに従って宗教間に明確な境界線を引き、国際社会を宗教によって分割している。このことは、ヒンドゥー教と仏教を相反するものとして分離する二元論的な視点が、ヒンドゥー教以外の宗教にも拡大され、すべての宗教が異なるものとして分離されていることを示している。言い換えれば、仏教徒が閉鎖的で排他的共同体に所属しているとする認識が、他国の仏教徒へも適用され、外国の仏教徒がインドの仏教徒の味方であると考えられており、排他的な仏教徒共同体が世界レベルまで拡張していることが分かる。活動家たちは、インド国勢調査の仏教徒数や地図上の仏教国の存在などを通じて、相手の顔が見えなくとも他の国で暮らしている仏教徒を「仲間」と考え、他宗教に対して排他的な仏教徒の共同体を想像している。実際に仏教組織AIMのリーダーの一人は、この想像力を基盤としてインドの仏教徒をタイやスリランカの仏教寺院に連れて行き、現地の仏教徒と交流するなどの活動を行なっており、他国の仏教徒との間でトランスナショナル・ネットワークが形成されている。このネットワークは、「国境を越えている」という意味ではトランスナショナルであるが、その基盤となっているのは国民的（ナショナル）な同一性の論理である。世界規模で広がる仏教徒共同体が他宗教の共同体と明確な境界線を有するものとして想像され、差別に抗する団結が創り出されており、活動家たちは、この想像力を基盤として差別に抗する連帯の形成を目指している。

ナーグプル市の仏教徒たちは、仏教の祝祭などで数百から数千、時には数万という膨大な数の仏教徒の姿を見ることで、自らが仏教徒共同体の一員であることを確認することができる。例えば、四月一四日のアンベードカル生誕祭の前夜、仏教徒たちは毎年必ずキャンドル行進を行なう。このキャンドル行進には、数百人から数千人の仏教徒が参加し、音楽や踊り、爆竹や掛け声などの熱狂と興奮の中で行なわれる。午後一〇時過ぎ、経済的に貧しいインドーラー地区などの市内のさまざまな仏教徒居住区から、いくつものキャンドル行進がトラックや人力車にアンベードカルの銅像と肖像画を載せ、市の中心部にあるＲＢＩ交差点（憲法交差点）に建つアンベードカルの銅像に向かっていく。午前零時前には、数千人の仏教徒たちがアンベードカルの銅像の下に集まり、ナーグプル市の中心部を占拠する。午前零時をまわり、佐々井がアンベードカルの銅像に黄色い花輪をかけ、礼拝文、三帰依文、五戒文を唱えると、アンベードカルの像を取り囲んだ仏教徒たちはこれを繰り返す。次に佐々井が右手を上げ、「父なる指導者アンベードカル菩薩の！」と掛け声をかけると、仏教徒たちは右手を上げて「勝利！」と答えるなど、深夜にブッダやアンベードカルを称える掛け声が何度も唱え続けられる。

第二節　仏教文化の創出と宗教対立の発生

第一項　「二十二の誓い」と仏教文化の創造

一九五六年集団改宗から現在に至るまで、ナーグプル市の仏教徒たちは、活動家を中心に自らの生活環境からヒンドゥー教のものを取り除き、代わりに仏教のものを配置する取り組みを行なってきた。これらの活動を正当化するために頻繁に引用されるものは、アンベードカルが一九五六年集団改宗の際に読み上げた「二十二の誓い」である。一九五六年以降、この「二十二の誓い」は、仏教についての本や小冊子、ＣＤ、活動家による演説、仏教研究集会、仏教スクール、家庭での親から子どもへの語りなど、さまざまなメディアを通じてナーグプル市の仏教徒の間に伝達されてきた。仏教寺院でも文字を読める者が文字を読めない者に対し、「二十二の誓い」をはじめとするアンベードカルの著作や演説を読み聞かせるなどの取り組みが行なわれている。この誓いは仏教への改宗方法を示したものであり、ヒンドゥー教から改宗した仏教徒がなすべきことが簡潔に具体化して提示されている。ここで改宗とは、①神やカースト制度の拒絶というヒンドゥー教の否定、②五戒・八正道・波羅蜜の順守といった仏教の肯定、③ヒンドゥー教から仏教への改宗の宣誓の三段階からなる。この「二十二の誓い」において、『カーストの絶滅』と『ブッダとそのダンマ』から導き出された本質主義的認識がプロセスとして繋がることになる。つまり改宗とは、「差別と迷信のヒンドゥー教」を破棄し、「平等と科学の仏教」を信仰することで「自由、平等、博愛の仏教徒」になることを意味している。「二十二の誓い」の全文（（　）内筆者）は以下の通りである。

一、私はブラフマー、ヴィシュヌ、マヘシュ（シヴァ）を神と認めず、崇拝しない。
二、私はラーマ、クリシュナを神と認めず、崇拝しない。
三、私はガウリー（パールヴァティー）やガナパティ（ガネーシャ）などのヒンドゥー教の神や女神を受け入れず、崇拝しない。
四、私は神の化身を信じない。
五、私はブッダがヴィシュヌの化身であるとの考えが嘘であり、悪意のあるプロパガンダであると考える。
六、私はシュラーッダ（祖霊祭）を行なわず、ピンダ（祭餅）を与えない。(3)
七、私はブッダの教えに背くものやブッダの教えと異なるものは何も行なわない。
八、私はバラモンが執り行なう儀礼は如何なるものも行なわない。
九、私はすべての人間が平等であることを信じる。
一〇、私は平等な世界をつくるために努力する。
一一、私はブッダが説いた八正道に従う。
一二、私はブッダが説いた波羅蜜を守る。
一三、私はすべての生きるものに慈悲と優しさを持ち、それらを守る。
一四、私は盗みを働かない。
一五、私は嘘をつかない。
一六、私は邪淫を行なわない。
一七、私は酒を飲まない。

写真6　仏教徒の家の祭壇（2012年8月23日）

一八、私は仏教の三つの原理である知識と戒律と慈悲に従って生きる。

一九、私は人間としての発展に有害であり、人間を不平等に扱ってきたヒンドゥー教を捨て、仏教を受け入れる。

二〇、私は仏教が真の宗教であると信じる。

二一、私は今日、新たな人生を手に入れたと信じる。

二二、今後私はブッダの教えに従って行動することを誓う。

このように、「二十二の誓い」の一番目から三番目はヒンドゥー教の神や女神を否定するものであり、これに従う仏教徒たちは、ヒンドゥー教の神々や聖者の像を「差別と迷信のヒンドゥー教」のものとして家の祭壇から取り除き、「平等と科学の仏教」を教えるブッダとアンベードカルの像を祭壇に置いてきた（写真6）。仏教徒たちは四番目や五番目の宣誓に沿って、ブッダをヴィシュヌの九番目の化身とするヒンドゥー教の教えを拒絶しており、市内のヒンドゥー教寺院を壊し、同じ場所に仏教寺院を建てて仏教旗を掲げるようになった（口絵4）。仏教寺院の入口にはアンベードカルの銅像が建立された。六番目や八番目の宣誓はヒンドゥー教の儀礼を行なうことを禁止するものであり、仏教徒たちは命名式、婚約式、結婚式、葬式などの人生の要所においてヒンドゥー教の儀礼をやめ、勤行や守護紐儀礼といった仏教僧による儀礼を行なうようになった。また、ヒンドゥー教の聖地に代わり、集団改宗式が実施されたナーグプル市西部の改宗広場が仏教徒たちにとって最も重要な場所となった。毎週の日曜日には朝から祈りや瞑想を行なう仏教徒が改宗広場に集まり、仏教徒が抱えている問題などについて話し合いが行なわれている（写真7）。

写真7　改宗広場における活動家の集会（2015年3月8日）

これに加え、アンベードカルは一九五〇年に発表した「ブッダとその宗教の将来」において、道徳に基づく宗教である仏教では、ブッダが「救済を与える者」ではなく、「道を示す者」であるとした（アンベードカル　一九九四：二〇六）。一九五六年以降、仏教徒の祭壇は超自然的な力を有する神々の祭壇から、進むべき道を教える教師の祭壇に変わったことになる。実際にブッダが超自然的な力を持つ神であることを活動家たちが強く否定しているように、アンベードカルの教えを学んだ仏教徒たちは、超自然的な力を「迷信」と批判するようになった。活動家を中心に仏教徒たちは、「二十二の誓い」をはじめとするアンベードカルの著作や演説に従い、より意識的なかたちでヒンドゥー教と仏教をそれぞれ別々の文化として客体化し、前者を後者に入れ替えてきた。言い換えれば、仏教徒の挨拶を「ジョーハール、マーヤバーパー」から「ジャイ・ビーム」

とし、仏教徒や仏教徒居住区の名前をヒンドゥー教の神の名前から仏教に由来するものにするなど、仏教徒たちは自分たちを取り巻く日常的な環境を「アンベードカルの教えに基づく世界」に作りかえてきた。

第二項　アンベードカル生誕祭における教えの流布

特に一九五六年以降、ナーグプル市の仏教徒たちは、ヒンドゥー教の祝祭に参加することが正しいことではないと考え、より正統なものとして仏教の祝祭を盛大に祝うようになった。仏教の祝祭の一つであるアンベードカル生誕祭に目を向けると、特に本質主義的二元論や対抗する歴史観などのアンベードカルの教えが、祝祭を通じて子どもから大人まで流布されていることが分かる。アンベードカル生誕祭は、ナーグプル市の仏教徒たちの間では改宗記念祭に次いで規模が大きく重要視されている祝祭である(4)。仏教徒の家や仏教徒居住区の道には大量の仏教旗が掲げられ、仏教徒たちはアンベードカル生誕祭に備えて家の中を清掃したり、家を塗り直したり、新しい服を購入したりする。この祝祭における重要なイベントは、前述したアンベードカル生誕祭の前夜に行なわれるキャンドル行進と、仏教徒居住区におけるブッダやアンベードカルについての模型作品の展示である。

アンベードカル生誕祭の何カ月も前から、仏教徒たちは、特にナーグプル市北部の仏教徒居住区を中心にブッダやアンベードカルの生涯、アンベードカルの教え、不可触民への差別などに関する模型作品を制作し、アンベードカル生誕祭の数日前から仏教徒居住区に設置し始める。生誕祭当日になると仏教徒たちは、大人も子どもも夜遅くまで自分たちの家の近くに作られた模型作品を見て回ったり、他の仏教徒居住区の模型作品を見に行ったりする。以下の事例は、二〇〇五年のアンベードカル生誕祭に展示された模型作品である。

【事例一】

国道から仏教徒居住区インドーラーへ入る交差点では、右側に紫色の恐ろしい顔をしたバラモン、左側には不可触民が描かれた絵が立てられていた（写真8）。この不可触民は、不可触民であることの印として首から素焼きの痰壺をかけ、腰には箒を吊り下げていた。絵の下部にはバラモンの妨害によって井戸の水を飲めず、教室の外で勉強をし、バラモンの命令で重労働をする不可触民の姿が描き出されていた。絵の中央にはアンベードカルの肖像画があり、左上には「バーバーサーヘブ・アンベードカルは「教育」と「執筆」といった武器と憲法を用い、不正義と抑圧的な状況に対する戦いに勝利した」と書かれた板が取り付けられていた。

写真8　バラモンに差別される不可触民の生活を描いた絵
（2005年4月14日）

【事例二】

インドーラー地区では、「なぜ仏教徒が（ヒンドゥー教の）ディーワーリー祭を祝ってはいけないのか」という題名の模型作品に最も多くの仏教徒が集まっていた（写真9）。この作品では、オレンジ色の僧衣を着た仏教僧が四人のバラモンに襲われていた。二人のバラモンが血

写真９　模型作品「なぜ仏教徒がディーワーリー祭を祝ってはいけないのか」（2005年４月14日）

の付いた剣を手に仏教僧に切りつけており、頭から血を流した仏教僧は右手が切り落とされていた。そこには「カールッティカ月（*kārttika*）の新月の日であるディーワーリー祭に、ブッダが信頼した弟子である大目犍連（Mahāmaudgalyāyana）がバラモンの策略によって殺害された」との説明書きがあった。四月二五日、筆者が「なぜバラモンは仏教僧を切ったのかな」と尋ねると、仏教徒ＡＧ（学生、一〇代男性）は「仏教僧は仏教寺院かどこかに行こうとして、バラモンの住んでいる場所を通ったから腕を切られた。マハールはバラモンの住んでいる場所を通ることができないのに、通ってしまったからバラモンが腕を切った。バラモンはマハールに差別をしてきた」と答えた。

【事例三】

インドーラー仏教寺院の目の前には、高さと幅が四メートルほどの巨大な模型作品があり、数十人がそれを取り囲んで見ていた。その模型作品は、一九三〇年にアンベードカルが率いたカーラーラーム寺院への立ち入り運動の様子を描き出していた（写真10）。等身大のアンベードカルが右手を前に出し、棒を持ったバラモンたちが守る寺院の扉を押し開けていた。寺院の扉は機械仕掛けになっており、閉じたり開いたりを繰り返していた。アンベードカルの後ろには仏教旗を持った仏教徒たちがおり、アンベードカルとともに寺院立ち入りのために闘っていた。

写真10　カーラーラーム寺院立ち入り運動の模型作品
（2005年４月14日）

事例一は、「差別と迷信のヒンドゥー教」と「平等と科学の仏教」という本質主義的二元論を提示している。事例二は、「先住民である仏教徒対侵略者であるヒンドゥー教徒」という対抗する歴史観を思い起こさせようとする。これら二つの模型作品は、仏教徒たちに自らの生活環境から「侵略者」で「差別者」の宗教であるヒンドゥー教の文化要素を取り除き、「先住民」の宗教で「自由、平等、博愛」を求める仏教を信仰するように促す。事例三は、不可触民の向上のためにすべてを捧げたアンベードカルの生涯を思い出させる模型作品である。しかし、アンベードカルの後ろには仏教旗を持った仏教徒たちがいることから、過去にアンベードカルが行なったカーラーラーム寺院立ち入り運動そのものを描いてはいない。実際にアンベードカルが寺院立ち入り運動を展開したのは一九三〇年から一九三五年までであり、その時点でアンベードカルは仏教への改宗を表明していなかった。つまり、この模型作品に表されているのは現在から意味付けされた過去であり、ここでは不可触民と仏教徒がイコールで結ばれている。

次の事例は二〇〇四年のアンベードカル生誕祭の模型作品である。

【事例四】

仏教徒居住区ラシュカリ・バーグの広場や交差点には、十数個の模型作品が設置されており、数十名の仏教徒たちが模型作品の周りを取り囲んでいた。その中でも「仏教徒の進むべき道が見失われている」という題名の模型作品に最も多くの仏教徒が集まっていた。この作品では、キリスト教の十字架、ヒンドゥー教の壺、イスラーム教の聖者廟の模型がブッダの像を取り囲むように置かれていた。活動家ＳＧ（学生、二〇代男性）は、「この模型作品は、現在の仏教徒の状況を示している。仏教徒たちがバーバーサーヘブの示した唯一の道を見失っていることを表現するものだ。この模型作品を見たら、仏教徒は恥ずかしく感じるだろう」と筆者に言った。

現在のナーグプル市の仏教徒の間では、仏教への改宗後もヒンドゥー教の神々への信仰を捨てない人々や、仏教からキリスト教へ改宗する人々の存在が問題視されている。特にアンベードカルの教えを順守する活動家たちは、前者を「半仏教徒・半ヒンドゥー教徒」、後者を「改宗キリスト教徒」という蔑称で呼ぶ。この模型作品は仏教徒の現状について問題提起することを意図しており、この模型作品を見た仏教徒たちに対し、現在の恵まれた生活がアンベードカルのおかげであり、仏教徒が仏教以外の宗教を信仰することが誤りであることを思い起こさせようとする。このように、毎年のアンベードカル生誕祭の模型作品は、仏教徒がアンベードカルの教えを内面化する機会を提供してきた。そこでは、大人から子どもまで、現在流通する要約版としてのアンベードカルの教えを学び、それぞれの記憶や経験を再定義することになる。

第三項　ヒンドゥー教徒との対立の発生

ナーグプル市における仏教徒と他宗教信者との関係性を仏教徒たちに尋ねると、その回答から「一九五六年集団改宗以降、仏教徒はさまざまな側面で向上してきた」、「仏教徒はヒンドゥー教徒以外の他宗教信者と良好な関係にある」、「カースト・ヒンドゥーから仏教徒への差別が続いている」、「仏教徒はカースト・ヒンドゥーとの闘争を続けている」といった共通点を見つけることができる。このような認識は、特に不可触民解放運動に積極的にかかわる活動家の間で明確に共有されており、これらの活動家を中心に、仏教徒たちは自らの生活環境からヒンドゥー教のものを取り除き、仏教のものを配置する活動を継続してきた。以下は活動家たちの語りである。

他宗教の信者との関係の中で、イスラーム教徒、シク教徒、キリスト教徒とはお互いに少数派であるため、良好な関係を築いている。しかし、ヒンドゥー教徒は仏教徒を同等な人間として受け入れてはいない。現在でも元不可触民が入れない寺院や使用できない井戸が存在する。触れたら汚れる、見たら汚れるといった差別はなくなってきたが、良い仕事に就けない、大学に入学できないなど、元不可触民への差別は別のかたちで続いている。仏教徒側の考えは変わり、汚い職業を離れ、教授やエンジニアなど社会の各方面で活躍してきた。一方でヒンドゥー教徒の考えは変化しておらず、私たちを過去と同じ状態に戻そうとしている（大学教員BL、五〇代男性、二〇〇一年五月二一日）。

ナーグプル市の仏教徒は高い教育を受け、良い仕事に就くための資格も手にしている。仏教徒は（ヒンドゥー教以外の）他宗教の信者とは良好な関係を保っている。［中略］はっきりと目にすることはできないが、十分な資格を有する仏教徒が良い仕事に就けないなど、（ヒンドゥー教徒からの）差別は依然として存在している。しかし、私たちは仏教への強い信仰を持ち、仏教文化を形成し、仏教の支持者を育ててきた。ヒンドゥー教徒が私たちを侮辱したとしても無意味であり、私たちに影響はない（大学教員PA、五〇代男性、二〇〇一年五月二一日）。

「教育せよ、組織せよ、扇動せよ」というバーバーサーヘブの教えを学び、仏教徒は教育に強い関心を持つようになった。バーバーサーヘブのもたらした留保制度や奨学金によって、仏教徒は大学で教育を受け、政府機関で良い職に就くことができた。カースト・ヒンドゥーは心の中では「指定カースト」に敵対的であるが、あからさまにはできないため、「指定カースト」である公務員の仕事を邪魔するなどして、仏教徒社会の発展を阻害しようとしている。これに対し、仏教徒は仏教徒組織を作り、抑圧に対抗し、闘いを続けている。仏教徒社会が困難に直面したとしても、仏教徒は違いを乗り越えて団結し、その困難と闘う力を持っている（エンジニアM、六〇代男性、二〇〇四年四月一八日）。

仏教徒居住区と他宗教の信者の居住区が完全に分離しているわけではないため、ヒンドゥー寺院を仏教寺院に建て替えたり、アンベードカルの像を建立する土地を確保したりすることで、時にヒンドゥー教徒との間に争いが生じてきた。例えば、佐々井が滞在するインドーラー仏教寺院は、仏教徒たちから「偉大な仏教寺院（*barā buddha vihāra*）」と呼ばれ、現在のナーグプル市の寺院の中で最も重要視されているが、この寺院の建設でも仏教徒とヒンドゥー教徒との間で問題が発生した。この寺院の定礎式は、佐々井がナーグプル市で仏教復興に取り組み始めてから約二年半後の一九七〇年一月に行なわれており、佐々井と活動家は、仏教寺院建設当時の状況を以下のように語っている。

インドーラー仏教寺院が完成したのは、私がナーグプル市に来てから五年後くらいです。今では仏教徒も裕福になりましたが、当時は非常に貧しく仏教徒たちからの寄付は五パイサや一〇パイサでした(5)。仏教徒たちは建設現場に集まり、レンガを運ぶなどの奉仕をしてくれました。インドーラー仏教寺院が建てられた場所には、もともと（ヒンドゥー教の神）ハヌマーン（*hanumān*）の寺院がありました。インドーラー地区の人々は、ほとんど全員が仏教徒になったため、ハヌマーンの像を他の場所に移動し、その場所に仏教寺院を建てようとしたわけです。しかし、仏教に改宗しなかったハリジャンたちが仏教寺院の建設に反対したため、仏教徒とハリジャンの間で喧嘩になりました。そのため、仏教徒は夜中のうちにどこかにハヌマーンの像を持って行ってしまいました（佐々井、二〇〇五年一月二一日）。

インドーラー仏教寺院が建設された場所には、ヒンドゥー教のハヌマーンの寺院とマーターマーイ女神

(*mātāmāi*) の寺院があった。黒い女神の像がマーターマーイ寺院に置かれていたのをはっきりと覚えている。母親が天然痘になった子どもをマーターマーイ寺院に連れて行っていた。インドーラー仏教寺院を建設する時に、仏教徒とヒンドゥー教徒の間で争いがあったことも覚えている。このような争いはナーグプル市のさまざまな場所で起きている。例えば、サダル仏教寺院はもともとシヴァ神とナーガ神の寺院であった。集団改宗後に仏教徒たちはシヴァ神とナーガ神の像を捨てブッダの像を置いたが、このことに反対するヒンドゥー教徒がおり、現在は裁判になっている。ブッダの像とヒンドゥー教の像の両方を置くのか、ブッダの像だけを置くのかについて争っており、現在サダル仏教寺院の活動は完全に停止している（活動家ＳＫ、書店・旅行代理店経営、四〇代男性、二〇〇五年九月二六日）。

仏教徒たちは、アンベードカルの著作や演説を読み、「差別と迷信のヒンドゥー教」と「平等と科学の仏教」という本質主義的で二元論的な見取り図や、「先住民である仏教徒対侵略者であるヒンドゥー教徒」という対抗する歴史観を学んできた。また「二十二の誓い」の一番目から八番目では、ヒンドゥー教への信仰が明確に否定されている。これらに従い、一九五六年以降、ナーグプル市の仏教徒たちは、活動家を中心に自らの生活環境をヒンドゥー教のものから仏教のものへと置き換えてきた。その結果として、現在のナーグプル市には三〇〇以上の仏教寺院が存在するとされる。しかし、アンベードカルの教えが示す仏教への改宗は、ヒンドゥー教を破棄することが第一歩となっているため、仏教徒と近隣で暮らすヒンドゥー教徒との間に争いが生み出されてきた。言い換えれば、仏教徒の同一性の政治学が設定する分断線に沿って宗教間の対立が生じてきたのである。

第三節　「アンベードカライト」が誕生するプロセス

なぜ活動家たちは、アンベードカルの教えに依拠する反差別運動に積極的に参加するようになったのか。ここでは、一九五六年以降に生まれた活動家ＳＫ（書店・旅行代理店経営、四〇代男性）、ＳＧ（大学教員、三〇代男性）、ＮＢ（大学教員、三〇代男性）のライフ・ヒストリーに目を向け、この理由を考察する。三人の活動家たちは、留保制度といった優遇政策を通じて奨学金を得て高い教育を受けたり、公的な仕事に就いたりすることで、二〇一六年現在は安定した生活を送ることができるようになっている。一方、それぞれは学生時代から現在までさまざまな場面で差別を受け続け、自らの存在意義を揺るがされてきた。このような困難の中、三人はアンベードカルの教えを学び、同一性の政治学に依拠する不可触民解放運動に熱心に取り組む活動家、つまり、「アンベードカライト」になった。三人全員がＡＩＭのナーグプル支部のメンバーであり、仏教やアンベードカルの教えについての見識が深い。特にＳＫとＳＧはナーグプル支部のリーダー的役割を果たしてきた。またそれぞれが自ら仏教徒の集会などを企画・運営し、仏教の祝祭にも欠かさず参加している。以下が三人のライフ・ヒストリーの一部である。なお、三人のライフ・ヒストリーは、主に二〇〇四年から二〇〇五年にかけて収集された。

【事例五】

活動家ＳＫの父は、一九五六年一〇月一四日にアンベードカルと一緒に改宗し、ＳＫはその一カ月後に生まれた。ＳＫの父は綿工場で働いていたが非常に貧しく、ＳＫの土壁の家には部屋が一つしかなかった。ＳＫの服はシャツ一枚とズボン一本だけであったため、服が汚れた時は夜に服を洗い、次の日にまた同じ服を着た。SKが七歳の頃、サマター・サイニク・ダルのメンバーであった父は、小さなブッダの像を人力車の荷台に載せて仏教徒の家に行き、ヒンドゥー教の神々の像とブッダの像を交換して回り、集めたヒンドゥー教の神々の像を川に捨てた。またSKの父は、仏教の五戒やアンベードカルについて子どもたちに教えた。一九七八年に大学を卒業したSKは、インド政府の留保制度の選抜試験に合格し、一九七九年に商船の乗組員となった。八〇以上の国を訪れるなど船員としての仕事は順調に進んでいたが、SKは仏教徒社会のために何かをしなければと考え、一九八九年に仕事をやめ、アンベードカルや仏教の本などを売る書店を始めた。またSKは、二〇〇五年から旅行代理店を開き、インドの仏教徒とともに東南アジアの仏教寺院や仏教遺跡の巡礼を行なっている。同時にSKは、AIMやACJPのナーグプル支部長を務め、佐々井による大菩提寺奪還運動に参加したり、インド国内外の会議に参加したりしてきた。

反差別運動に参加する理由についてSKは、「私が経験した差別の一つは大学生の時のものだ。その大学にはヒンドゥー教徒、イスラーム教徒、キリスト教徒、仏教徒などさまざまな宗教の学生が在籍していた。化学の実験の授業で、私のパートナーはバラモンの学生だった。その授業では硫酸を使用する実験をしていた。私は実験の最後に硫酸を試験管に移し入れ、実験は無事に成功した。しかし、バラモンの学生が私の実験を批判し始め、私の手から試験管を取り上げ、私に試験管の中身を投げかけた。私はすぐに体をずらし、硫酸を避けることができた。もし逃げることができなければ、私の顔や体は焼けただれていたはずだ。私はすぐに彼につかみかかり、「なぜこのようなことをするのだ」と抗議した。すると彼は、「お前は低カーストなのだから私の友人やパートナーになれるわけがない」と言った。私はこのことについて学長や教授に訴えたが、誰も話を聞いてくれず、バラモンの学生が処罰されることはなかった。結局、私は他の実験グループに参加することになった。学生たちの間にもカースト差別がある。バラモンの学生は、低カーストの学生が実験を上手に行なえるわけがないと考えていて、それを口に出したのだ。バラモンの学生たちは、このような考えを自分たちの家でそれぞれの両親から学んできた。バラモンは、低カーストには知能や才能がなく低カーストが向上することはないと考えている。私はこのような経験から力を持った人間になろうと決意した」と語っている。

【事例六】

活動家SGの父は、二〇歳の時にアンベードカルとともに一九五六年集団改宗式に参加し、サマター・サイニク・ダルのメンバーとして改宗式場の警備も行なった。SGの父は、アウランガーバードにあるマラートワーダー大学の教員であり、SGは一九七五年に同市で生まれた。SGの父は、一九八六年から仏教の雑誌を発行しており、SGは父の活動を手伝いながら、仏教やアンベードカルの著作、一九五六年以前の不可触民の状況などについて学んだ。父から強い影響を受けたSGは、一六歳の頃から仏教遺跡やアンベードカルについて論文を書き始め、父がバイクを売って得た資金を使い、一九九四年に最初の著作を出版した。一九九七年にナーグプル市へ移ったSGは、仏教遺跡について学ぶため、一九九九年にナーグプル大学の考古学研究科に進学した。SGはナーグプル市に来てから積極的に反差別運動に参加するようになり、AIMのメンバーとして「二十二の誓い」を広める活動やヒンドゥー教の神々の像を回収・焼却する活動に参加してきた。博士課程を修了した後、SGは二〇〇四年に留保制度を利用し、プネーにあるデカン・カレッジの講師となった。「指定カースト」出身の講師はデカン・カレッジの歴史の中で初めてとされる。

反差別運動に参加する理由についてＳＧは、「私たちの敵は不正義と不平等であり、仏教徒はバラモンと闘い、バラモンが作り上げたカースト制度という不正義と不平等と闘っている。私が社会運動に参加するようになったのは、差別の経験をしたからだ。アウランガーバードでは現在もカースト・ヒンドゥーによって厳しいカースト差別が行なわれており、私も犠牲者になった。例えば、学生の頃にカースト・ヒンドゥーの友人の家に行った時、友人の母は他の友人とは異なるコップを私に渡した。普段使っているコップではなく、別のコップを私に使わせた。このようにカースト・ヒンドゥーは、元不可触民に別のコップを用意している。［中略］学校でもカースト差別が存在し、私には決して忘れることのできない経験がある。一番辛かった出来事について話すと泣いてしまうので、それについて話すことはできないが、それ以外にも学校では差別を経験してきた。私のクラスでは、教師の私への態度と他の学生への態度が全く異なっていた。私たちの教科書にダリト・パンサーの仏教徒の詩があり、その教師はその詩を授業で取り上げた際、仏教やアンベードカル、マハールを乱暴な言葉で批判し、マハールを「政府の義理の息子」と呼んだ。そのクラスの中に仏教徒は私一人だけだった。それ以降、クラスの学生たちは、「一生懸命頑張る必要はないよ。勉強をする必要はないよ。政府が優遇政策を与えてくれるのだから」と言い、私をからかうようになった。その中にＸＸ（バラモンの学生の名前）という学生がいた。私は彼の名前を忘れることは決してできない。彼は頭の良い学生だったが毎日のように私をいじめ、私の心は蝕まれていった。これらの経験が私の人生を変えた」と説明した。

【事例七】

活動家ＮＢの父は、ナーグプル市近郊農村パウニーで暮らしていた。ＮＢの父は、結婚後に自分の父から農地を譲り受けたが、その土地は一エーカーのみであったため、非常に貧しい生活だった。そのような経済状況の中、NBは一九七六年に生まれた。家には食べ物が少なく、NBの両親は森に入って食べられる植物を集めたり、精米した時に出る粉をチャパーティー（*chapāti*）にして食べたりしていた。この粉は通常は動物の飼料として用いられていた。NBは一〇歳頃から夏休みには仕事を始め、森の中で巻きタバコの葉を集めたり、結婚式で蛍光灯を運ぶ仕事をしたりした。NBは、それまではサンダルを持っていなかったが、稼いだ金でサンダルを買い、夏の間だけサンダルを履くことができるようになった。また、一五歳になるまで服は一着しか持っていなかった。一九九〇年代初めにナーグプル市のスラム地域に移り住んだNBは、「指定カースト」への奨学金などを受けながら、ナーグプル大学でアショーカ王の宗教活動についての研究に取り組んできた。またNBは、二〇〇三年から参加しているAIMでの活動以外にも、アンベードカルや仏教についての詩を数多く書いており、これまでに五〇以上の詩がラジオや雑誌で発表されている(6)。

NBは反差別運動に参加する理由について、「私は社会運動や仏教徒社会についての詩を書くことで、仏教やバーバーサーヘブの教えを仏教徒たちに広めることができると考えている。詩は小さなものだが、仏教徒が仏教やバーバーサーヘブの教えに目覚めるために効果的な手段だ。私は、仏教だけでなくヒンドゥー教についても学んできた。そこから分かったことは、ヒンドゥー教のバラモンやカースト・ヒンドゥーが低カーストに差別や抑圧を行なってきたことだ。このような差別や抑圧は現在も見ることができるし、私自身も経験してきた。二〇〇〇年、私は部屋を借りるためにバラモンの大家に会いに行った。私が部屋を借りられるかと聞くと、大家は部屋を貸すことができると言った。その後で大家は私にカーストを尋ねた。後日、私が大家のもとを訪れると、大家は「部屋を貸すことはできない。自分の家として使うことになった」と言った。同じことは二〇〇三年にも起きた。［中略］また二〇〇一年に私は面接を受け、大学の非常勤講師に選ばれた。その後バラモンの学長が私にカーストを尋ねたため、私は「マハール」と答えた。学長は非常に驚き、「私はあなたがバラモンだと考え、講師として雇った。あなたのマラーティー語が上手だったためバラモンだと思っていた」と言った。それから一年間、非常勤講師を務めたが、私に対する学長の態度は良いものではなかった。このような差別の経験の後、私は徐々に社会運動に参加するようになり、仏教やバーバーサーヘブについて詩を書くようになった」と語っている。

以上のように、なぜアンベードカルの教えに基づく反差別運動に取り組むことになったのかという問いに対し、三人全員がカースト・ヒンドゥーから受けた差別の経験を挙げている。三人の語りから分かるのは、「差別を経験したから活動家になった」という説明よりも、「差別の経験の後でアンベードカルの教えを通じて自分が差別を受ける「理由」を知ったことから活動家になった」という説明が適切なことである。この「理由」とは、活動家SK、SG、NBそれぞれが受けた差別の個別的な理由と言うよりも、アンベードカルの教えによって説明される「差別と迷信のヒンドゥー教」という「理由」である。このことから仏教徒が「アンベードカライト」になるプロセスは三段階からなると考えられる。まず①日常生活の中でカースト・ヒンドゥーによる差別を経験し、次に②アンベードカルの著作や演説から学び取った本質主義的二元論（「差別と迷信のヒンドゥー教」対「平等と科学の仏教」）や対抗する歴史観（「先住民である仏教徒対侵略者であるヒンドゥー教徒」）を用いて自らの差別経験に意味を与え、そして③「自由、平等、博愛」の実現を目指す反差別運動の中で自らを「差別と迷信のヒンドゥー教」から分離することで、「平等と科学の仏教徒」としての自己尊厳を獲得・強化するという過程である。ここでは自己尊厳の獲得が主要な目的としてあり、平等が未来において達成される目標として存在する。

事例五にあるSKのライフ・ヒストリーから三段階のプロセスを詳細に見てみると、固有名を持つ代替不可能な「単独性（この私）」としてのSKは、まず①の段階において「一般性（私の集合）」の中の代替可能な「特殊性（私）」に置き換えられる経験をしている[7]（柄谷　一九九四：一〇―一三）。つまり、SKは自分自身が「SK」という固有名詞を持つ者としてではなく、「元不可触民（マハール）の集合」の中の一人の「元不可触民（マハール）」として認識されることで、「硫酸を投げられる」といった大きな困難に直面することを知った。次に「バラモンは低カーストに知能がないと考えている」と語るように、②の段階においてSKは、本質主義的二元論を基礎として「バラモン」などの「ヒンドゥー教徒」という集合に「差別と迷信のヒンドゥー教徒」、自分も含まれる「仏教に改宗したマハール」という集合に「平等と科学の仏教徒」という本質主義的な意味を付与している。これによりSKは、自分自身の差別経験を両者の対立（「差別と迷信のヒンドゥー教」対「平等と科学の仏教」）の結果として認識できるようになった。言い換えれば、SKは、日常的な関係性における差別経験を反差別運動の論理によって読み換えることで理解している。そして③の段階においてSKは、ヒンドゥー教を否定し、仏教を肯定する「二十二の誓い」を広める活動などを通じて「差別と迷信のヒンドゥー教」と「平等と科学の仏教」を分離し、「平等と科学の仏教徒」という自己の尊厳を獲得・強化してきた。つまり、SKは、本質主義的二元論や対抗する歴史観が設定する狭義の当事者性を基礎として、自己尊厳を手にすることができている。このプロセスがナーグプル市において「アンベードカル化」と呼ばれるものであり、これを通じて「アンベードカライト」が誕生し、同一性の政治学が推進力を得ていくことになる。

註

（1）現在のナーグプル市では、英語を話すことができる仏教徒だけではなく、主にマラーティー語とヒンディー語を使用する仏教徒も「activist」、「social worker」、「Ambedkarite」といった言葉を日常的に使っている。

（2）『ブッダとそのダンマ』は英語で書かれたアンベードカルの著作であるが、現在のナーグプル市の仏教徒たちの間ではカウサリャーヤンが訳したヒンディー語のものが流通している。また、マラーティー語に訳されたものも出版されている。

（3）ゴールドによると、祖霊祭（*śrāddha*）は「祖先である亡くなった親族の霊へ誠実な捧げもの」を渡す儀礼であり、祭餅（*piṇḍa*）は「最近亡くなった人の霊や祖先の霊のために作られたさまざまな捧げもののうち小麦粉（または米）でできた玉」のことである（Gold 1988: 314, 316）。インドにおけるヒンドゥー教の葬送儀礼に関しては、ゴールド（Gold 1988）やパリー（Parry 1980, 1994）が詳しく論じている。

（4）ナーグプル市の仏教徒たちが語ったところによると、インドではウッタル・プラデーシュ州アーグラーにおけるアンベードカル生誕祭が最も大きなものである。アーグラーの仏教徒たちの生活については、リンチ（Lynch 1969）の研究も参照のこと。

（5）一〇〇パイサが一ルピーである。

（6）これまで活動家NBは、「ランプが我々に光を与え、光を通じて我々は心の中に力を作り出す。バーバーサーヘブが我々に仏教を与え、仏教を通じて我々は革命を作り出す」、「道には何百万のとげがあるが、我々は自らの目標に辿り着かなければならない。あなたが自らの目標を知っているならば、あなたはとげと闘わなければならない」といった作品を発表してきた。

（7）「単独性」と「特殊性」の区別については、序章の註（3）を参照のこと。

第四章　仏教儀礼とカテゴリー化を逃れる意味の創出

第三章では、ナーグプル市の仏教徒たちの中でも、アンベードカルの影響を最も強く受ける活動家たちに焦点を合わせ、アンベードカルの教えを基礎とする差別に抗するアイデンティティと文化の構築について検討した。本章で主な分析対象となるのは、仏教儀礼を執り行なう仏教僧と仏教儀礼に参加する在家信者たちの視点である。特に、インドーラー仏教寺院において毎日の朝夕に実施される勤行と、仏教徒家庭などにおいて仏教僧によって執り行なわれる守護紐儀礼に着目し、アンベードカルの教えと既存の論理の競合関係の中でカテゴリー化を逃れる意味が創出されていることを論じる。

第一に、朝夕の勤行において仏教徒が仏教僧の近くに供物や水を置き、これらを食べたり、飲んだりすることで神の力を体内に取り入れていることに目を向ける。これらの仏教徒たちは、神の超自然的な力を肯定する既存の枠組みから仏教儀礼を読み換え、神の立ち位置から世界をとらえる視点もしくは神の前の平等という考えを維持している。第二に、守護紐儀礼において超自然的な力を肯定する既存の論理と、アンベードカルの教えに基づく要素が競合し、既存の論理が「無知」、アンベードカルの教えが「正統な知識」とされていることを明らかにする。このような状況の中、仏教徒それぞれは、アンベードカルの教えと既存の論理という矛盾する二つの意味付けの枠組みの両者を内部に保持しており、そこでは両者を組み合わせるかたちで新たな意味が創出されている。第三に、ナーグプル市の仏教徒たちが用いる紐や供物、水への意味付けが、大きく分けて三種類に区分できる点を考察する。一つ目は既存の枠組みを用いた「読み換え」による意味付け、二つ目がアンベードカルの教えに基づく「切断・分類」による意味付け、三つ目が相反する枠組みを組み合わせる「作り直し」による意味付けである。最後に、この考察をもとに一九二〇年代から二〇〇〇年代に至るまでの守護紐への意味付けの変容プロセスを検討する。

第一節　祝福の論理による仏教儀礼の読み換え

第一項　仏教寺院における朝夕の勤行

ナーグプル市の仏教徒たちの間では仏教僧による仏教儀礼が日常的に執り行なわれており、これらの儀礼は、佐々井を中心として特に一九七〇年代と一九八〇年代を通じて仏教徒たちに広められた（Nemoto 2014）。この日常的な仏教儀礼の一つが仏教寺院における朝夕の勤行である。ナーグプル市には朝夕の勤行を実施している仏教寺院が数多く存在し、その中でも最も多くの仏教徒が参加しているのは、佐々井が滞在するインドーラー仏教寺院のものとされる。一九七〇年一月に定礎式が行なわれたインドーラー仏教寺院は三階建てであり、一階には本堂とインドーラー仏教寺院管理委員会事務室がある。入口の外側には、右手で上空を指差し、左手にインド憲法を持つアンベードカルの像が建っており、像を取り囲む塀に法輪が描かれている（写真11）。本堂には本尊である金色のブッダの像が設置されている。この本尊は高さ約二・一三メートル（七フィート）、重さ三〇九キログラムであり、一九八七年一一月にタイから寄贈された。本尊の足元にはブッダとアンベードカルの肖像画に加え、三〇センチメートル程度のブッダとアンベードカルの像が置かれている。インドーラー仏教寺院の二階と三階は僧房になっており、三階に佐々井の部屋がある。

インドーラー仏教寺院における勤行は毎日の朝五時五〇分と夕方五時五〇分から約一時間実施されており、早朝

写真11　インドーラー仏教寺院とアンベードカルの像（2012年３月19日）

写真12　インドーラー仏教寺院における勤行（2012年11月28日）

と夕方の勤行の内容はほぼ同じである。(1) 佐々井によると、インドーラー仏教寺院が建立された四〇年以上前から、インドーラー仏教寺院での朝夕の勤行はほとんど毎日欠かさずに続けられてきた(写真12)。特に家事などに忙しい仏教徒女性が朝夕の勤行に参加できるように、他の仏教寺院よりも勤行の時間が長くなっている。以下の事例は、インドーラー仏教寺院における二〇〇四年四月八日の夕方の勤行の様子である。

【事例二】

午後五時半、インドーラー仏教寺院管理委員会のメンバーAB(自動車教習所教官、二〇代男性)は、バッグから水の入ったペットボトルを取り出し、本尊の近くに置いた。次にABは香炉と燭台に線香とろうそくを置いて火をつけた後、本尊の前にある鉄格子を開いて三拝した。[中略]午後五時五〇分になると、二人の仏教僧がステージ上の本尊の前に座り、礼拝文、三帰依文、五戒文の順で経を唱え始め、広間と屋根のスピーカーから経の声が流れた。広間に座った六名の参加者は三拝した後、仏教僧に合わせて経を唱えた。[中略]午後六時五分頃、黄色いドレスを着た女の子が母親とともに広間に入ってきた。四歳くらいの女の子は母親から渡されたペットボトルを手にステージに近づき、蓋を取ってから仏教僧の近くに水の入ったペットボトルを置いた。[中略]午後六時五〇分頃になるとステージには三名の仏教僧、広間には一〇〇名ほどの仏教徒(女性七〇名、男性一五名、子ども一〇名程度)がおり、仏教僧の近くには蓋が外された八本のペットボトルと五個の供物が並んでいた。午後六時五五分頃、読経が終わると、仏教僧は「尊師ブッダの!」と掛け声をかけ、仏教徒が「勝利!」と答えた。次に仏教僧は「菩薩、父なる指導者、アンベードカル博士の!」と掛け声をかけ、参加者が「勝利!」と答えた。最後に仏教僧と仏教徒が「南無ブッダ、アンベードカルの勝利、インドの勝利(*namas buddha, jay bhim, jay bhārat*)」と唱え、夕方の勤行が終わった。［中略］仏教徒たちは本尊に花を捧げ、三拝したり本尊の足に触れたりした。香炉と燭台の近くには、線香の灰を眉間や喉につける年配の女性や、線香の煙とろうそくの炎に手を近づけ、その手を顔や頭につける女性がいた。また、年配の女性が供物（茶色の甘い粉の菓子）を他の参加者に分け与え、若い女性は別の供物（白い小さな飴菓子）を配って回っていた。他の仏教徒たちは管理委員会のＡＢに手を差し出し、ペットボトルの水を掌で受け取って飲んだ。掌に残った水は、頭や顔や体にこすりつけられた。二人の子どもを連れた母親は、掌の水を子どもたちに飲ませ、残った水を子どもたちの頭や体につけた。［中略］午後七時半頃になっても、いくつかのグループに分かれた女性たちは熱心に話し合いを続けていた。

写真13　本尊の前に並べられた供物と水（2005年10月20日）

このように、仏教徒たちは朝夕の勤行において仏教僧と読経し、他の参加者と意見交換することに加え、自分たちの家から水の入ったペットボトルや供物を持ち込んでいる。仏教徒たちはペットボトルや供物の容器の蓋を開け、本尊の前で経を唱える仏教僧の近くに置き（写真13）、勤行の後に他の仏教徒たちに分け隔てなく分配している。受け取った仏教徒たちは供物を食べ、水を飲み、線香の灰を体に塗るなどする。また仏教徒たちは、通常の朝夕の勤行よりも満月の日の勤行を重要視している。一九六一年インド国勢調査にあるように、一九五六年の集団改宗直後から、マハーラーシュトラ州の仏教徒の多くは満月の日を仏教徒にとって特に重要な日と考え、断食や礼拝を行なっていた（Maharashtra Census Office, Bombay 1969: 42-43）。現在でも満月の勤行に参加する仏教徒の数は通常の勤行の倍以上であり、仏教徒たちの家から持ち込まれる線香やろうそく、水のペットボトル、供物の数も満月の日のほうが圧倒的に多い。また、仏教寺院の管理委員会も満月の日の勤行の後に乳粥を配るなどしている。満月の日の中でも一年を通じて最も多くの仏教徒が勤行に参加するのは、ヴァイシャーカ月の満月の日のブッダ・プールニマーである。例えば、二〇〇五年のブッダ・プールニマーは五月四日であり、早朝からブッダやアンベードカルについての歌がインドーラー仏教寺院のスピーカーから流されていた。また仏教徒たちは、朝からテレビで放映されているブッダとアングリマーラの物語を見るなどしていた。この日の夕方の勤行には五〇〇名程度の仏教徒が勤行に参加し、本堂には座る場所がほとんどなく、ブッダの像と仏教僧の近くには二〇本ほどのペットボトルと一〇個程度の供物が置かれていた。

第二項　超自然的な力が入った供物や水

アンベードカルの教えに従えば超自然的な力は「迷信」であり、仏教寺院は超自然的な力を求めて神々に祈るところではない。仏教寺院とは、仏教徒が自分たちの状況について意見交換したり、仏教やアンベードカルの教えを広めたりする場所とされている。それでは正統化されたアンベードカルの教えによって他の論理が完全に淘汰されたのだろうか。仏教寺院における日々の勤行に参加すると、必ずしもそうではないことが分かる。仏教徒たちはアンベードカルの教えへの支持を示すことにより、超自然的力への信仰を覆い隠そうとするが、時と場合によって既存の枠組みである超自然的な力への信仰が表出する。在家の仏教徒と尼僧は以下のように語っている。

ヒンドゥー教徒の中には、呪術を取り除きたいと考えてヒンドゥー寺院を訪れる人々がいる。薬を一カ月程度飲んでも良くならなかった場合、その病気が呪術のせいだと考える。一九八五年頃、私は黄疸で苦しんでいた。二種類の薬を飲んだが、私には効かなかった。その時、私はサリーの一部が誰かに切り取られていることに気がついた。だから私はヒンドゥー教の修行者（*sādhu*）や聖者ではなく、仏教寺院を訪れてサリーを燃やし、仏教の経を唱えた。その後で私の病気が治り、普通の生活を送ることができるようになった（専業主婦AN、五〇代女性、二〇〇四年四月二一日）。

三〇年以上前、私は貧しかったため、子どもが病気になった時も医者に行くことができなかった。その時、仏教寺院に行けば医者の診察を無料で受け、薬ももらうことができると聞いた。だから仏教寺院に行ったが、その時は医者がいなかった。仏教寺院には大きなブッダの像があり、その前で私は手を合わせた。経を知らなかったので「ブッダ、ブッダ」と唱えた。「ブッダ、ブッダ、子どもを治してください。もし子どもを治すことができるなら、これから毎日仏教寺院に来て奉仕します」と祈った。それから子どもに少量の薬を飲ませたら、数日後に子どもの病気が良くなった。私はブッダに大きな力があることを知った。それから毎日仏教寺院を訪れ、ブッダへの奉仕を続けている（尼僧M、五〇代女性、二〇〇五年一月九日）。

一九七〇年代初めに仏教の経を唱えることができなかった尼僧Mは、改宗前の既存の枠組みであるヒンドゥー教に

写真14　勤行の後に配られる供物（2008年２月18日）

おける神への接し方を通してブッダを理解し、ブッダとの関係を持ち始めた(2)。佐々井とカウサリャーヤンがナーグプル市に登場した一九六〇年代後半から仏教儀礼や仏教の知識が広まっていったと考えると、一九六〇年代後半から一九七〇年代初期に仏教儀礼に接した仏教徒たちは、仏教について多くの知識を持っていたのではなく、尼僧Mのように既存の枠組みからブッダに意味を付与していったと考えられる。また専業主婦ＡＮの語りの中にあるのは、呪術から逃れるために仏教寺院に行くという説明である。専業主婦ＡＮは自らが仏教徒であることを理由としてヒンドゥー教の寺院ではなく仏教寺院を選択してはいるが、仏教寺院を既存の枠組みから意味付け、仏教寺院を超自然的な力を受け取る場所として認識していることが理解できる。

このことはブッダや仏教寺院だけでなく、仏教僧の近くに置かれた供物やペットボトルの水についても同様である。仏教徒たちは供物を「プラサード（*prasād*）」と呼び、これは「神の食べ残し」という意味である。仏教徒が持ってくる供物の種類としては果物のほか、乳粥（*khīr*）、茶色の甘い粉の菓子（*śīra*）、白い小さな飴菓子（*tiranji*）（写真14）などが一般的である。またペットボトルの水は「巡礼地の水（*thīrtā jal*）」、「礼拝の水（*pūjā ka jal*）」、「寺院の水（*vihār ka pāni*）」などと呼ばれている。在家信者たちは、供物と水について次のように説明している。

仏教寺院の水を家の水に毎日少しずつ入れて、その水を飲めばすごくいい。仏教寺院の水を飲むと頭の中が平和になる。平和はブッダの教えにあるよ。これを飲めば勉強をするのに力が出たり、頭が落ち着いたりする。仏教寺院の水は家の水を持ってきたのだけど、勤行をしたからブッダの力（*śakti*）が入っている（学生AG、一〇代男性、二〇〇四年二月一日）。

水の中にブッダの力が入り、水が汚い水からきれいな水に変わる。その水を飲むと自分たちにブッダの力が入ってくる。供物も同じだ。供物にはブッダの力が入っている。だから食べなくては駄目だ。食べれば上手くいくようになる。ぼくたちの心の中にブッダが平和に住むようになる（学生NG、一〇代男性、二〇〇四年二月八日）。

自分は供物をブッダのために作った食事だと考えていて、供物は誰にでも配ることができる。私の兄の健康のために礼拝を行なうなら、礼拝の間、兄をブッダの近くに座らせる。これで兄はブッダの力を受け取ることができる。供物も同じで、ブッダの近くにあるから礼拝の後で人々に配っている。ブッダのために良い食事を作り、ブッダに渡し、祈りの後に食事の残りを人々に分けている。もし蓋を取らずに供物や水をブッダに渡してしまったら、ブッダは食べることができない（雑貨店店員AD、二〇代男性、二〇〇五年一〇月二五日）。

これらの語りにあるように、供物はブッダのために用意された食事であり、仏教寺院における勤行の間にブッダが供物を食べ、水を飲むため、ペットボトルや供物が入れられた容器の蓋は外す必要がある。これによりブッダの力が供物や水の中に入り、自分たちがブッダの供物を食べ、水を飲むことによってブッダの力を自分たちの中に取り入れ、病気や死から逃れることができる。(3) このような意味付けは、線香の灰やろうそくの炎についても同じである。仏教徒たちはこのような神の力が入った供物や水を、神からの「祝福（もしくは恩寵）（*āśirvād*）」と呼ぶ。また仏教徒の間では、仏教僧はブッダと仏教徒の中間に立ち、ブッダと同様に仏教徒たちに祝福を与えることができると考えられている。

第三項　ブッダの祝福と神の前の平等

ナーグプル市の仏教徒たちは、自らが仏教に改宗したことを理由として、ヒンドゥー教の神ではなく、一九五六年の集団改宗後に自分たちのものとなった新たな仏教文化を選択している。同時に仏教徒たちは、既存の枠組みを用いてブッダや仏教寺院を読み換えており、ヒンドゥー教徒がヒンドゥーの神や寺院に与える意味とほとんど同じ意味をブッダや仏教寺院に付与している。この既存の枠組みは、超自然的な力を否定するアンベードカルの教えとは異なり、病気を治癒し呪術を除去する超自然的な神の力もしくは祝福の存在を肯定するものである。在家信者たちはブッダからの祝福について次のように語っている。

スジャーター（Sujātā）がブッダに米と牛乳でできた乳粥を供養した。それ以来、仏教徒は満月の日には乳粥の供物を作り、供養をしている。乳粥はスジャーターがブッダに与えて、ブッダがそれを食べた。そして残ったものをブッダがスジャーターに与え、スジャーターもそれを食べた。供物は祝福であって、祝福は良いことや幸福、平和がもたらされるようにするものだ（学生SH、二〇代女性、二〇〇五年一〇月一八日）。

ブッダに祈ることでブッダからの祝福を受け取ることができる。それによって自分が欲しいものや必要としているものが手に入ると考えている。ブッダは私に言葉をかけてくれることはできないが、祝福を与えてくれる。私は親や兄や姉たちからこのようなブッダへの信仰を学んだ（雑貨店店員ＡＤ、二〇代男性、二〇〇五年一〇月二五日）。

仏教寺院での勤行の間、本尊の近くに置かれたペットボトルの蓋や供物が入れられた容器の蓋は外されており、仏教僧が経文を読むことによって水や供物の中にブッダの力が入る。勤行の後、供物を配布する仏教徒の周りには多くの人々が集まり、供物は、参加した仏教徒に分け隔てなく配布されている。供物を受け取った仏教徒は、これを食べることで、ブッダの力を体内に取り入れることができる。この祝福の論理には、祝福の平等という考えが内在している。言い換えれば、それは神の前の平等である。在家の仏教徒たちは以下のように語っている。

供物はブッダに礼拝をした後にみんなに配るものだ。友人だけでなく、たまたま通りかかった人にも渡している。供物を配ることで受け取った相手も平和な気持ちになるし、相手にあげることで自分はもっと平和な気持ちになることができる。供物は、受け取ったら何も疑わずに食べるものだ。供物には毒を入れないし、入れることもできない。供物はすべての人々のものであり、礼拝を行なった人だけのものではない。供物はブッダの供物であり、礼拝の間にブッダが食べて、その残ったものだと考えている。供物はすべての人々のものであって、すべての人々に配られなくてはならない。そうすることでブッダも平和な気持ちになる（マーケティング会社勤務ＶＫ、二〇代男性、二〇〇五年一〇月八日）。

供物をブッダの祝福と考えるのは伝統であり、おれたちは供物がブッダからの祝福だと考えている。ブッダへの信仰も同じことで、自分がブッダを信じていることは身体で表すのではなく、心で示すものだ。仏教寺院に行かなくても、目を閉じて心の中でブッダを思い出すことができる。このやり方はおれ自身のやり方であって、もちろん仏教寺院に行ってブッダを思い出すこともブッダへの信仰だ。ブッダへの信仰を表す方法はそれぞれによって異なっている。だけどブッダからの祝福は、信仰を表すやり方の違いによって、ある人には多く与えられ、他の人には少なく与えられるようなものではない。ブッダからの祝福は、すべての人に同じように与えられる（学生HL、二〇代男性、二〇〇五年一〇月八日）。

仏教僧がくれる供物も祝福で、例えば、知らない人が私に供物を分けてほしいと言ったら供物を分けてあげる。もし悪い性格だったら全部一人で食べてしまうかもしれない。だけど良い性格だったら分けてあげる。それは自分で決めればいい。［中略］ブッダは知識があってすべてのことを知っている。何が良いことで何が悪いことか。ブッダは自分のことを人間だと思っていて、何が良いことで何が悪いことかを人々に伝えてきた。［中略］ブッダはこの人が仏教徒であの人がイスラーム教徒だからとか、この人がマハールであの人がイスラーム教徒だからとか区別することはない。ブッダは自分も人間であり、すべての人も人間だと考えていて、他のカーストでも別の宗教でもすべての人に祝福を与える。このことはモスクでもキリスト教会でも同じで、そこでも神はすべての人々が同じだと考えていて、全員に祝福を与える（学生RA、一〇代女性、二〇一三年九月五日）。

仏教徒がヒンドゥー教の寺院に行っても、ヒンドゥー教徒が仏教寺院に行っても祝福を受け取ることができる。何か問題を抱えている人は仏教寺院に行ったり、ヒンドゥー教寺院に行ったり、イスラーム教の聖者廟に行ったり、いろいろな場所に行く。多くの場所に行けば多くの祝福を受け取ることができ、その問題を解決できると考えている。自分も何かあったら仏教寺院だけではなく、ヒンドゥー教の寺院やイスラーム教の聖者廟に行っているよ。キリスト教会には一回も行ったことはないけれど。神さまは人間を区別しない。バラモンとか、OBC（その他の後進諸階級）とか、ST（指定部族）とか、人間を区別しているのは人間だ。神さまは人間を区別せずにすべての人に祝福を与えてくれる（雑貨店店員AD、二〇代男性、二〇一三年九月七日）。

これらの仏教徒たちは改宗後も既存の論理を維持することで、神がどのように世界を見ているのかという神の視点を破棄していない。仏教徒たちによると、「ブッダからの祝福はすべての人々に平等に与えられる」という祝福の論理において、すべての人々には「たまたま通りかかった人」も含まれており、また「信仰を表すやり方の違い」によって祝福を受け取ることができなくなることもない。また、ブッダに限らず、モスクやキリスト教会においても「神はすべての人々が同じだと考えていて、全員に祝福を与える」。ここには、神の前ではすべての人間が平等であるとする考え方が示されている。つまり、宗教や国籍や性別など、それぞれの人々が持っているさまざまな差異にかかわらず、すべての人間は手を合わせたり、聖地を訪れたり、どのような方法を用いたとしても自らのやり方で神への信仰を示しさえすれば、他の人々と同じだけの神の祝福を受け取ることができるとされる。この考え方によれば、病気などを抱える人がその苦しみを癒すために神と直面する場所に、仏教徒もまた他宗教の信者とともに立つことができると同時に、仏教徒が苦悩を抱える他者を神の前という同じ場所に立つ者として認めていることになる。

第二節　既存の論理とアンベードカルの教えの競合

第一項　在家信者の家庭における守護紐儀礼

ナーグプル市の仏教徒の日常生活では、さまざまな場面において守護紐儀礼（パリトラーン・パート）が行なわれている（写真15）。この「パリトラーン」とは「保護」、「パート」とは「経典を読むこと」を意味しており、守護紐儀礼とは、仏教僧がブッダの像に繋いだ白い紐を参加者の間に回して読経を行なった後、この紐を参加者の右手に巻くものである（口絵5）。また、守護紐自体は「パリトラーン・パート・スートラ（*sūtra*）」と呼ばれ、「スートラ」には「糸」という意味に加え、「尊い言葉」や「経典」といった意味がある。一九六七年に佐々井がナーグプル市に来た頃からすでに仏教徒の間では守護紐儀礼が行なわれており、佐々井は、タイやスリランカで行なわれている手順を組み合わせるなどし、自らの守護紐儀礼のやり方を創り出した。その後、佐々井は数十人の仏教徒女性による婦人会を率い、ナーグプル市内だけでなく農村地域の家々を訪れ、守護紐儀礼を仏教徒たちの間に広めていった。現在のナーグプル市において仏教僧たちは、仏教徒からの求めに応じて頻繁に守護紐儀礼を行なっており、佐々井のやり方を受け継ぐ仏教僧もいれば、別のやり方で守護紐儀礼を行なう仏教僧も存在する。(4) また、守護紐儀礼は仏教徒の家だけでなく、仏教寺院でも執り行なわれる。仏教寺院での守護紐儀礼の中でも大規模なものとして、仏教僧が雨季の間に仏教寺院にとどまって修行する雨安居（*varṣāvas*）の終わりに行なわれる「大守護紐儀礼（*mahā paritrān pāṭh*）」がある。

二〇一六年現在、婚約式や結婚式、誕生日、家族の命日における法事、家や寺院の落慶法要など、ナーグプル市の日常的な仏教儀礼の多くは、勤行と守護紐儀礼の組み合わせからなっている。言い換えれば、経を読むことと仏教徒の手首に紐を巻くことから構成されており、複雑なプロセスを有する儀礼はあまり行なわれていない(5)。以下では、インドーラー地区にある仏教徒少年AG（学生、一〇代男性）の家で、インドーラー仏教寺院の仏教僧Nが執り行なった守護紐儀礼を取り上げる。AGの家族は母親と姉二人であり、事例二の守護紐儀礼はAGの父親の一〇回忌に行なわれた。AGの家族は、国営鉄道で働いていた父親の遺族年金と親族からの援助で生活している。二〇〇五年の時点で二〇代前半の姉は二人とも大学に通っているが、AGは学校に行くのをやめて毎日遊んで暮らしていた。AGの家は八畳程度の部屋一つと台所があるレンガ造りであり、あまり裕福でない仏教徒が数多く暮らすインドーラー地区の中でも小さな家の一つである。

写真15　仏教徒家庭における守護紐儀礼（2005年９月28日）

【事例二】

二〇〇五年九月二八日の午後三時、AGの家に来た仏教僧Nは、オレンジ色の布を敷いた台の上にブッダの肖像画、ブッダの像、アンベードカルの肖像画を並べた。続いて祭壇の隣に白い布を敷き、父親の写真を置いた後、Nは肖像画と写真の前にろうそくを立て、ブッダの像の前に水の入った銅製の壺を置いた。Nは先端を壺の中の水に入れたまま、白い紐を壺の口に巻きつけた後、ブッダの右手にかけ、残りの糸玉をブッダの像の横に置いた。また、リンゴやバナナなどの果物が載せられた皿と、茶色の甘い粉の菓子が入った皿が供物として祭壇の前に置かれた。［中略］午後三時一五分頃、近所から徐々に参加者が集まり、家族を合わせて全部で三〇名程度になった。Nが「尊師ブッダの」と掛け声をかけ、参加者が「勝利」と答える中、家族はブッダの肖像画に黄色い花輪をかけた。次にNが「菩薩、父なる指導者、アンベードカル博士の」と言い、参加者が「勝利」と答える中、家族はアンベードカルの肖像画に黄色い花輪をかけた。最後に父親の写真に黄色い花輪がかけられた。AGの家族が三拝した後、Nは礼拝文、三帰依文、五戒文を唱え、家族と参加者が繰り返した。Nは家族と参加者に白い糸玉を回し、紐が参加者全員に行き渡ると残りの糸玉は再び祭壇に置かれた。［中略］午後三時四五分頃、読経を終えたNは、参加者の間に通された守護紐を糸玉に巻き取り、短い説法をした。AGの家族は果物が載せられた皿に五〇ルピー紙幣を置き、Nに全員で手渡した。Nは皿を受け取りながら経を唱えた後、半分の果物を自分の袋に入れ、残りの半分を供物として配るように言った。最初にAGの姉（次女）がNの前に座って三拝し、Nは経を唱えながら守護紐を右手に巻いた。［中略］AGの二人の姉は、祭壇の前に置かれていた壺の中の水、茶色の甘い粉の菓子、果物を参加者に手渡して回った。他の参加者もNから守護紐を右手に巻いてもらい、Nに布施を渡した。小さな女の子の母親は、AGの姉から右手で水を受け取り、娘に飲ませた後、残った右手の水を娘の頭につけた。

以上のように、守護紐儀礼ではアンベードカルの教えに由来する要素と既存の枠組みに基づく要素が混在している。ブッダの像やアンベードカルの肖像画が設置された祭壇は、一九五六年集団改宗以降に仏教徒の間に広まり、現在のナーグプル市では仏教徒家庭における一般的な祭壇の形式である。「尊師ブッダの勝利」や「菩薩、父なる指導者、アンベードカル博士の勝利」といった掛け声は、仏教の集会や祝祭、朝夕の勤行などで仏教徒たちによって必ず使用されている。またAGの家族が白い服を着ているのは、一九五六年集団改宗の際にアンベードカルが、改宗を希望する元不可触民に白い服を着て参加するように求めたことに由来する。他方、守護紐儀礼が終了した後、AGの家族は供物や水を参加者に配り、受け取った参加者は供物を食べ、自分の子どもの頭に水をつけるなどした。これらの行為は、朝夕の勤行と同様に、守護紐儀礼に対しても既存の論理から意味が与えられていることを示している。つまり仏教徒の中には、ブッダの力を祝福として受け取り、病気などを乗り越えるために守護紐儀礼に参加する人々が存在する。

第二項　経が入った守護紐か、ただの綿の紐か

守護紐儀礼は、婚約式や法事などの特別な機会のほか、熱心な仏教徒の家では毎月の満月の日にも行なわれており、ナーグプル市の仏教徒たちの間では非常に頻繁に実施されている。この儀礼では既存の枠組みである祝福の論理と、アンベードカルの教えに基づく科学的な視点の両者から意味が付与されており、両者が対立関係にある。まず、朝夕の勤行における供物や水と同様、守護紐儀礼では紐の中にブッダの教えである経が入ると考えられている。言い換えれば、既存の論理から守護紐に意味が付与されている。供物や水とは異なり、紐は体内に取り入れることができないため、右手に巻くことでブッダの教えを手に入れることができるとされる。この守護紐は、儀礼に参加すれば誰でも巻いてもらうことが可能なものである。尼僧と在家信者は以下のように語っている。

守護紐は右手に巻くものであり、守護紐儀礼では経を唱えることで、紐の中に経が入っていく。また壺の中の水は読経の後に飲むものであり、読経の間、紐を水の中に入れておくことで経が水の中に入っていく。紐を持たずに経を唱えるのではなく、仏教僧が紐を手に持ち、経を唱えることで紐や水の中に経が入る。経はブッダの教えであるから、紐や水が神聖なものになり、それを身に付けたり、飲んだりすることによってブッダの教えを手に入れることができる（尼僧S、五〇代女性、二〇〇四年一〇月二六日）。

ヒンドゥー司祭に巻いてもらう紐と仏教の守護紐は、色が違うが意味は同じだ。仏教は白で、ヒンドゥー教は赤い紐を使っている。守護紐に力があるのは礼拝を行なったからだ。悲しい時に守護紐儀礼を行なうと悲しみから抜け出し、新しい生活を送ることができるようになる。その力はブッダから与えられる。守護紐儀礼では紐がブッダから仏教僧へ繋がり、仏教僧から参加者へ、参加者から再びブッダのところに戻っていく。守護紐儀礼によって精神的な力が完全に回復し、人生において何をすべきか、自分や家族のために何をすべきかを考えることができる（雑貨店店員ＡＤ、二〇代男性、二〇〇四年一二月二五日）。

守護紐儀礼においては、紐の中にブッダの教えである経が入ると考えられており、仏教徒が既存の枠組みを用いて新たな事物に意味を与えていることが分かる。供物や水の場合と同様に、この改宗における読み換えを通じて改宗後の宗教と改宗前の宗教との繋がりが維持され、文化的な記憶が継承されることになる（cf. Eaton 1985: 111）。一方、ナーグプル市の仏教徒の間には、アンベードカルの教えに基づく科学的な視点からの意味付けも存在する。そこでは「供物が超自然的な力を有するブッダの食べ残しであり、ブッダの力や祝福が入ったものである」とする既存の枠組みが、ヒンドゥー教に従った「迷信」として否定され、供物や寺院の水が通常の食べ物や飲み物と変わらないものと説明される。仏教僧と活動家は次のように説明している。

仏教に祝福は存在せず、仏教僧は仏教徒に幸運を与えることはできない。仏教徒が仏教僧の所に祝福を受けにきたとしても、仏教僧にできることは仏教徒の幸福を願うことだけである。例えば、あなた（筆者）が博士論文の調査をしている。あなたがしなければいけないことは、インタビューをしたり、メモをとったりすることだ。あなたが仏教僧のところへ行って、仏教僧が「博士号を取ることができる」と言ったとしたら、あなたは博士号をもらえるだろうか。それはできない。その仕事はあなた自身がしなければならない。仏教に祝福はない。祝福はヒンドゥー教やイスラーム教、キリスト教の考え方である（仏教僧、三〇代男性、二〇〇五年一〇月二日）。

仏教僧は自分の足で歩かなければならない。仏教寺院などに行って仏教を伝え、改宗式を行なわなければいけない。しかしこのような仏教僧はおらず、結婚式を行なってお金を貰っているだけだ。人が死んだらヒンドゥー教のバラモンの司祭が「家をきれいにしろ」と言うが、仏教僧も同じようなことを言っている。バラモンの司祭を呼んでも仏教僧を呼んでも、家には幸せや平和は訪れない。喧嘩をしない、酒を飲まないといったことによって、家に幸せと平和が訪れる。守護紐儀礼も同じことだ。仏教僧はああしろ、こうしろと言って、お金を払えと言う。これもヒンドゥー教のやり方だ（貸自転車屋ＧＢ、四〇代男性、二〇〇五年一〇月二五日）。

アンベードカルの教えを厳しく順守している仏教僧や活動家は、ブッダや仏教僧が祝福を与えるという意味付けを厳しく批判し、供物や守護紐によって悩みが取り除かれたり、病気が治ったりするという説明を強く否定する。これらの活動家の中には、守護紐儀礼自体を行なうべきでないとし、改宗記念祭といった仏教の祝祭において仏教徒の右手に巻かれた守護紐を切り落とす活動を行なっている者もいる。貸自転車屋GBもその一人である。ここにある改宗は、アンベードカルの教えに従って改宗前のヒンドゥー教と改宗後の仏教を別々のものとして切断・分類し、改宗前の意味付けの枠組みすべてを捨て、分断された宗教間の境界を横断することを求めるものである（cf. Eaton 1985: 111）。ここでは文化的な記憶が引き継がれることはない。ナーグプル市の仏教徒の間では、ヒンドゥー教を「迷信」として批判する科学的説明がアンベードカルの教えに基づく「正統な知識」として称賛される一方、神が超自然的な力を持っているとする考え自体が「無知」によるものとされる。このような共通認識が存在するため、特に活動家は「迷信」的な説明を避け、アンベードカルの教えに従った画一的な説明を行なうことで、自らがアンベードカルの教えに通じていることを示し、自分の考えや行動の正統性を示そうとする傾向にある。

第三項　カテゴリー化を逃れる意味

それではアンベードカルの教えが広まる中、正統化されたアンベードカルの教えによる意味付けの枠組みが「迷信」的な意味付けの枠組みの場所を占め、両者が完全に入れ替わってきたのだろうか。ナーグプル市の仏教徒たちの語りを詳細に検討すると、一人の仏教徒がアンベードカルの教えに従って「仏教は科学である」との立場から仏教儀礼に意味を付与しつつ、同じ語りの中や別の場面において既存の枠組みから「迷信」的な説明を行ない、超自然的な神の力を肯定する祝福の論理から仏教儀礼に意味を与える場合もあることが分かる。つまり、神の力の肯定とそれの否定という二つの枠組みは矛盾するものであるが、実際には仏教徒たちが両者のうちのどちらか一方のみを保持しているわけではなく、多くの仏教徒はそれぞれの内部に両者を保持している。例えば、T仏教寺院を取り仕切る尼僧M（五〇代女性）は、一つの語りの中で次のように矛盾する説明を行なっている。

仏教徒の若い世代の中には、テレビ番組や映画でドゥルガー（*durgā*）などの（ヒンドゥー教の）女神が神秘的な力を使っているのを見て、仏教よりもヒンドゥー教に力があると考えたり、何か悪いことをしてもヒンドゥー教の神々に礼拝すれば問題が解決すると考えたりする者がいる。しかし仏教はこのようなものではなく、仏教は科学的なものだ（二〇〇四年九月四日）。

一九九二年頃、当時一歳だった私の孫が病気になった。親戚は孫が呪術をかけられたのだと言った。私は孫をブッダガヤーに連れて行き、バーバーサーヘブ（アンベードカル）が亡くなった日である一二月六日にブッダガヤーの川で沐浴をさせた。その後、大菩提寺に祈りを捧げると孫の病気が治った。薬は必要なかった（二〇〇四年九月四日）。

尼僧Mの語りの前者は、アンベードカルの教えに基づいて仏教を科学であるとし、ヒンドゥー教の女神が持つ神秘的な力を否定する。他方、後者の語りは、既存の枠組みから沐浴や礼拝によって病気が治ったとしており、アンベードカルの教えからは「迷信」とされる説明を行なっている。同様に国営鉄道に勤務する仏教徒SB（四〇代男性）も、同じ語りの中で以下のように述べている。

供物は礼拝が終わった時に配るもので、おまけの菓子である。守護紐儀礼などを行なった後、単に配るだけのものである。供物は白い砂糖などで作られた菓子であり、礼拝が終わりましたという意味で配っている（二〇〇四年一二月二二日）。

守護紐儀礼の時は、参加した全員が綿の紐を握っており、その紐をブッダの言葉が流れる。紐自体が経である。これはインドの伝統的な考え方だ。仏教僧が紐を持ち、紐の一方がブッダの像に繋がれ、もう一方が参加者に渡され、参加者が手で握る。守護紐儀礼が終わると、単なる綿の紐が聖なる紐に変わる。聖なる紐を手に巻くことはブッダの教えを巻いていることになる。ヒンドゥー教徒もこれと同じことをしている（二〇〇四年一二月二二日）。

尼僧Mの語りと同じく、仏教徒SBの語りの前者はアンベードカルの教えに基づき、供物を「神の食べ残し」ではなく「単なる甘いお菓子」と説明する一方、後者は「経が入ることで紐が聖なるものになる」とし、既存の論理から意味付けを行なっていることが分かる。このように、二人とも科学的なアンベードカルの教えに従って超自然的な力を否定しつつ、「迷信」とされる既存の論理から超自然的な力を肯定している。このような語りは、この二人だけに見られるものではなく、他の仏教徒たちもしばしば行なっている。一人の仏教徒が、ある日はアンベードカルの教えから説明を行ない、別の日には祝福の論理から意味を付与する場合もあれば、ある一つの事物に対し一回の語りの中で二つの意味を与える場合もある。

これに加え、相反する枠組みを内面化した仏教徒は、祝福の論理とアンベードカルの教えという二つの枠組みのどちらか一方を選択し、それに従うかたちで仏教儀礼に意味を付与するだけではない。仏教徒たちは相反する二つの枠組みを組み合わせ、どちらにも完全には取り込まれていない新たな意味を創り出し、守護紐に与えている。尼僧と仏教僧は以下のように説明している。

守護紐儀礼を行なうのはブッダの教えを忘れないようにするためである。守護紐儀礼によって仏教徒としての誇りを持ち、仏教僧へ布施などを行なうことができる。酒を飲まない、煙草を吸わない、嘘をつかないなどの戒律を守ることを思い出し、他の人々の幸福を祈ることができる。しかし、守護紐を巻く仏教徒たちの間には迷信があり、守護紐儀礼を行なうことで、病気や悩みが解決すると考えている。ブッダの教えに従えば、このような意味は守護紐に存在しない（尼僧M、五〇代女性、二〇〇五年一月九日）。

守護紐に力が入るのでなく、仏教徒が守護紐を見ることに意味がある。酒を飲み過ぎる夫が妻に連れてこられ、仏教僧が夫に守護紐を巻く。夫は自分の手に巻かれた守護紐を見ることで、仏教僧が守護紐を結んだことを思い出すことができる。勉強のために巻くことも同じである。眠くなった時に守護紐を見て、また勉強を頑張ろうと考えるようになる（仏教僧A、六〇代男性、二〇〇五年一月二一日）。

このように、超自然的な力が紐や供物に入るとする考え方を「迷信」として否定する一方、「ブッダや五戒を思い出すために紐を巻く」とする意味を守護紐儀礼に付与する人々も存在している。この「紐を見ることによりブッダの教えを思い出すことができる」という考えは、仏教僧だけでなく、他の在家信者たちからも聞くことができ、ここでは紐を巻く儀礼自体は否定されていない。この意味付けは超自然的な神の力を肯定するものではないが、紐を巻く行為自体を破棄するものでもなく、アンベードカルの教えに完全に従っているとは言えない。守護紐儀礼が行なわれる以上、仏教徒たちが既存の論理から守護紐に意味を付与する可能性が残されている。つまり、神の前の平等の地平、病気や悩みに苦しむ人々がそれを癒すために神と直面する場所が潜在的なかたちで維持されることになる。守護紐に新たに与えられた意味付けは、既存の論理とアンベードカルの教えという両者のどちらか一方のみを選択しているのではなく、どちらにも完全には取り込まれていないものと言えるだろう。

第三節　改宗における三つの意味付け

第一項　読み換え、切断・分類、作り直し

現在のナーグプル市における紐や供物、水への意味付けは、大きく分けて三種類に区分できる。一つ目は、既存の枠組みを用いた「読み換え」による意味付けである。そこでは超自然的な力が紐や水の中に入り、これにより病気が治り苦悩が取り除かれるとされる。この既存の論理による意味付けは、在家信者たちの間で頻繁に耳にするものである。一方、アンベードカルの教えを順守する活動家たちからは、ヒンドゥー教の儀礼の中で用いられるものと同じ意味である「迷信」と否定されている。このことは、読み換えを行なっている仏教徒自身の多くも認識している。前述したように、ナンディーはアイデンティティ・ポリティクスなどで用いられるような宗教の在り方と生活世界レベルでの宗教の在り方を、「イデオロギーとしての宗教」と「信仰としての宗教」として区別している。この「信仰としての宗教」とは、生活世界における様式や慣習としての宗教である（Nandy 1990: 70）。また、ナン

ディーから示唆を受けた関根は、「分ける論理、排他の論理、切断の論理」を基盤とする「イデオロギーとしての宗教」に抗するために「生活現場での信仰の在り方」に目を向ける必要があり、その生活世界で人々は「接続の論理」を生きているとする（関根　二〇〇六：一二四、一九二）。改宗における読み換えとは、この「信仰としての宗教」のレベルにおける改宗のプロセスの一側面と考えられ、これによって改宗後の宗教と改宗前の宗教との繋がりが維持され、文化的な記憶が継承されることになる。(6)

二つ目は、要約版としてのアンベードカルの教えを基盤とした「切断・分類」による意味付けである。ここでは、「仏教は科学である」というアンベードカルの教えに忠実に従って意味が与えられ、ヒンドゥー教をはじめとする他宗教と仏教が明確に区分されている。短縮化され焦点化されたアンベードカルの教えを厳守する活動家たちは、守護紐儀礼自体が「迷信」に従った「無知」によるものと考え、仏教僧が仏教徒の手首に白い紐を巻くことを強く批判し、仏教の祝祭で守護紐を切り落とす活動を行なっている。ナンディーによると「イデオロギーとしての宗教」とは、人々が政治・社会・経済的な利益を争ったり守ったりする際に、これらの人々を国家内部や国家を横断するレベルで結び付け、同一化させるものとしての宗教である（Nandy 1990: 70）。この意味で改宗における切断・分類とは、「イデオロギーとしての宗教」における改宗のプロセスの一側面と言える。ロビンソンとクラークは、「改宗」を一義的に定義するのではなく、既存の意味付けを疑問に付すことが重要であり、非常に排他的な「改宗」から、より非排他的な「改宗」へ段階的に位置付けることができるとする（Robinson and Clarke 2003: 1–2, 8）。このことから考えると、在家信者たちの改宗とは、改宗前の儀礼への意味付けを改宗後の儀礼に付与するなど、既存の枠組みで改宗後の宗教を読み換える側面があり、宗教間の境界線がより緩やかである。これに対し、活動家たちにとっての改宗とは、他宗教に排他的な側面を有し、それぞれの宗教を別々のものとして客体化することで宗教間に明確な境界線を引き、各宗教を分類するものである。ここでは文化的な記憶が引き継がれることがない。現在のナーグプル市の仏教徒による不可触民解放運動において正統とされるのは、この二つ目の意味付けである。活動家たちは、「迷信と差別のヒンドゥー教」と相反する「自由、平等、博愛の仏教」をインドに復興し、公正な社会の達成を目指している。

三つ目は、相反する二つの枠組みを組み合わせる「作り直し」による意味付けである。ヴィスワナータンによると、「改宗という行為のダイナミズム」は「差異の交渉」を通じて「知識を生産する行為」であり、「同一性を定義するカテゴリーの作り直し」である（Viswanathan 1998: xv, 43）。ナーグプル市の一部の仏教徒たちが、改宗前の宗教と改宗後の宗教の間にある差異の交渉を通じて生み出した知識とは、「紐を見ることによりブッダの教えを思い出すことができる」というものである。ここでは、超自然的な力が紐や供物に入るとする考え方を「迷信」として否定しつつ、ブッダや五戒を思い出すために紐を巻くという説明が新たになされている。つまり、アンベードカルによる「科学としての仏教」という教えに従いながら、紐を巻く儀礼自体は否定しておらず、文化的記憶が部分的に捨てられ、部分的に継承されている。このため、参加者には既存の論理から紐に意味を与える可能性、言い換えれば、神の立ち位置から世界を見る可能性が残されることになる。この紐の新たな意味は、改宗前の宗教からも改宗後の宗教からもずれており、誰がヒンドゥー教徒で、誰が仏教徒かという既存の「同一性を定義するカテゴリー」を作り直そうとする。

この改宗における作り直しの別の例として、特に一九九〇年代以降のナーグプル市において仏教徒の間で急速に広まる「シーヴァリー尊者（*sivali bodhi*）」への信仰がある。シーヴァリー尊者は経済的な繁栄をもたらすとされ、バングラデシュやスリランカ、ミャンマーなどで信仰されている（谷山　二〇一〇：四六―四八）。ナーグプル市においてシーヴァリー尊者を信仰する仏教徒は、自分の家の祭壇にブッダとアンベードカルだけではなく、この尊者のポスターを置いている。市内で流通するポスターに描かれたシーヴァリー尊者は、後光が差している中でオレンジ色の僧衣をまとい、菩提樹の前で蓮の上に座っている。この尊者は左手に米で満杯になった鉢を持ち、そこに右手を差し込んでいる。仏教徒たちによると、シーヴァリー尊者は托鉢に出かけると仏教徒の家々から非常に多くの布施をいつでも集めることができた仏教僧であり、特に店の経営といった事業を行なっている仏教徒たちの間で信仰が篤いとされる。この説明から、シーヴァリー尊者がヒンドゥー教で富や幸運をもたらす女神ラクシュミーと同じ役割を仏教徒の間で果たしていることが理解できる。「二十二の誓い」の二番目では、ヒンドゥー教の女神ラクシュミーへの信仰が明確に否定されているため、経済的な繁栄をもたらす神を求める信仰心が行き場を失い、他の南アジア地域で信仰されているシーヴァリー尊者に向かったと考えられる。しかし、アンベードカルの教えでは超自然的な力が否定されていることから、仏教徒たちはシーヴァリー尊者を信仰する理由として「何らかの超自然的な力があるのではなく、托鉢に出かけるといつでも多くの布施を集めることができた」と説明する場合が多い。つまり、守護紐への意味付けと同様、アンベードカルの教えに従って超自然的な力が否定されつつも、シーヴァリー尊者への信仰自体は破棄されておらず、改宗前の枠組みから意味付けが行なわれる可能性が残されている。現在のナーグプル市では、ヒンドゥー教の神やアンベードカルの肖像画を道端で売る露店などでシーヴァリー尊者のポスターを容易に購入することができ、仏教徒が経営する果物屋や雑貨店などにおいてもしばしば目にすることができる。

第二項　意味付けの変容プロセス

ナーグプル市において守護紐への意味付けは、一九二〇年代から二〇〇〇年代に至るまでの歴史的プロセスの中で変容してきた。一九五六年の集団改宗以前、現在の仏教徒たちはヒンドゥー教徒であったため、今の仏教徒たちの間に存在するものと完全に同じではないにしても、家族を守る聖紐をはじめ、超自然的な神の力への信仰は広く浸透していたものと考えられる。そのような中、一九二〇年代からアンベードカルの不可触民解放運動が開始された。特に一九三五年の棄教宣言後、ヒンドゥー教に代わってどの宗教を信仰するかを提示しないまま、アンベードカルは不可触民がヒンドゥー教の儀礼から離れる取り組みを始めた。ナーグプル市のマハールの活動家の間にも、超自然的な神の力を否定するアンベードカルの教えが徐々に浸透し、ヒンドゥー教を破棄する運動が進められていった。このように、ヒンドゥー教の神の超自然的な力を信仰する論理があった社会の中に、代わりになるものが示されずに既存の論理を否定するアンベードカルの教えが流入し、文化的記憶を否定していった。

マハールたちは二〇年にわたってどの宗教を信仰すべきか分からない状況であったが、一九五六年の集団改宗においてアンベードカルが「二十二の誓い」を読み上げ、ヒンドゥー教から離脱した後に仏教を信仰することが明確になった。集団改宗以前には仏教を広める活動家や仏教僧はほとんどいなかったが、これ以降、ヒンドゥー教と仏教を「差別と迷信のヒンドゥー教」と「平等と科学の仏教」として切断・分類するアンベードカルの教えが、仏教のものとして仏教徒の間に広まり始めた。一九六〇年代後半になると、佐々井とカウサリャーヤンがナーグプル市に登場したことを契機として、仏教の思想的側面に加えて、朝夕の勤行や守護紐儀礼が普及し、仏教徒たちを取り巻く生活環境が仏教のものへと作りかえられていった。

このような状況の中、仏教に改宗した者の多くは、守護紐儀礼などの仏教儀礼に対して既存の意味を付与する読み換えを行ない、ブッダや仏教僧から祝福を受け取ることができると理解するようになった。この読み換えによって文化的記憶は受け継がれていった。ここではアンベードカルの教えに依拠する活動家の取り組みも繰り返し展開していたため、仏教徒たちの間では読み換えと切断・分類のプロセスが同時に進行することになった。バシュコウは、「やむを得ず、自分たち自身の文化的な用語の内側で外部のものを再解釈し、再配置したとしても、すべての人々は、外部のものを解釈し、同化するために何らかの方法が必要である」とする（Bashkow 2006: 241）。このため、それぞれの文化には「本質的に柔軟で融通の利く区域」が存在し、この「外部からのものの区域」を通じて、人々は「文化的に自分たちのものではない外部のもの」を理解することができる（Bashkow 2006: 241–242）。この考えに従うと、仏教徒それぞれは、新たな事物である仏教文化に出会った際、既存の枠組みを基盤として意味を与えつつも、アンベードカルの教えを学ぶことを通じて、既存のものとは少しだけずれたかたちで、自分たちの内部に「ヒンドゥー教の外にある仏教」という新たな意味付けの枠組みを形成していった。言い換えれば、仏教徒たちは神の力を肯定する枠組みと、アンベードカルの教えに沿った枠組みの両者を内面化するようになった。そして再び新たな仏教文化を目にした場合、仏教徒は既存の枠組みだけでなく、「外部からのものの区域」である「ヒンドゥー教の外にある仏教」という別の枠組みを通じても理解できるようになっていった。

超自然的な力を肯定する既存の枠組みが「父なる指導者」アンベードカルの教えに反することは明らかなため、この二つの枠組みの関係性は対等ではなく、切断・分類の意味付けがより「正統なもの」として浸透していった。仏教徒たちの中でも、アンベードカルの著作や演説、アンベードカル生誕祭における模型作品などを通じてアンベードカルの教えをより深く学んだ人々は、既存の枠組みを基礎とする仏教文化要素への意味付け、つまり、「外部からのものの区域」をよりアンベードカルの教えに適したかたちに変化させていった。この結果、仏教徒たちは、アンベードカルの教えに厳しく従うのであれば、守護紐儀礼を破棄する必要があると考えるようになった。このような競合状況の中で仏教僧や在家信者は、自分たちに内面化されたアンベードカルの教えに反しないかたちで守護紐儀礼を実施するための意味付けを模索した。この試行錯誤を通じて改宗後の作り直しが行なわれ、守護紐儀礼自体はやめないが超自然的な力は否定するという三つ目の中間的な意味付け（「紐を見ることでブッダの教えを思い出す」）が創り出されることになった。(7) シーヴァリー尊者の事例についても同様に、この作り直しでは、文化的記憶が密かに継承され、神の前の平等という考えが潜在的なかたちで維持されている。

以上のように改宗前の論理と改宗後のアンベードカルの教えの影響を受ける中、仏教徒たちは、既存の意味付けとアンベードカルの教えに基づく意味付けのどちらか一方のみを選び取っているのではない。仏教徒たちは、この二つの枠組みを組み合わせることで、どちらにも完全には取り込まれないまま、カテゴリー化から逃れる意味を創出している。二〇一六年現在でもナーグプル市の仏教徒たちの間では、仏教文化要素に付与される意味が変化しており、必ずしも一つの意味に固定化されてはいない。

註

（1）筆者は計二年間の調査期間を通じて、インドーラー仏教寺院での朝夕の勤行に定期的に参加した。特に夕方の勤行に毎週数回参加していた。

（2）尼僧Mの語りにあるような、「子どもの病気を治すためや子どもを授かるために神へ頼み、それが叶ったのならば神への寄付などを約束する」といった祈りにおける誓いは、「ボラーリー（*bolārī*）」や「ヴォタナー（*votanā*）」と呼ばれ、ヒンドゥー教徒に多く見られる神とのかかわり方とされる（Gold 1988: 142）。

（3）このような考え方を理解する上で、南アジア研究ではマリオット（Marriott 1976）やマリオットとインデン

(Marriott and Inden 1977) を出発点として議論されてきた「サブスタンス＝コード (substance-codes)」の均衡・不均衡の議論が参考になる (cf. Daniel 1984; Parry 1980; Raheja 1988)。ダニエルによると、「「属」を意味するジャーティは人間だけではなく、動物や植物、金属鉱物といった無機物にさえも適用される。[中略] 別個に価値付けされ序列化されたサブスタンスがカースト制度として知られるシステムの根底にあり、カースト制度は序列化されたサブスタンスのシステムが表面に現れたものの一つである。[中略] サブスタンスは混ざり合うとともに分離し、変化させるとともに変化させられ、適合や不適合というサブスタンス間の関係性を構築し、均衡と不均衡の状態となり、さまざまな度合いの柔軟性と統合性を持つ。[中略] これら（生活世界におけるタミルの村人）の行動は、最も日常的で慣習化されたものを含め、失われた均衡を取り戻すことを意図している。[中略] どの食べ物を食べるか食べないか、どの方法で家を建てるか建てないか、どの相手と結婚するか結婚しないか、[中略] 不均衡もしくは相容れないサブスタンスの結合は病であり、不完全なものである」(Daniel 1984: 1-9)。他方、この「サブスタンス＝コード」に対しては、インドを研究対象とする人類学者から批判も加えられている (cf. Parry 1994: 114; Trawick 1992: 132)。

(4) ナーグプル市では非常に稀だが、守護紐儀礼を仏教僧ではない在家信者が行なう場合もある。これらの在家信者は仏教僧がいない仏教寺院を訪れ、守護紐儀礼を実施している。例えば、市内のオレンジ市場地区の仏教徒女性グループは、一九八五年に佐々井から許可を得た後、仏教徒の家族から依頼を受けた際に仏教僧の代わりに守護紐儀礼を行なってきた。このグループのメンバーによると、体の調子の悪い仏教徒や病気になった仏教徒が頼みに来ることが多く、一時間の守護紐儀礼を行なって五一ルピーから一〇一ルピーを受け取っている。

(5) 二〇〇四年から二〇〇五年の調査期間に筆者が参加した守護紐儀礼は、主に以下のものである。仏教徒の家の落慶法要（二〇〇一年五月二四日）、仏教徒の娘の誕生日（二〇〇四年三月一二日）、仏教徒の婚約式（二〇〇四年八月一五日）、仏教徒家庭で定期的に行なわれる守護紐儀礼（二〇〇四年九月二七日、二〇〇四年一二月二六日）、仏教徒の母の命日（二〇〇五年一月八日）、新しいブッダの像を祭壇に置くための守護紐儀礼（二〇〇五年五月二七日）、仏教徒の父の命日（二〇〇五年八月二八日）、インドーラー仏教寺院における雨安居の終わりの大守護紐儀礼（二〇〇五年一〇月二〇日）。

（6）改宗における文化的記憶の継承については、ヴィヴェイロス・デ・カストロ（二〇一五a）の優れた論考が存在する。ヴィヴェイロス・デ・カストロによると、一六世紀にヨーロッパからブラジルに来た宣教師の目には、改宗を求める現地のトゥピナンバ族が非常に「気まぐれなもの」として映った。この「気まぐれさ」は、トゥピナンバたちがキリスト教への改宗においても、現地の信念の総体にある「服従の不在」（ヴィヴェイロス・デ・カストロ二〇一五a：六〇）に忠実であったことを理由としている。この「服従の不在」については、クラストル（一九八七）も参照のこと。

（7）ドゥルーズを引用する箭内によると、今日の流動化する世界では、「他なるもの」と「我々のもの」という「二種類の反復が、どのようにして組み合わされ、混じりあい、そしてこれらの組み合わせと混淆とを通して、どのように新たな反復が生み出されているかを検討すること」が求められる（箭内　一九九四：一七五）。本章の議論で言えば、「他なるもの」がアンベードカルの教え、「我々のもの」が祝福の論理、「新たな反復」が「紐を見ることによりブッダの教えを思い出すことができる」という意味付けであると考えることができるだろう。

第五章　超自然的な力と対面関係の網の目の構築

第四章で主な分析対象となったのは、仏教儀礼を執り行なう仏教僧と仏教儀礼に参加する在家信者の視点であり、仏教徒が既存の祝福の論理を維持していることや、改宗後の宗教と改宗前の宗教を組み合わせることで新たな意味を創出している点を検討した。本章では、仏教への改宗後もヒンドゥー教の神々や聖者を家の奥に隠している「半仏教徒・半ヒンドゥー教徒」の視点と実践を主な分析の対象とし、これらの仏教徒が家族への愛情を動機としてヒンドゥー教の神々への儀礼を行ない、神の力を媒介とする日常的で双方向的な交流（または交換）を通じて対面関係の網の目を構築していることを考察する。

第一に、ブッダやアンベードカルの像を居間などの目に見える場所に置く一方、ヒンドゥー教の神や聖者の像を家の奥に隠している六男ＫＡの家族に目を向ける。この「半仏教徒・半ヒンドゥー教徒」の家族の間ではヒンドゥー教と仏教の関係性を巡って意見の相違がありつつも、長女ＪＡや三男ＭＡは家族の安全や健康を願う愛情を動機としてラクシャー・バンダンなどのヒンドゥー教の儀礼を続けている。第二にインドーラー地区ラインＡで暮らす仏教徒青年の仲間グループに目を向け、「半仏教徒・半ヒンドゥー教徒」と呼ばれる青年たちによる耕牛の祭のマールバト供犠を考察する。ナーグプル市内では、日中に黄色のマールバトと黒色のマールバトが街を練り歩くのに対し、青年たちは、夜中に両義的なマールバトの供犠を行なうことで、同じ地域で暮らす人々に豊穣をもたらす。第三に、ラクシャー・バンダンやマールバト供犠といった日常的で双方向的な交流（または交換）を通じて、「半仏教徒・半ヒンドゥー教徒」が家族レベルと地域レベルという二つの対面関係の網の目を構築し、困難な生活を乗り越えようとしていることを論じる。

第一節　家族の繋がりとラクシャー・バンダンの儀礼

第一項　六男KAの家族

インドーラー地区（写真16）にある仏教徒KAの家はレンガとコンクリートで造られており、居間、寝室二部屋、台所、浴室とトイレ、物置部屋、シィルディーの聖者サーイー・バーバーの祭壇が置かれた部屋がある。二〇〇八年八月の時点での家族の収入は、長女JA（月給八〇〇〇ルピー程度）、三男MA（月給四〇〇〇ルピー程度）、六男KA（月給二〇〇〇ルピー程度）の給料の合計一万四〇〇〇ルピーほどであり、経済的に豊かでない仏教徒が暮らすインドーラー地区では比較的裕福である。家にはテレビと冷蔵庫とパソコンが一台ずつあり、バイクは二台所有している。居間にはブッダとアンベードカルが描かれた時計が掛けられ、その下に白いブッダの像が置かれている。またKAの家は佐々井への食事の供養を何年も続け、仏教僧がナーグプル市外からインドーラー仏教寺院を訪れた際には家に宿泊させるなどしている。一方、KAの家の奥にある物置部屋のさらに奥には一畳程度の大きさの部屋があり、そこにシィルディーのサーイー・バーバーとラクシュミーの祭壇がある。祭壇の高さは五〇センチメートルほどであり、白い石膏でできた小さな神殿の中央に、同じ素材のサーイー・バーバーが右手を挙げて座っている。

白い神殿にはオレンジ色の電飾、サーイー・バーバーの像には赤や緑色の布が衣服のように体に巻きつけられている。サーイー・バーバーの神殿の右横には色鮮やかなラクシュミーの像が置かれ、神殿の後ろにはラクシュミーとサーイー・バーバーのポスターが飾られている。「二十二の誓い」の二番目は「私はガウリー（パールヴァティー）やガナパティ（ガネーシャ）などのヒンドゥー教の神や女神を受け入れず、崇拝しない」ことを宣誓するものである。そのため、この部屋に通じる物置部屋の扉は、筆者を含め家族や近隣の知人が居間にいる時は開けられているが、仏教僧などが家を訪れた際には閉じられ、扉の前のカーテンも閉められる。

写真16　インドーラー地区（2005年11月5日）

　KAは一〇人兄弟の六男である。KAの父は、最初に結婚した妻が死去した後、再婚した。最初の妻との間に長女JA、長男SA、次男OA、次女GT、三女AT、三男MAが生まれ、再婚した妻との間には四男BA、五男GA、六男KA、七男AAが誕生した。その後、KAの父は一九九七年に病気で死去した。長女JA（四〇代）はインド政府の灯油を売る権利を持ち、三男MAとともに家計を支えている。未婚であり、長男SAの子どもたちを自分の子どものように育てている。JAは、仏教であるかヒンドゥー教であるかにかかわらず、神への信仰が強く、仏教僧に食事を提供するだけでなく、ヒンドゥー教の寺院の前を通る時も神の前にひざまずき、頭を下げる。長男SA（四〇代）は、建設現場での日雇い労働とスリで生計を立てているため、都市から都市へ渡り歩く生活をしており、一年のうちに数回しか家には帰らない。家に帰った時にはいつも酒を飲んで目を赤くし、巻き煙草を吸っている。SAには長男DA、長女RA、次男CAがいるが、SAの妻は二〇〇〇年に病死した。次男OA（死去）は非常に温和な性格であり、周りの子どもたちにも慕われていたが、二〇歳になる前に心臓発作で死去した。近隣の仏教徒の青年たちは、子どもの頃にOAに優しくされたことをよく覚えている。次女GT（三〇代）はKAの家のすぐ近くで、三輪タクシーの運転手をしている夫、三人の娘、一人の息子、夫の兄夫婦と暮らしている。GTは、夫の兄嫁が行なう女神ドゥルガーの憑依儀礼において助手を務めている。三女AT（三〇代）はKAの家の近所で、人力車の運転手である夫、娘三人、息子一人とともに暮らしているが、他の兄弟や姉妹と交流が非常に限られている。ATの家は、経済的に豊かではない仏教徒が暮らすインドーラー地区でも最も貧しい家の一つである。木の骨組みを布やビニールシートで覆った家は歩道の上にあり、歩道の壁に倒れかかるように建てられている。部屋の広さは六畳程度である。三男MA（三〇代）は父親が死去した後、父親の政府の仕事を受け継ぎ、現在はナーグプル市の水道局で働いている。非常に仕事熱心であるMAは、水道局で働く前に佐々井の運転手をしていた時期もあった。MAは、仏教だけでなくサーイー・バーバーへの信仰が強く、毎週木曜日にサーイー・バーバーへの礼拝を行なっている。長男SAと四男BAの犯罪歴のために長い間結婚が決まらなかったが、二〇〇六年に結婚し、二〇〇八年に長男が生まれた。

再婚した妻との間の最初の子どもである四男BA（死去）は、人を殺したことがあると言われ、インドーラー地区では有名な「チンピラ（*gunḍā*）」であった。BAは金銭の貸し借りを巡るトラブルが原因で、一九九八年頃に一九歳の若さで数人の男に刺殺された（六男KAの兄弟姉妹のうち、筆者は、次男OAと四男BAに会ったことがない）。

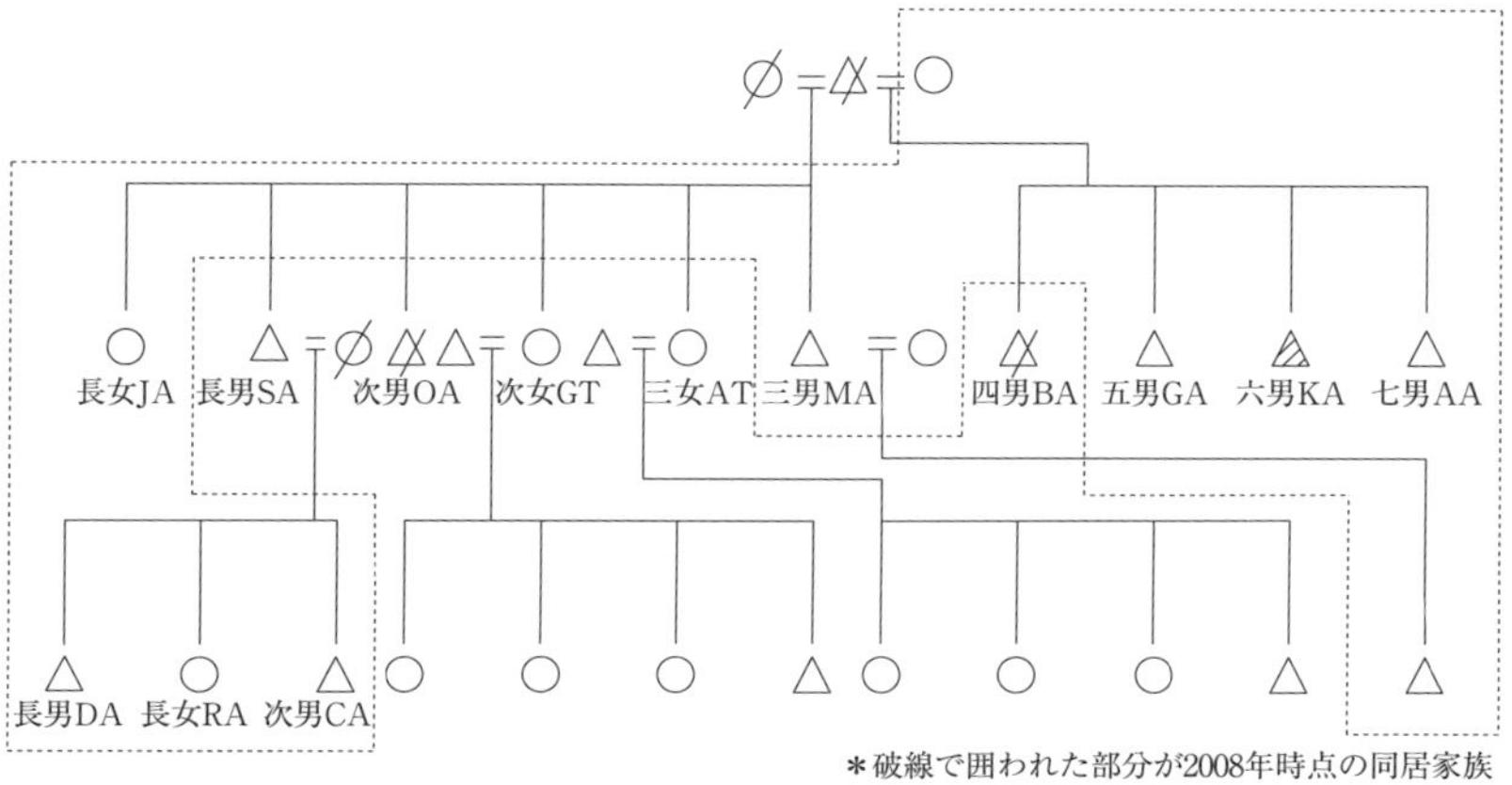

＊破線で囲われた部分が2008年時点の同居家族

図3　六男 KA の家族（2008年時点）

三人の弟たちは現在でもＢＡを強く尊敬している。五男ＧＡ（二〇代）は佐々井が名付け親であり、仏教の集会でカメラマンを務めるなど佐々井の手伝いを熱心にするだけでなく、ナーグプル市を訪れた日本人の手助けも頻繁に行なっていた。しかし、定職が見つからなかったＧＡは、借金取りに追われたり、朝から酒を飲んだりしていた結果、アルコール依存症に陥った（ＧＡは二〇一一年から二〇一三年にかけて一年間リハビリ施設に入ってアルコール依存症を克服した）。六男ＫＡ（二〇代）も定職がなかったため、金貸しの仕事などにかかわっていた。ＫＡは専門学校に一年間通って資格試験に合格し、二〇〇八年に日系企業において修理工の仕事が決まった。その後すぐにＫＡは婚約した。この婚約者の兄は「チンピラ」と呼ばれ、二〇〇五年にナーグプル市内で四日間行方不明になった後、国営鉄道の線路脇で死体となって発見された。彼は電車に轢かれて死んでおり、殺されたとも言われている。七男ＡＡ（二〇代）は専門学校に通って技術者となる勉強をしている。家族の中で最も勉強熱心なＡＡは電気機器への関心が高く、三男ＭＡに買ってもらったパソコンの習得にも取り組んでいる。非常に社交的であり、仏教徒だけでなく、シク教徒やヒンドゥー教徒の友人がＡＡに会うためにＫＡの家を訪れることが頻繁にある。長男SAの長男DA（一〇代）は勉強があまりできず、一六歳の時に学校に行くことをやめ、一七歳から洋服屋の店員として働いている。長男SAの長女RA（一〇代）は家族の中で最も勉強ができ、家事もよく手伝っている。DAは英語で授業をする学校に通っており、家族の中で唯一、英語を少しだけ話すことができる。同世代の子どもたちと比べて体がとても小さく弱いため、頻繁に病院に行っている。長男SAの次男CA（一〇代）は、首からサーイー・バーバーの首飾りを下げている。CAはサーイー・バーバーへの信仰が強く、サーイー・バーバーの話を熱心に話すことがあるが、勉強はあまりできない。二〇〇八年八月の時点で、KAの家にはKAの母親、長女JA、三男MA、五男GA、六男KA、七男AA、長男SAの子どもたち（長男DA、長女RA、次男CA）、三男MAの妻と息子の一一人が暮らしている（図3）。

第二項　家族間の意見の相違

活動家から見れば、ヒンドゥー教の儀礼を行なう六男KAの家族は「半仏教徒・半ヒンドゥー教徒」となるが、必ずしも家族全員が仏教とヒンドゥー教の関係性について同じ考えを持っているわけではない。特に長女JAと五男GA、三男MAと五男GAの間には仏教とヒンドゥー教の関係性について意見の相違が存在しており、家族の間に緊張をもたらすことがある。長女JAによると、仏教とヒンドゥー教は同じものであり、両者から超自然的な力を受け取ることができる。長女JAは、ヒンドゥー教の祝祭がある時に親族の子どもたちを連れてヒンドゥー教の寺院を訪れることがしばしばあり、肉食を避ける日が他の家族に比べて非常に多い。例えば、ヒンドゥー教の神ガネーシャは困難を取り除き成功をもたらす力があるとされ、特にマハーラーシュトラ州ではガネーシャへの信仰が盛んである。ナーグプル市でもバードラパダ月の祝祭ガネーシャ・チャトゥルティーは盛大に行なわれ、家々や街角にガネーシャの祭壇が作られる。またいくつもの巨大なガネーシャの像が、山車に載せられて市内を練り歩く。二〇〇五年は九月七日がガネーシャ・チャトゥルティーであり、筆者が長女JAと少年AG（学生、一〇代男性）の家に設置されたガネーシャの像と祭壇を見ていると、五男GAが部屋に入ってきた。GAは「この家は「半仏教徒・半ヒンドゥー教徒」なんだよ」と筆者に小さな声で告げた後、少年AGの母親に「ガネーシャはヒンドゥー教の神だ。仏教のものではない。もしガネーシャに礼拝するならヒンドゥー教徒になってしまう」と言った。これを聞いたJAが「仏教とヒンドゥー教は同じだよ」と筆者に話すと、GAは「仏教とヒンドゥー教は同じではない。ヒンドゥー教にはカーストがあるじゃないか」と厳しい口調で言い、家を出て行った。数日後、筆者が玄関の階段に座っていると、JAは「私がヒンドゥー教の寺院にも行っているから、周りの人たちは私がいろいろな神さまに祈っていると言うけど、この手首にある紐だけは佐々井師以外には巻いてもらわないのよ」と筆者にこっそりと伝えた。

木曜日（*guruwāru*）は聖者サーイー・バーバーなどの偉人（*guru*）に礼拝を行なう日である。毎週木曜日、三男MAは仕事先から戻ると体を洗い、午後六時頃からサーイー・バーバーの祭壇のある部屋で礼拝を開始する。サーイー・バーバーの神殿の前に置かれた木の台には、この日の夕飯で出されるすべてのものが一つの器に載せられている。木曜日の夕食は通常の夕食よりも品数が多く、野菜料理のみで肉や卵は決して食べない。サーイー・バーバーへの礼拝の後に夕食となり、食事の初めにMAは、サーイー・バーバーに捧げた供物を自分の家族に分配する。サーイー・バーバーに捧げられた供物は「神の食べ残し」であり、三男MAの家族はこの供物を食することで病気や悩みを解決することができる。このため通常の夕食とは異なり、同じ家で一緒に暮らしている家族全員が参加する必要があり、近所に住む親族が夕食に呼ばれることもある。一方、五男GAはアンベードカルの教えに従って仏教とヒンドゥー教を明確に分離し、サーイー・バーバーをヒンドゥー教の聖者であると考え、MAの礼拝に批判的な立場にある。例えば二〇〇四年一〇月、GAが筆者を連れて友人の家に行った際、ブッダとアンベードカルの祭壇のすぐ横にヒンドゥー教の神クリシュナと女神ミーナークシー（*mīnākṣī*）、サーイー・バーバーの祭壇があった。GAは友人の母親を指差して「「半仏教徒・半ヒンドゥー教徒」だ」と筆者に言った。友人の母親は動揺したような表情を浮かべて「このような家はナーグプル市に他にもあるわよ」と答えた。GAは握りこぶしを振り上げてみせ、「佐々井師に怒られるよ」と言った。友人の家からの帰り道、GAは「佐々井師は仏教徒がヒンドゥーの神に礼拝することを怒っている。MA兄さん（三男MA）も木曜日の食事の時にはサーイー・バーバーに礼拝をしている。あれもヒンドゥー教のものだ。だからこの間はMA兄さんの礼拝の前に食事を食べてやった。そうしたらMA兄さんは怒っていたよ」と筆者に言った。実際にGAは、サーイー・バーバーへの礼拝後の夕食などに自ら積極的に参加することはなく、家族に促されるかたちで参加するか、携帯電話で外出先から呼び戻されることが多い。

アンベードカルの教えをよく知る六男KAは、仏教とヒンドゥー教が別のものだと認識している一方、ヒンドゥー教の神から超自然的な力を受け取ることも期待している。KAは、それぞれの場面に応じて行動や発言を選択しているため、それらを比較すると相互に矛盾するものになっている。例えば二〇〇五年八月、新聞に掲載されていた女神ラクシュミーの像の写真を見て、六男KAは「ラクシュミーへの礼拝はインドで一番大切な礼拝だと考えられている。ラクシュミーはお金の女神だから。お金は誰でも欲しいからヒンドゥー教徒だけでなく、仏教徒やイスラーム教徒もラクシュミーへの礼拝をしている。だけど仏教の考え方はこれとは違っていて、そのようなことは信じていない」と筆者に言った。そしてKAは「ばか（*donkey*）」と言って、ラクシュミーの写真を人差し指で叩いた。この吉祥と幸運の女神ラクシュミーへの礼拝（*lakśmī pūjā*）は、特にヒンドゥー教のディーワーリー祭で盛大に行なわれる。三男ＭＡも毎年のディーワーリー祭においてラクシュミーへの礼拝を実施し、この儀礼を通じて自分の家族の繁栄を願っている。ディーワーリー祭はカールッティカ月（太陽暦一〇―一一月）の新月の日であり、二〇〇五年は一一月一日が祝祭の当日であった。午後六時過ぎになると、ＭＡはサーイー・バーバーの祭壇がある部屋の隣の物置部屋にラクシュミーの祭壇を作った。ＭＡは、木製の台の上の中央奥にラクシュミーの像とポスターを設置し、この像を取り囲むように一〇ルピーや二〇ルピー、五〇ルピーの紙幣の束をいくつも積み重ねた。また一ルピーや二ルピー硬貨が台の残りの場所や台のまわりに何百枚も置かれていた。ＭＡが執り行なったラクシュミーへの礼拝の最中、ＫＡは「ラクシュミーが喜んでこの家に来てくれるよ。そうしたら、家にはお金がやってくる。日本に帰ってからもディーワーリーの時には毎年ラクシュミーへの礼拝をしたほうがいいよ」と筆者に言った。

第三項　兄弟を守るためのラーキー

六男ＫＡの家族の間には仏教とヒンドゥー教の関係性について意見の違いがあるが、それではなぜ長女ＪＡや三男ＭＡは、アンベードカルの教えによって否定されていることや五男ＧＡが反対していることを知りながらも、ヒンドゥー教の神や聖者への礼拝を実施しているのか。その理由の一つは、ＫＡの家族が暮らすインドーラー地区の生活環境の厳しさにあり、病気や犯罪が多発する中で姉や兄は自分たちより年下の家族を守る必要があるためである。インドーラー地区には犯罪にかかわる人の数が多いとされ、筆者が知る限り、インドーラー地区だけでも筆者の滞在した二〇〇四年と二〇〇五年の一六カ月間で三人が殺害された。六男ＫＡの家族に目を向けてみても、ＫＡの伯父はＫＡの家の裏側にある広場で殺害され、長男ＳＡはスリで生活費を稼ぎ、四男ＢＡも犯罪に手を染めて一

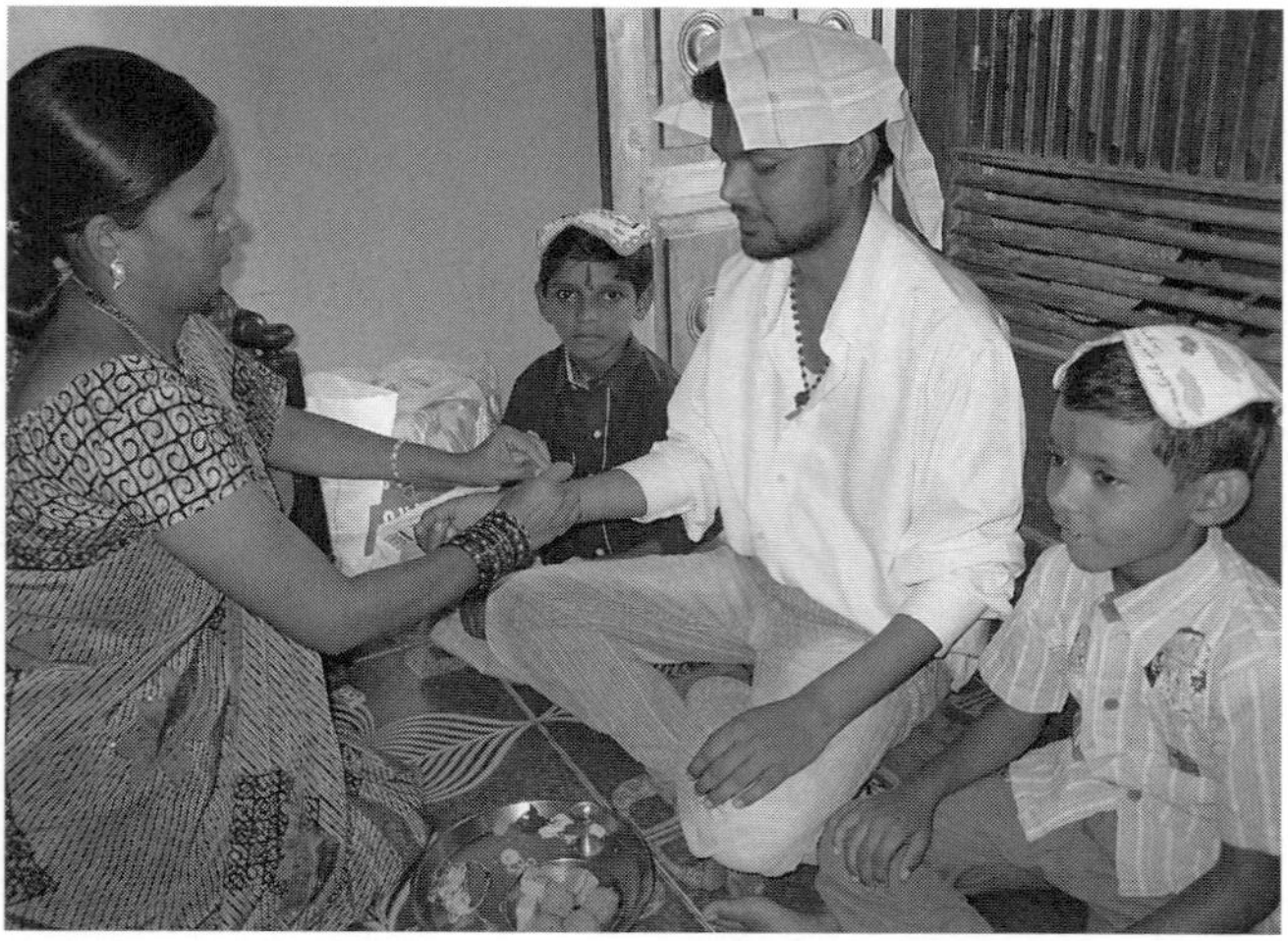

写真17　姉からラーキーを巻かれる仏教徒（2008年８月16日）

九歳の若さで刺殺されている。六男ＫＡの婚約者の兄も死体で発見され、殺されたとも言われる。また後述するが、インドーラー地区で暮らす仏教徒の多くは、何らかのかたちで家族を失った人がほとんどであり、特に父親を病気で亡くしている家の数が圧倒的に多い。ＫＡの父親も一九九七年に病死し、次男ＯＡは二〇歳になる前に心臓発作で亡くなり、ＳＡの妻も三人の子どもを残して二〇〇〇年に病死した。つまり、「半仏教徒・半ヒンドゥー教徒」がサーイー・バーバーやラクシュミーへ礼拝を実施する動機の一つは、家族の安全や健康を願う愛情にある。

このことが明確に示される祝祭の一つとして、ヒンドゥー教の祝祭とされる「ラクシャー・バンダン（*rakṣā bhandhan*）」がある。ラクシャー・バンダンはシュラーヴァナ（*śrāvaṇa*）月（太陽暦七―八月）の満月の日に行なわれ、「ラクシャー」は「保護」、「バンダン」は「結ぶ」を意味する。この祝祭では姉妹が祭壇にラーキー（*rākhī*）と呼ばれる装飾の付けられた紐を置いて礼拝を行なった後、姉妹が兄弟の右手首にラーキーを巻き、兄弟と贈り物を交換する儀礼が行なわれる（写真17）。姉妹が兄弟にラーキーを巻くことで神の力によって兄弟を守り、ラーキーを巻かれた兄弟は姉妹を守ることを誓うものである。このラーキーには二種類あり、一つは血縁関係にある女性（姉妹など）から男性（兄弟など）だけに巻かれるラーキー、もう一つは血縁関係にある男女間だけでなく、幼馴染や友人関係など血縁関係にはない女性から男性にも巻くことができる「デヴ・ラーキー（*dev rākhī*）（神のラーキー）」である（写真18）。つまり、デヴ・ラーキーを巻かれる男性は、「血縁関係にある親族」と「親族でも親しい関係でもない男性」の間に位置する存在であり、言い換えれば、「親族のような存在」である。二〇〇八年は八月一六日がシュラーヴァナの満月の日であり、ラクシャー・バンダンの祝祭が実施された。インドーラー地区の仏教徒の家庭でもラーキーを結ぶ儀礼が行なわれた。事例一は六男KAの親族の家とKAの家、事例二はKAの家のすぐ近くで暮らし、KAの友人である仏教徒VKの家におけるラーキーの儀礼の場面である。(1)

写真18　仏教徒の手首に巻かれたラーキー
（2008年８月16日）

【事例一】

午前一〇時半頃、筆者がKAの親族である仏教徒SJ（専業主婦、四〇代女性）の家に行くと、SJは筆者にラーキーを巻くため、家の奥からステンレスのトレイを二つ持ってきた。一つのトレイの上には赤い粉と米、デヴ・ラーキー、火のついたろうそく、もう一つのトレイにはココナッツとバナナ、お菓子、ハンカチが載せられていた。SJは私の眉間に赤い粉を付け、その上に米を押し付けた後、私の右手首にデヴ・ラーキーを巻いた。次に、SJはココナッツとバナナとハンカチを筆者に渡し、筆者の口にお菓子を押し込んだ。SJは「このラーキーは神のラーキーと言って、とても大切なものなのよ。このラーキーのために神に礼拝をしたのよ」と筆者に言った。［中略］KAの家に戻ると、長女JAが家の奥から四色の粉の入った容器、米、一〇〇ルピー紙幣、ラーキーが置かれたステンレスのトレイを持ってきた。JAはベッドの上に座り、朝から酒を飲んで帰宅した五男GAを起こした。GAがJAの前に座り、JAはGAの眉間に親指で赤い粉を付けた。JAはGAの右手にラーキーを巻いた後、トレイの上にあった一〇〇ルピー紙幣に米を載せてGAに渡した。JAは「(三男) MAには朝の七時半に、MAが仕事に行く前にラーキーを巻いたのよ」と筆者に言った。

【事例二】

午後五時頃、仏教徒VK（マーケティング会社勤務、二〇代男性）の家に行くと、VKの姉URと妹NNが嫁ぎ先である夫の実家から戻ってきていた。URとNNは、VKの家の居間に木製の小さな椅子を三つ並べ、家の奥からラーキーとデヴ・ラーキー、赤い粉、ろうそく、菓子、米を載せたステンレスのトレイとバナナ、ココナッツを載せたトレイを運び出し、ココナッツに赤い紐を巻いた。木製の椅子には、向かって左からVKの甥SM、VK、VKの甥GGの順で並び、URはそれぞれの頭にハンカチを載せた。URはSM、VK、GGの順番で眉間に赤い粉を付けた後、同じ順番で右手首にラーキーを巻いた。VKのラーキーにはプラスチックの装飾が数多く付いていたため、VKが「ダイヤモンドのラーキーだ」と言った。するとNNが「偽物のダイヤモンドだよ」と言ったので、周りにいる親族たちが笑った。URはSMから順々に、火のついたろうそくが置かれたトレイを顔の前で回した。VKが自分の前でトレイが回された際に「ティン、ティキ、ティキ、ティキ」と歌ったため周りの人たちが笑った。URは、同じ順番でそれぞれの口にお菓子を押し込んだ後、バナナとココナッツをそれぞれに渡した。次にURがそれぞれに洋服の上下をプレゼントすると、周りから拍手や歓声があがった。最後にSM、VK、GGが順番に姉URの足を触り、頭を下げた後、URは筆者にデヴ・ラーキーを巻いた。

インドーラー地区では犯罪や病気が身近にあり、これらがもたらす死から家族を守るためには、できるだけ多くの神の力が求められている。三男MAはラクシュミーやサーイー・バーバーへ礼拝を行なうことで、自分の姉妹や兄弟から困難を取り除こうとする。他方、長女JAは自分の弟であるMAとGAにラーキーを巻き、兄弟を神の力によって守ろうとしている。このことは、自分の弟VKと二人の甥にラーキーを巻いたURについても同様である。また、SJとURが筆者にデヴ・ラーキーを巻いたことから、二人が筆者を「親族のような存在」とみなしていることを理解できる。六男KAの家族、特にJAとGA、MAとGAの間には仏教とヒンドゥー教の関係性について意見の対立が存在し、緊張をもたらしている。しかし、JAとMAは、アンベードカルの教えを順守してGAとの意見の食い違いを解消することよりも、ラーキーを巻くことやサーイー・バーバーに礼拝することを通じて五男GAをはじめとする家族を守ることを選択している。

第二節　地域の繋がりとマールバト供養

第一項　インドーラー地区ラインAの仲間グループ

インドーラー地区内の最も大きな道は、インドーラー仏教寺院の前のものであり、インドーラー地区の中央を東西に走っている。この道に南北に走る十数本の道が交わっている。つまり、南北に走る道は、東西に通る道によって中央で二つに分断されている（口絵6）。この中央から地区の南端までの道もしくは中央から地区の北端までの道を一つのラインとして、それぞれのラインとその周辺で暮らしている同世代の仏教徒男性たちは、子どもの頃から日々の生活を一緒に過ごしてきた。彼らは、儀礼や祝祭において協力するだけでなく、喧嘩や賭けクリケットの試合などでも助け合う仲間であることが多い。二〇〇八年八月の時点で、六男KAの兄弟のうち、五男GA、六男KA、七男AAが二〇歳前後から二五歳前後の青年によって構成される同じ仲間グループに所属している。このインドーラー地区ラインAの仲間グループのメンバーは、三人の他に青年AJ、青年VJ、青年VK、青年SV、青年MT、青年HL、青年RNがおり、筆者を含めると合計一一名程度である(2)。

青年AJは、この仲間グループのリーダー的存在である。仲間グループの中でクリケットが最もうまく、賭けクリケットの試合では最も信頼されるボウラー（投手）である。AJは大学には行っていないが、政府の試験に合格して月給八〇〇〇ルピー前後の政府の技術者の仕事に就いた（仲間の間ではカンニングしたから合格できたと言われている）。しかしAJは、仕事場が遠いことを理由として休むことが多い。AJは、この仲間グループの中では青年HLとともに自分用のバイクを持っている。AJの父親は二〇〇三年頃に亡くなっており、母親と三人の姉妹、一人の弟と暮らしている。この弟が青年ＶＪである。ＶＪはＫＡと同じ専門学校に通い、就職試験を受けたが、合格できなかった。その後、青年ＭＴと同じ大理石会社で仕事に就いたが、社長と喧嘩をして無職になった。

青年ＶＫは深夜の学校警備の仕事をしていたが、母親の友人がマーケティング会社を始めた時に助手の仕事（月給三〇〇〇ルピー前後）に就いた。ＶＫは英語で教育を受けているため、流暢ではないが英語を話すことが好きであり、ＡＪとともに祝祭や儀礼などでリーダー的な役割を果たしている。父方の祖父母、両親、父方の叔父夫婦とその息子二人、父方の叔母、父方の叔父の合計一一名で暮らしている。繊維工場で働いているＶＫの父親は、覚醒剤や大麻を常習している。

青年ＳＶはバスケットボールが得意であり、ナーグプル県代表としてマハーラーシュトラ州大会などに出場した経験がある。手紙や荷物を配達する仕事（月給一〇〇〇ルピー程度）をしており、時々郵便物から金銭を抜き取り、仲間グループに酒をおごることがある。またＶＫは、インドーラー地区の他の家に窃盗に入った際、その家の住人に見つかったため、しばらくの間ナーグプル市外の親戚の家に隠れていたこともある。両親と兄、兄の妻と娘の六人で暮らしている。

青年ＭＴはペンキ塗りや建設作業員のアルバイト（日給八〇ルピー程度）として働いた後、大理石会社に就職した。ＭＴの日給は一〇〇ルピーであるが、毎日の仕事の後にインドーラー地区にある飲み屋で七〇ルピーの焼酎を飲むため、手元には三〇ルピーしか残らない。両親が高齢で働いていないこともあり、この仲間グループの中では経済的には最も厳しい状況にある。ＭＴは料理が得意であり、この仲間グループで祝祭を行なう際、ＭＴが料理を作ることも多い。レンガの壁と土の床でできた家に両親と兄夫婦と暮らしている。

ナーグプル市内の優秀なエンジニアの大学へ通う青年ＨＬは、仲間の中で最も勉強ができ、英語も流暢に話すことができる。青年ＨＬは、同じ大学の友人とも親しく付き合っており、これらの友人たちも英語が上手である。ＨＬの大学の友人たちには、中東などの海外で働いている親族がおり、それぞれが自分のバイクを持っているなど裕福である。ＨＬも将来はアメリカなどの国外で働く夢を持っている。またＨＬは、二〇〇八年頃にインターネット詐欺を行ない、警察に逮捕された経験がある。ＨＬの父親は死去しており、母親、父方の叔父夫婦とその娘二人と暮らしている。

青年ＲＮはこの青年グループの中で最年少であり、いつもふざけている。ＲＮはジムで鍛えあげられた体を自慢にしており、仲間グループの中で最も喧嘩好きである。また、ＲＮは勉強熱心であり、大学での授業の後、毎日午後六時から塾に通って会計の勉強を続けている。ＲＮ自身は英語を話すことができないが、二〇〇八年にＨＬやＨＬの大学の友人たちと自分たちの会社を立ち上げ、ナーグプル市内の大学生を雇ってアメリカの病院での診察の音声記録を文字化する会社の下請けを始めた。父親は死去しており、母親と弟と暮らしている。

第二項　日中のマールバト、夜中のマールバト

マハーラーシュトラ州ではシュラーヴァナ月の最終日とバードラパダ月の初日の二日間に「耕牛の祭」（*polā*）が実施され、一日目は大ポーラー（*barā polā*）、二日目は小ポーラー（*choṭā polā*）と呼ばれる。耕牛の祭の間、農村地域で暮らす人たちは農作業で用いる耕牛を洗い、牛の体に色をつけ、牛の角を飾り、牛の競争などを行なう。この耕牛の祭は新たな農期が始まる前に実施され、農作業に従事する耕牛に祝福を与え、豊作を祈ることを目的とする。ナーグプル市では、この耕牛の祭において「マールバト（*mārbat*）供犠」が行なわれるが、市内で日中に行なわれるマールバト供犠と、夜中に行なわれるマールバト供犠ではその様子が大きく違っている。

日中のマールバトに目を向けてみると、ナーグプル市内では耕牛の祭の数日前から、街角の祠の中に五メートル程度の「黄色のマールバト（*pilī mārbat*）」と「黒色のマールバト（*kālī mārbat*）」と呼ばれる女性の像が設置され、人々が参拝している。この二つのマールバトは、小ポーラーの日に「バルギャー（*bargyā*）」と呼ばれる男性の像と街中を練り歩く。黄色いマールバトは美しいサリーと装飾品を身に着け、きれいな化粧をして首に花輪をかけている（写真19）。男性も女性もマールバトの足元に花や金銭を置き、マールバトを触り、その手で自分の体に触れた後、手を合わせて祈りを捧げ、白い飴などの供物を受け取ってから立ち去る。例えば、二〇一四年八月二六日に行なわれたマールバト供犠では、黄色のマールバトの足の上に何着ものサリーが捧げられ、ヒンドゥー教の叙事詩『マハーバーラタ』の一場面の絵が取り付けられていた。ここに描かれていたのは、パーンダヴァの王子たちの妻であるドラウパディーをめぐって、パーンダヴァの王子たちとカウラヴァの王子の間で行なわれた賭け事の話である[3]。これに対し、黒色のマールバトは目が大きく突出し、口からギザギザの歯と舌を出している。黒色のマールバトの胸はサリーの外に露出し、乳首からは母乳（白い紙のテープ）が出ており、いくつもの悪人の頭部が連なった首輪をしている。黄色のマールバトと異なり、黒色のマールバトの参拝者は子どもを連れた親の数が多い。花や金銭を捧げて

写真19　黄色のマールバト（2014年８月26日）

手を合わせることに加え、親が子どもを持ち上げ、母乳が出ているマールバトの胸に子どもを乗せている。この行為は、ヒンドゥー教の神クリシュナが子どもだった時、黒色のマールバトが毒の入った母乳を飲ませて殺そうとしたが、クリシュナが母乳をすべて飲んだため、逆に黒色のマールバトが死んでしまったという神話に由来する。

一方、ナーグプル市の若い男性たちによって夜中に実施されるマールバト供犠の様子は、日中のものと大きく異なっている（根本　二〇一二）。青年たちは大ポーラーから小ポーラーに切り替わる深夜零時からマールバトの制作を始め、明け方にはマールバト供犠は終わりを迎える。ラインAの仏教徒青年たちも二〇〇八年までに七、八回程度、耕牛の祭の深夜にマールバト供犠を行なってきた（口絵7）。以下は、ラインAの仲間グループによる二〇〇五年のマールバト供犠である。二〇〇五年は九月三日が大ポーラー、四日が小ポーラーであった。事例三はマールバトの制作プロセス、事例四はマールバトの行進の様子である(4)。

【事例三】

大ポーラーの夜、同じ仲間グループの仏教徒青年たちは、ＡＪの家の前に集まってトランプを始めた。青年たちは午前零時を過ぎて小ポーラーになっても、酒を飲みながらトランプを続けていた。筆者が「ＶＫたちはどこに行ったんだ」と聞くと、ＡＪは「ＶＫたちは盗みに行ったよ。明日食べる鶏も何日か前に隣の道からＲＮたちが盗んできた」と答えた。［中略］午前一時近くになると、ＶＪは、家の横の細い道に隠してあった十数本の竹の棒を引っ張り出してきた。ＶＫは「これは他の人の家の柵とかから引き抜いて盗んできた。マールバトを作るためのものは二五ルピーで買った藁以外はすべて盗んできたものだよ。藁は体を作るための材料にする」と筆者に言った。［中略］午前二時頃になると、青年たちは「盗みに出かけてくる」と言って四、五人で

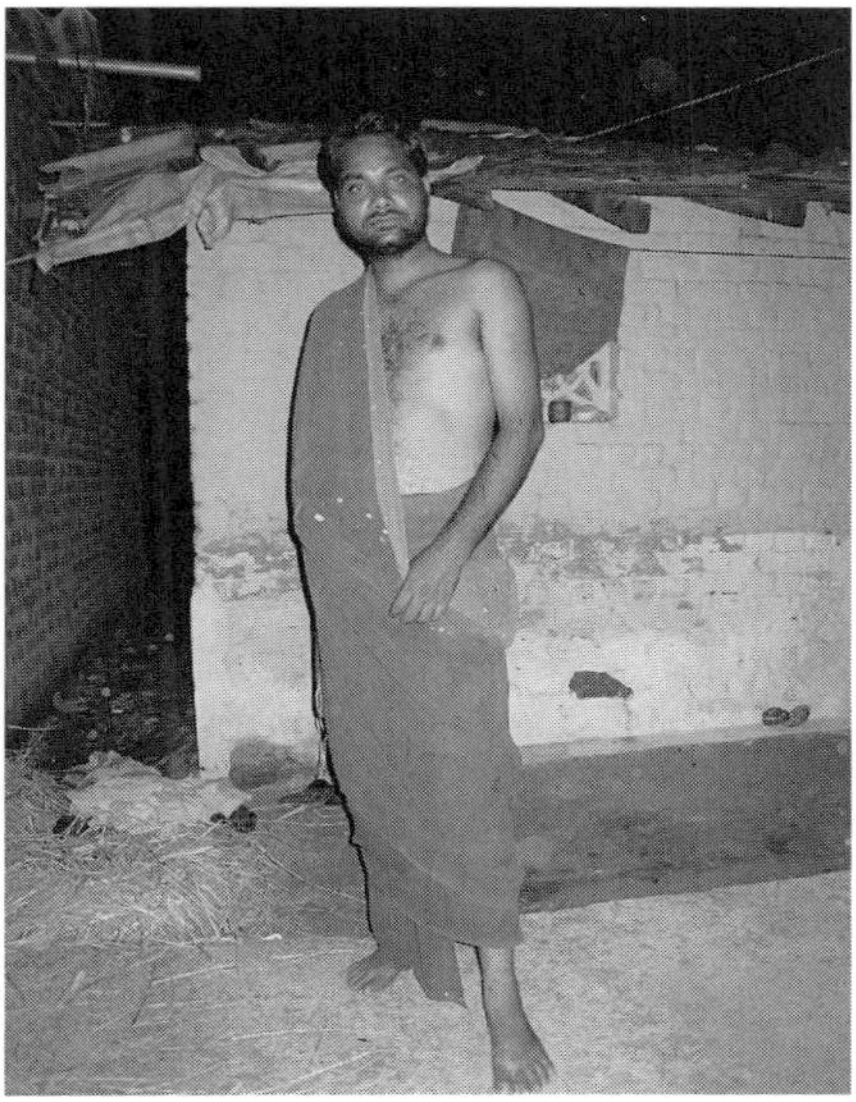

写真20　盗んできたサリーで女装する仏教徒青年（2008年８月31日）

連れ立って行った。しばらくすると青年たちは二着のサリーを手に持ち、暗闇の中から笑いながら走って戻ってきた。またすぐに青年たちは盗みに出かけ、今度はサリー一着とブラウス一着を持ち帰ってきた。盗んできたサリーとブラウスは藁の下にすぐに隠された（二〇〇八年のマールバト供犠では青年の一人が盗んできたサリーを着て女装した）（写真20）。ＲＮはポケットからコンドームを取り出して膨らませ、その膨らんだコンドームを他の青年たちの顔に押し付けたりして笑っていた。ＲＮが自分の股間に膨らんだコンドームをつけて、酔っ払って藁の上で寝ているＳＶの顔に押し付けると、みんなが大声で笑った。［中略］午前三時頃、青年たちは竹と紐でマールバトの骨格を作り上げ、その骨格になった竹と竹の間に藁を詰めていった。次に青年たちは、ヤマハのショールームから盗んできた布でマールバトの胴体部分を覆い、丸めた藁を布の余った部分で包み、マールバトの胴体に胸として結び付けた。ＶＪはその胸をもみながら「あああ」と卑猥な声を出した。その後、青年たちは、盗んできた緑とベージュのサリーを二メートルほどあるマールバトの胴体に巻きつけた。［中略］午前四時半過ぎ、ＲＮが自分の顔をマールバトの股間につけて「あああ」と卑猥な声をあげた。カレンダーの裏面に描いたマールバトの顔が胴体にくくりつけられ、マールバトが完成すると、ＶＪがマールバトの上に覆いかぶさり、性行為をする真似をした。青年たちは灯油を運ぶための三輪車にマールバトを載せ、マールバトの高さは二メートル以上になった。

【事例四】

午前五時半、マールバトを制作した仏教徒青年たちは、周りで寝ていた他のメンバーを起こした。マールバト制作に参加しなかった他の青年たちも姿を現し始めた。ラインA沿いにある家々に住む人たちも目を覚まし、女性や子どもも家々のドアから顔をのぞかせて笑っていた。あたりはまだ暗闇で小雨が降っていた。青年たちは余った竹を手に取り、ドラム缶をカンカンと叩いて大きな音をさせながら、「マールバトが寝ている、バルギャーがやっている！」と叫んだ。同じ頃には、近隣からもマールバト供犠の掛け声があがっているのが聞こえ始めた。ドラム缶が叩かれる音、卑猥な掛け声、そして笑い声とともにマールバトが進み始めた。行進に参加したのは、青年一〇名程度と少年たち六、七名であった。インドーラー仏教寺院から五時五〇分に始まる朝の勤行の経が響き始め、あたりが少しずつ明るくなってきた。青年たちはマールバトを引きながらインドーラー仏教寺院の前の道を通ることになったが、六男KAが「仏教寺院があるから他の道を通ろう」と言ったために、わざわざ遠回りをして別の道を進んだ。［中略］バルギャーを掲げる他のグループが掛け声をあげながら進んできた（二〇〇八年のマールバト供犠で他のラインの青年たちが制作したバルギャーの性器は、勃起したかたちに作られていた）。交差点でそのグループとぶつかると、ラインAの青年たちは竹で相手のバルギャーを叩いて笑い声をあげた。すると他のグループの青年たちは、笑いながら彼らのバルギャーをラインAのマールバトに重ね合わせて、性行為の真似をして揺り動かした。RNやVJも笑い声をあげたが、すぐにバルギャーをマールバトの上から引きずり下ろして地面に叩きつけた。他の仲間グループの青年たちは怒ったり、驚いたような顔をしたりしていた。青年たちが庭先で朝の家事を行なう女性たちに卑猥な掛け声をかけると、彼女たちは何かを言い返した。〔中略〕午前六時一五分頃、青年たちはインドーラー交差点で三輪車を止め、声をあげながら手に持った竹の棒でマールバトを激しく叩き始めた。棒で叩かれ続けたマールバトは、次第に三輪車の上からずり落ちていき、最後は青年たちの手で引きずり下ろされた。ＫＡが隣で燃えていた別のマールバトの炎から自分たちのマールバトに火を移すと、マールバトは燃え始め、クリーム色の煙が灰色の空の中へもくもくと上がった。インドーラー交差点では、いくつものグループのマールバトとバルギャーが燃やされ、数十人がその炎を囲んでいた。

日中のナーグプル市内での黄色と黒色のマールバトの儀礼は、男性に限らず、女性や子どもも誰でも参加することができる。また、黄色のマールバトにはヒンドゥー教の『マハーバーラタ』にある有名な一場面の絵が巻かれていたり、ヒンドゥー教の神クリシュナの幼少期の逸話から黒色のマールバトが説明されていたりするなど、ヒンドゥー教の神話から意味が与えられている。一方で、ラインＡの青年たちによると、マールバト供犠は仏教やヒンドゥー教にかかわりがなく、どの宗教に属するものでもない。マールバトは「悪い女」もしくは「浮気の象徴」であり、バルギャーはマールバトの「浮気相手」である。青年たちの供犠には、コンドームや擬似的な性行為、卑猥な掛け声、勃起した男性器など、性的なものが数多く登場している。また青年たちは、大ポーラーから小ポーラーに切り替わる深夜零時頃、言い換えれば、シュラーヴァナ月とバードラパダ月の間にマールバトの制作を開始する。黄色のマールバトと黒色のマールバトの場合と異なり、夜中のマールバト供犠に女性や子どもの姿はなく、若い男性のみが参加できる。

第三項　隣人に豊穣をもたらすマールバトの供犠

「半仏教徒・半ヒンドゥー教徒」と呼ばれる仏教徒青年たちがマールバト供犠を行なう理由の一つは、マールバトを通じて創造的な力を受け取り、自分たちの生活にある困難な問題を取り除きたいからである。例えば、二〇〇六年に結婚した筆者は、二〇〇八年のマールバト供犠の時点で子どもがいなかった。そのため青年たちは、マールバトの腹に触れることで子どもを授かることができると筆者に教えてくれた（実際に筆者には二〇一三年に息子ができ、青年たちはとても喜んでくれた）（写真21）。同じ二〇〇八年のマールバト供犠における掛け声に耳を傾けると、VKは卑猥な言葉に加え、「肝炎、黄疸、マラリアを持って行け、マールバト！」と叫び、VJは病院の前を通った時に「貧しい人からたくさん金を取る医者を持って行け、マールバト！」と大声を出した。MTは「計画停電をする政府を持って行け、マールバト！」と叫んだ。二〇〇八年の前半、ナーグプル市の仏教徒たちは、政府から供給される飲料水の質が悪いことや、電力不足のために毎日数時間にわたって停電することに悩まされていた。特にインドーラー地区では、飲料水の質が悪いことを主な原因として多くの仏教徒が肝炎や黄疸に苦しんでおり、六男KAの家だけでもGAが黄疸となり、KAは黄疸とマラリアにかかった。一週間入院したKAは、退院後も一カ月ほど仕事に行くことができず、治療費として一万ルピーを支払うことになった。また電気が毎日八時間程度止まったため、仏教徒が家族で経営していた雑貨店はジュースを冷やすことができなくなった。商品のアイスクリームもすべて溶けてしまい、最終的には店を閉めることになった。

青年たちによる深夜のマールバト供犠の一つ目の特徴は、マールバトが「両義的で、危険であると同時に潜在的な大いなる力を秘めている」存在であるため、「その力が悪い方向に導かれないように適切な対応が求められる」（関根　一九九五：一二二）点にある（cf.　ターナー　一九九六、山口　一九七五）。マールバトが「浮気の象徴」であることは、彼女が人間（文化秩序）である一方、浮気という過剰な性行動（自然の豊饒性）を行なう両義的存在であることを意味する。例えば、二〇〇五年のマールバト供犠で青年の仲間グループと一緒に行進をした少年ＡＧ（学生、一〇代男性）は、「マールバトは悪いものではなくて良いものだ。悪いことを連れて行ってくれる。悩みとか頭の中の問題を持って行ってくれる」と筆者に説明した。一方、マールバトは危険な存在であるため、自分たちのものではなく外から盗んできたもので制作されなければならない。二〇〇八年のマールバト供犠の際、ＶＫは「マールバトは汚くて良くないものだから、家のもので作ることはできないよ。だから買ってくるか盗んでくるかしなくてはいけない」と言った。これを聞いたＭＴは「だから藁は買ってきて、木材とサリーは盗むんだ」と筆者に説明した。

写真21　マールバトの腹に触れる筆者（2008年８月31日　撮影：根本由香理）

深夜に行なわれるマールバト供犠の二つ目の特徴は、参加者が無秩序な行動を取りながら境界状況で儀礼を実施する点にある。まずラインＡの青年たちは、耕牛の祭で食べる鶏肉、マールバトを制作するための竹やサリーを近隣から盗んでくる。自分たちでお金を出したのは、二五ルピーで買った藁だけである。マールバトを作る前に青年たちは酒を飲み、トランプで賭け事を行ない、コンドームで遊び、盗んできたサリーで女装する。これに加え、完成したマールバトと擬似的な性行為をするなど、青年たちは「範疇化を台無しにする変則性や場違い」(関根　一九九五：一一五)な行動を取っている。またマールバト供犠は、大ポーラーから小ポーラーに切り替わる深夜零時頃、つまり、シュラーヴァナ月とバードラパダ月の境界から開始される。完成したマールバトは街中を連れ回された後、夜と朝が入れ替わる薄明かりの中、地区の境界である交差点で燃やされる。これで儀礼が終わりとなる。このように青年たちは、マールバト供犠において境界状況を設定し、「他界性(他界的な力の突出)」(関根　一九九五：一一五)が発生するような状況を創り出している。

この二つの特徴を踏まえると、「聖なる世界と世俗の世界の間の伝達を確立する」ための媒介であるマールバトは、「聖なる状態の獲得と罪の状態の除去という二つの相反する目的」を果たすものであると考えられる(モース／ユベール　一九八三：六五、一〇四)。言い換えれば、マールバト供犠の中に、創造的な力を引き出そうとする「聖の創造」と、両義的な力の危うさを排除することによって安定を求める「聖の維持」という二つの「循環的変化」(関根　一九九五：一二六)を見出すことができる。まず青年たちは、境界状況においてマールバトを制作し、危険であると同時に潜在的な力を有する両義的なマールバトを連れ回す。ここで青年たちは、マールバトを通じて外の世界から創造的な力を引き出し、マラリアや黄疸といった病気に苦しんでいる人々に生命力をもたらしている。青年たちが創造的な力を求めていることは、豊作を祈る耕牛の祭の期間にマールバト供犠が行なわれていることからも理解できる。次に青年たちは、この両義的・境界的なマールバトを不浄な存在として燃やし、人間の世界から排除することで、人々の生活から両義的な力の危険性を取り除いている。これによりマールバトを通じて獲得した豊穣性が維持されることになる。聖の創造と罪の除去(もしくは聖の維持)は、「相互に排除し合う相対立するもの」ではなく、「宗教的現実の二つの側面」であり、「宗教的な力はその力強さ、重要性、尊厳性によって特徴づけられる」（モース／ユベール　一九八三：六七）。

第三節　困難な環境に存在する二つの対面関係の網の目

仏教徒たちが「父なる指導者」と呼ぶアンベードカルの「二十二の誓い」に従えば、仏教徒はヒンドゥー教の神や儀礼を破棄しなければならない。この教えを支持する活動家たちによると、ラクシャー・バンダンはヒンドゥー教の祝祭であり、仏教徒が実施すべきものではない。女神ラクシュミーへの礼拝などと同様、もし仏教徒がラクシャー・バンダンを行なえば、活動家たちは、これらの仏教徒を「半仏教徒・半ヒンドゥー教徒」という蔑称で呼ぶことになる。以下はラクシャー・バンダンについての活動家による説明である。

ラクシャー・バンダンはヒンドゥー教の神クリシュナの祝祭であり、右手に紐を巻くのはクリシュナの神話に由来している。クリシュナは、自分が性的な関係を持った女性たちを、そのようなことをした後にもかかわらず自分の姉妹であると言った。そういう話が『マハーバーラタ』などの話に詳しく出ているはずだ。仏教徒たちは、ラクシャー・バンダンがそういう話に由来しているのを知らない。だから私は、ラクシャー・バンダンという伝統がそのような汚い話からきていることを他の仏教徒たちに伝えて、こういった伝統をやめるように言っている。私の話を聞いた仏教徒たちは、手首にラーキーを巻いたりすることをやめた（活動家SG、大学教員、二〇代男性、二〇〇四年九月一七日）。

仏教に改宗した人々もラーキーを祝っているが、自分は三、四年前からラーキーを巻いていない。私がラーキーを巻かないことを姉妹に伝えた時、彼女たちは不安になり、「私たちはヒンドゥー教と仏教の二つに従って生きているのだから、ラーキーを巻いても良いのではないか」と言った。私は、ラーキーを巻くことがお金の無駄であり、意味はないと伝えた。すると彼女たちは、私が仏教の伝統を強く信仰していることを認めて納得した。人々が仏教の文化に従って生きるように影響を与えることは良いことだと思う。ヒンドゥー教の祝祭をやめたことで仏教徒は経済的に豊かになった。過去五〇年間で仏教徒の経済状況は大きく改善したけれど、仏教を受け入れなかった人たちは依然として貧しい生活を送っている（活動家NB、大学教員、二〇代男性、二〇〇八年八月二三日）。

仏教徒組織AIMの活動家であるSGとNBは、ラクシャー・バンダンがヒンドゥー教の儀礼であるとし、自分の家族を含む他の仏教徒たちにラクシャー・バンダンの儀礼をやめるように働きかけてきた。例えば、二〇〇八年は八月一六日がラクシャー・バンダンであったが、その数日後に筆者がNBの家を訪れた際、NBだけでなく、彼の兄や兄の息子の右手にもラーキーが巻かれていなかった。同様に、アンベードカルを支持する活動家たちは、日中に行なうものにせよ、深夜に行なうものにせよ、マールバト供犠をヒンドゥー教の儀礼であるとみなしており、仏教徒がマールバト供犠を行なうことはアンベードカルを裏切るものと考えている。

KAの家族やラインAの仲間グループが暮らすインドーラー地区では、病気や犯罪で命を失ったり、肝炎やマラリアなどに苦しんだりしている人が数多くいる（実際に筆者も二年間の滞在の中で、食べ物や水の衛生状態が悪いことが原因で何度も高熱や下痢に苦しみ、KAの家族や他の友人に病院に連れて行ってもらうなどした）。また、特に父親を病気で亡くしている家の数が多いことは、残された家族の経済状況をさらに厳しいものにしている。例えば、筆者を除くラインAの仲間グループ一〇名は二〇一六年時点で二〇代後半から三〇代半ばであるが、このうち父親が生きているメンバーは、青年SVのみである。アンベードカルの「二十二の誓い」でヒンドゥー教の儀礼が禁じられていることを理解しながらも、インドーラー地区の仏教徒たちがヒンドゥー教の神や聖者への礼拝、ラクシャー・バンダン、マールバト供犠を行なう動機の一つは、このような生活環境で生きる中で家族や地域の仲間の安全や健康を願う愛情にある。仏教徒男性がヒンドゥー教の神や聖者への礼拝を通じて、自分の姉や妹に神の力による繁栄をもたらしている一方、仏教徒女性はラクシャー・バンダンにおいてラーキーの紐を巻き、神の力によって兄弟を守ろうとしている。このような日常的で双方向的な交流（または交換）を通じて姉と弟、兄と妹、叔母と甥といった関係が確認・強化されている。言い換えれば、これらの儀礼を通じて姉／弟の弟、兄／妹の兄、姉／弟の姉、兄／妹の妹など、それぞれは相手との交渉（交換）を通じて構築される関係性による同一性を手にし、水平的に拡張する対面関係の網の目の中に位置を占めることができる。

これに加え、「親族のような存在」同士による対面関係の網の目も形成される。ラインAで暮らす仏教徒の中で、耕牛の祭にマールバト供犠を行なうのは、一〇代後半から二〇代半ばの男性である。これらの青年たちは供犠を通じて創造的な力を導き出し、親族をはじめとする同じ地域でともに暮らす人々に分け与えている。これにより同じラインAで暮らす人々は、自分たちの生活から病気などの困難を取り除くことができる。青年たちより年上の人々は、青年たちを自分たちの「弟のような存在」と位置付け、青年たちより年下の人々は、青年たちを自分の「兄のような存在」と確認することになる。他方、仏教徒女性たちはラクシャー・バンダンの儀礼において、血縁関係にある親族男性だけではなく、血縁関係にはない仏教徒男性にデヴ・ラーキーを巻いている。このデヴ・ラーキーを通じて、同じ地域で生活する「姉と弟のような関係」や「兄と妹のような関係」という繋がりが確認・強化されている（cf. Mayer 1960）。例えば、筆者は調査期間二年間のうちの後半の一六カ月間、インドーラー地区の六男KAの家の近隣で暮らしている仏教徒たちの家々で食事や軽食を食べ、紅茶を飲み、会話を交わし、仏教儀礼やヒンドゥー教の儀礼に参加するなど、同じ場所で日々の生活を過ごした。これにより筆者は、他の仏教徒たちから「親族のような存在」として認識されるようになった。前述したように、SJとURなどの女性たちは、血縁関係にはないが親しい関係にある筆者にデヴ・ラーキーを巻き、神の力によって筆者を保護している。ここでは「姉のような存在／弟のような存在」の「弟のような存在」、「兄のような存在／妹のような存在」の「兄のような存在」といった関係性による同一性が構築され、「親族のような存在」同士として繋がり合う対面関係の網の目が形成されている。

このように関係性による同一性の論理に依拠した対面関係の網の目は、インドーラー地区の仏教徒の間では少なくとも家族レベルと地域レベルの二つが存在している点が理解できる。仏教徒男性によるサーイー・バーバーへの礼拝は家族レベルのものであり、青年たちのマールバト供犠は地域レベルのものである。同様に、仏教徒女性によるラーキーは家族レベルのものであり、デヴ・ラーキーは地域レベルのものである。例えば、六男KAが位置付けられている対面関係の網の目について考えてみると、KAはサーイー・バーバーへの礼拝やラーキーによって、三男MAや長女JAと家族レベルでの対面関係の網の目で繋がると同時に、マールバト供犠やデヴ・ラーキーによって、青年VKやVKの姉妹といった隣人との間で地域レベルの対面関係の網の目を構築している。以上のように活動家から「半仏教徒・半ヒンドゥー教徒」と呼ばれる仏教徒たちは、ヒンドゥー教の祝祭や儀礼がアンベードカルの教えに反することを知りつつも、家族や近隣の人々に安全や豊かさをもたらしたいという愛情を動機としてヒンドゥー教の祝祭や儀礼を実施し、対面関係の網の目を確認・強化している。そして後述するように、アンベードカルの教えを絶対視することで「過激派」と呼ばれる活動家でさえも、実際には家族や隣人と繋がる対面関係の網の目に絡め取られている。

註

（1）筆者はインドーラー地区において二〇〇四年八月三〇日、二〇〇八年八月一六日、二〇一五年八月二九日のラクシャー・バンダンに参加した。

（2）ラインAの青年たちと筆者は、友人関係にあるだけではなく、親族のような関係にもあった。このことが明確に示されたのは、二〇〇八年八月に筆者が妻をナーグプル市に連れて行った際、青年たちが筆者の妻を「兄の妻」を意味する「バービー（*bhābhī*）」と呼んだ時であった。つまり、青年たちは、筆者を兄弟関係からも意味付けていたことになる。

（3）『マハーバーラタ』は、『ラーマヤーナ』と並んで、インド古典の二大叙事詩とされる。上村によると、『マハーバーラタ』の成立年代は定かでなく、紀元前四世紀頃から紀元後四世紀頃までの間に徐々に現在のかたちを整えていった（上村　二〇〇二a：一二）。黄色のマールバトに付けられていた場面は、この『マハーバーラタ』第二巻の第四三章から第六五章（「賭博」）にある。この神話によると、パーンダヴァの五人の王子が敵対するカウラヴァの王子たちに賭けで負けたことを理由として、パーンダヴァの王子たちの妻であるドラウパディーの服が脱がされそうになった。しかし、いくらドラウパディーから服をはぎ取っても次々に別の服が現れたため、カウラヴァの王子たちはドラウパディーを裸にすることができなかった（上村　二〇〇二b：三五一―四二九）。

（4）筆者はインドーラー地区において、二〇〇五年と二〇〇八年のマールバト供犠に参加した。二〇〇八年は八月三一日が大ポーラー、九月一日が小ポーラーであった。

第六章　「団結か、愛情か」という二者択一の問い

第三章では活動家、第四章では仏教僧と在家信者、第五章では「半仏教徒・半ヒンドゥー教徒」に焦点を合わせ、ナーグプル市の仏教徒それぞれの視点と実践を取り上げてきた。続いて本章では、アンベードカルの教えを絶対視する活動家（「過激派」）と、アンベードカルの教えに従いながら反している「半仏教徒・半ヒンドゥー教徒」や「改宗キリスト教徒」が交渉する場面に目を向ける。特に、ヒンドゥー教の神々の像を回収・焼却する取り組みや再改宗の働きかけ、紐切りの活動など、アンベードカルの教えに基づく反差別運動が推進される中、それぞれが困難に直面していることを明らかにする。

第一に、「半仏教徒・半ヒンドゥー教徒」の家からヒンドゥー教の神々の像を回収・焼却する取り組みと、「改宗キリスト教徒」を仏教に再改宗させる活動に着目する。これらの取り組みでは、病気や悩みを取り除く超自然的な力への期待が、アンベードカルの教えに基づく差別に抗する団結によって否定されている。第二に、改宗記念祭の期間中に行なわれるヒンドゥー教の聖紐や仏教の守護紐を切り取る活動と、「嘘つき行者」と呼ばれる紐の人形の葬式に目を向ける。そこでは家族や隣人と繋がる対面関係の網の目と、差別の記憶の連鎖によって繋がる反差別の団結が対立し、「半仏教徒・半ヒンドゥー教徒」と「過激派」の双方にジレンマをもたらしている。第三に、差別

の連鎖によって結びつく排他的な仏教徒共同体が、愛情の連鎖で繋がり合う対面関係の網の目を断ち切っている点を論じる。そこでは、活動家が自己尊厳を獲得するために、病気や貧困によって困難な状況にある人々が「他者」として排除され、「被差別者の中の被差別者」が創り出されている。

第一節　他宗教の神の焼却と再改宗の取り組み

第一項　ヒンドゥー教の神々の回収と焼却

アンベードカライトを自称する活動家たちは、ブッダとアンベードカルの像だけでなく、ヒンドゥー教の神々や聖者の像を祭壇に置いている仏教徒たちを「半仏教徒・半ヒンドゥー教徒」という蔑称で呼び、隠された祭壇からヒンドゥー教の神、女神、聖者の像やポスターを回収し、焼却する活動を行なっている。ナーグプル市の仏教徒の多くが「半仏教徒・半ヒンドゥー教徒」の存在を認識しており、その中でも活動家たちは「半仏教徒・半ヒンドゥー教徒」を仏教徒社会の最も重要な問題の一つと考えている。実際に筆者が仏教徒の集会や寺院での勤行の後、「ナーグプル市の仏教徒たちにとって最も大きな問題は何か」と参加者に尋ねると、ほとんどの場合、「仏教徒たちの中に依然としてヒンドゥー教の神々を崇拝している人々がいること」との答えが最初に返ってきた。このことは、一九五六年以降アンベードカルの「二十二の誓い」が仏教徒の間に深く浸透してきたことも意味している。

「半仏教徒・半ヒンドゥー教徒」たちは、ブッダやアンベードカルの像を居間に置いている一方、ヒンドゥー教の神々や聖者の像を家の奥の部屋に隠していることが多いため、他の仏教徒が居間を見ただけでは「半仏教徒・半ヒンドゥー教徒」であるかは分からない。そのため活動家たちは、仏教徒の家の奥に直接入っていく必要が出てくる。活動家たちは次のように語っている。

仏教だけでなく、ヒンドゥー教の神々にも祈っている人々には、恐れがある。ヒンドゥー教の神を取り除くことによって、何か悪いことが起きるのではないかと。そのような人々は家族の幸せを考えており、ヒンドゥー教の神を捨てることで子どもや家族が苦しむのではないかと思っている。［中略］「半仏教徒・半ヒンドゥー教徒」はヒンドゥー教の神を家の中に隠している。私が仏教徒の家を訪れた時、その家の人が布をかけて何かを隠した。私がその布を取るとヒンドゥー教の神が置かれていた。私は彼女と話し、それから彼女は完全に仏教徒になった。そういった一般の人々には、分かりやすい言葉や物語を通してブッダの教えを伝えている。［中略］仏教徒にとってヒンドゥー教は非常に危険なものであり、ヒンドゥー教のために仏教徒の状況は良くないものになっている。私の考えでは「半仏教徒・半ヒンドゥー教徒」は、ヒンドゥー教徒だ。以前、守護紐儀礼のために仏教徒の家を訪れた時、台所のガスボンベの近くでランプの火が燃えており、火が何かに燃え移っていた。私は驚いて「火事だ！　火事だ！」と叫んだ。実はその仏教徒はヒンドゥー教の神に火を捧げており、その火が他のものに燃え移ったのだった。その時に燃えていたものは、バーバーサーヘブ（アンベードカル）の肖像画だった。鉄でできたヒンドゥー教の神は燃えていなかった。私はとても悲しくなり、その家族から食べ物を供養してもらうことをやめた（尼僧A、七〇代女性、二〇〇四年五月一日）。

ブッダとヒンドゥー教の神を同じ場所に置いている仏教徒もいれば、居間やゲストルームにはブッダを置き、台所や寝室にはヒンドゥー教の神を置いている仏教徒もいる。そのため、私たちが居間に入ったとしてもそこにはブッダしか置いておらず、その人がヒンドゥー教の神を崇拝しているのかは分からない。教育を受けたにもかかわらず、ヒンドゥー教の神を台所や寝室に置いている仏教徒もおり、依然として精神的な恐れがあるのだろう。［中略］仏教徒組織ＡＩＭは二〇〇一年の一〇月から二〇〇三年の三月頃まで、ヒンドゥー教の神や女神の像を集める活動を行なった。この活動はもともと、「二十二の誓い」を仏教徒の家族の間に広めることを目的にしていた。［中略］ＡＩＭのメンバーは手にパンフレットを持ち、白い服を着て青い帽子をかぶり、五戒の仏教旗を掲げて行進を行なった。人数は四〇名程度であり、それぞれ五人くらいずつのグループに分かれた。［中略］訪問した家の人に「二十二の誓い」を知っているかと聞き、家の中へと入って行き、ヒンドゥー教の神や女神の像を探した。もし見つかった場合には、その神や女神を私たちに寄付してくれるように頼んだ。何人かは拒否し、何人かは寄付してくれた。私たちは彼らに「寄付をしてください」と言った。この活動を通して私たちは（ヒンドゥー教の）ラクシュミーやサーイー・バーバー、シヴァ、ハヌマーンなどの像やポスターなどを家々から集めた。そして一月二六日の共和国記念日にそれらを燃やした（活動家ＳＧ、大学教員、三〇代男性、二〇〇四年八月九日）。

インドにはさまざまな祝祭や儀礼があり、反社会的なヒンドゥー教の祝祭や儀礼を行なっている人々が仏教徒の中にもいる。［中略］バーバーサーヘブの「二十二の誓い」には、一九五六年一〇月一四日から仏教を受け入れて仏教徒として新たな人生を手に入れると書かれている。この意味はヒンドゥー教の祝祭や儀礼を行なわず、仏教徒として生きることである。しかし、貧しい仏教徒の間では仏教の布教がなされていない。これは教育を受けた仏教徒が行なうべき仕事であるが、その義務を果たしていない。多くの貧しい仏教徒は、仏教が何であるのかということが分かっておらず、迷信に従っている。私は貧しい仏教徒たちの間に盲目的な信仰や迷信をなくすための仕事をしている。〔中略〕私が母方の伯父の家を訪ねたところ、伯父は（ヒンドゥー教の女神）サラスヴァティー（*sarasvati*）に礼拝を行なっていた。伯父はサラスヴァティーに礼拝を行なった後、私がいることに気付き、「いつ来たのだ。サラスヴァティーは知識の女神なのだからお前も礼拝を行ないなさい」と言った。私は「サラスヴァティーは知識の女神になることはできない。サラスヴァティーは何の学位も持っていないのだから」と答えた。〔中略〕私は「あなたは私の母の兄になることができるかもしれないが、私の伯父になることはできない。私は仏教徒である。一九五六年一〇月一四日から、私は仏教徒として新たな人生を手に入れた」と伯父に伝えた（野菜露天商VB、五〇代男性、二〇〇四年九月一〇日）。

「半仏教徒・半ヒンドゥー教徒」の存在を問題視する活動家や仏教徒たちによると、「半仏教徒・半ヒンドゥー教徒」がヒンドゥー教の神々を礼拝する理由は、「子どもが欲しい」、「病気を治したい」、「夫の酒癖を治したい」、「子どもの学業がうまくいって欲しい」、「結婚がしたい」といった期待や、ヒンドゥー教の神々を取り除くことによって「家族に何か悪いことが起きるのではないか」、「ヒンドゥー教の神が夢の中に出てくるのではないか」などの恐れにあるとされる。これらの認識はラクシャー・バンダンやマールバト供犠を実施する「半仏教徒・半ヒンドゥー教徒」が抱いている期待や恐れと重なり合う。すでに論じたように、実際に仏教徒居住区で暮らしている「半仏教徒・半ヒンドゥー教徒」の多くは、犯罪や病気や貧困などの困難の中で生きており、それらの苦難から家族を守るために超自然的な神の力を求めている。つまり、ヒンドゥー教の神々や聖者の像などの回収・焼却の取り組みは超自然的な力を受け取る機会を取り除くものであるため、「半仏教徒・半ヒンドゥー教徒」は自らの期待を成就させる場所を失い、家族の病気や死といった恐れがかき立てられることになる。

第二項　キリスト教に改宗した理由

「半仏教徒・半ヒンドゥー教徒」に加え、ナーグプル市の仏教徒の中には仏教からキリスト教に改宗した人々が存在しており、活動家から「改宗キリスト教徒」という蔑称で呼ばれている。市内には数多くのキリスト教会が存在し、主にイギリス植民地下の時代からキリスト教の布教活動が行なわれてきた。キリスト教への改宗の理由として、改宗者と活動家両者の説明で頻繁に言及されるのは、キリスト教の宣教師団体による医療・教育・経済的な支援に加え、病気や悩みを解決するイエス・キリストの力である。このことから「半仏教徒・半ヒンドゥー教徒」と呼ばれる仏教徒と「改宗キリスト教徒」と呼ばれるキリスト教徒の間に存在する共通点は、超自然的な力への信仰にあると理解できる。以下はキリスト教への改宗者のうち、一般の信者一名と牧師二名による改宗の理由についての語りである。

【事例一】

キリスト教徒ＡＭ（建設会社勤務、三〇代男性）は、二〇〇四年頃に仏教からキリスト教に改宗した。一緒に暮らす家族八人全員が仏教から改宗したプロテスタントのキリスト教徒であり、他の親族は仏教徒である。ＡＭによると、「私の家族はいろいろな問題を抱えていた。経済的な問題や病気といった体の問題、アルコールの問題などだ。その時、ローマン・カトリックの友人が私の家を訪れ、教会に行って祈りを捧げたらよいのではないかと助言してくれた。彼は仏教からキリスト教に改宗した人だ。彼は教会で祈れば問題が解決すると教えてくれ、教会で祈ると私の病気が治った。［中略］私に続いて母が改宗したが、他の家族全員をキリスト教に改宗させるのは大変時間がかかった。私と母は、自分たちの家で他の六人の家族のためにキリスト教のお祈りを行なった。徐々に家族もキリスト教を信仰し始め、家族全員がキリスト教の洗礼を受けて改宗した。改宗後、教会や家で祈りを捧げたり、牧師に会ったりすることで、家族の健康状態も良くなり、父も飲酒癖をやめることができた」（二〇一三年三月九日）。

【事例二】
キリスト教徒ＶＪ（牧師、三〇代男性）は、一九九三年か一九九四年頃に仏教からキリスト教に改宗した。ＶＪは妻と子ども二人の四人家族であり、ナーグプル市内のプロテスタント教会で牧師をしている。ＶＪによると、「私は一五歳か一六歳の頃、インドーラー地区で暮らしていた。その頃は悪い友人とつるんでいて、インドーラー交差点で煙草を吸ったり、酒を飲んだりしていた。そのうちにタバコ依存症となり、あまり食事もせず、水も飲まず、煙草ばかり吸っていた。体はやせていき、胸が痛くてせきが止まらなくなった。周りの人々はブッダガヤーに行ったほうが良いとか、どこそこへ行けば良いとか母に言っていた。その中の一人の女性がキリスト教会に行ったほうが良いと言ったため、母は私にキリスト教会に行くように言った。私は信じていなかったが、毎週の日曜日にキリスト教会に行き、スピーチを聞き、祈りを捧げた。するとその三、四カ月後にタバコ依存症を治すことができた。［中略］私はタバコ依存症から回復して二、三カ月後にキリスト教に改宗した」（二〇一三年九月六日）。

【事例三】

キリスト教徒ＲＪ（牧師、五〇代男性）は、一九九三年からプロテスタント教会の牧師をしている。ＲＪの両親は一九五六年集団改宗の影響を受けて仏教へ改宗し、ＲＪ自身は仏教徒として生まれた。一九八五年頃にキリスト教に改宗したＲＪは、妻と息子の三人で暮らしている。ＲＪによると、「私は一九八三年に新設されたＡ大学を受験した。八五％以上の成績を収めたと思ったが、実際には四〇％しかとれず不合格だった。精神的に非常に落ち込み、うつ状態になった。食べ物を食べたり、水を飲んだりしただけで胃が痛くなるようになった。聖者やヒンドゥー教の先生のところに行ったが治らなかった。胃の痛みが激しく自殺をすることも考えた。［中略］私はそれまで神の存在は信じていなかった。ある日、胃が非常に痛くなったためトイレに行くと、大きな光が私の目の前にやって来た。「ＲＪ、ＲＪ、私はあなたに話しかけている。あなたは今とても不幸な状況にある。部屋に行って聖書を開け」という声が聞こえた。部屋に戻り、聖書を開いて読むと胃の痛みがなくなって苦しみから解放された。これが神との出会いであり、この経験から私は神、死後の世界、天国と地獄の存在を信じるようになった」（二〇一五年九月四日）。

このように筆者がインタビューしたキリスト教徒に共通する改宗の理由は、病気などを治癒するキリストの超自然的な力への信仰であった。キリスト教への改宗者の中には、改宗後にブッダやアンベードカルの像を破棄する者もいれば、キリスト教を信仰しながらアンベードカルを支持する者、ブッダとアンベードカルの像を捨てずにキリスト教だけでなく仏教の儀礼を行なう者もいる。例えば、筆者が訪れたキリスト教への改宗者の家の一つには、入口から見て左手の壁にはキリストと聖母マリアの肖像画、右手の壁にはブッダとアンベードカルの肖像画が飾られていた。仏教徒の活動家たちによると、キリスト教に改宗するのは仏教徒の中でも経済的に貧しい層であり、キリスト教の宣教師はこれらの人々が暮らす地区で積極的に活動を行なっている。このことは、キリスト教への改宗者がインドーラー地区の「半仏教徒・半ヒンドゥー教徒」と同様に犯罪や病気や貧困の中で生きており、何らかの助けを必要としていることを示している。活動家たちも仏教徒の組織化が進んでいないことや、「ダリト・バラモン」が存在し、困難に直面する仏教徒への支援が十分には届いていないことを仏教徒社会の問題点として認識している。

第三項　「改宗キリスト教」の再改宗の取り組み

活動家から「改宗キリスト教徒」と呼ばれる人々の中には、ヒンドゥー教から仏教へ改宗した後に仏教からキリスト教へ再改宗した人々もいれば、仏教徒として生まれ、キリスト教に改宗した人々も存在する。「自由・平等・博愛」と定義された仏教を通じて、公正な社会の実現を目指す活動家たちは、超自然的な力を求めてキリスト教へ改宗することがアンベードカルへの裏切りであり、キリスト教への改宗者を再改宗させることが疑問の余地のない正当な行為と考えている。このことをキリスト教への改宗者も知っているため、筆者の二年間に及ぶ調査の中で最も困難であったことの一つがキリスト教徒への改宗者のインタビューであった。複数のキリスト教徒にインタビューを断られた筆者が、現在までに調査できたのは五名のみである。インタビューが許可された場合でも「なぜこのようなインタビューをする必要があるのか」と冒頭で筆者が厳しく問い詰められたり、インタビューの途中でキリスト教徒を紹介してくれた仏教徒と、そのキリスト教徒の間で超自然的な力が存在するかについて口論になったりすることもあった。このような中、ナーグプル市ではこれまで複数の仏教徒組織が仏教への再改宗の取り組みを進めており、そこでは時に暴力的な行動が取られることもある。活動家たちは次のように語っている。

【事例五】

オレンジ市場の仏教徒居住区は、市内でも経済的に貧しい地区の一つとされる。ここにある仏教徒組織「正法在家信者サンガ（Saddhamma Upāsaka Saṅġ）（以下ＳＵＳ）」は、一九八六年に設立され、「二十二の誓い」を若い世代に教える取り組みのほか、仏教祝祭で食事の無料配布などを実施している。これに加え、ＳＵＳは一九九九年から二〇〇三年まで、キリスト教への改宗者の再改宗の取り組みを同地区で行なった。ＳＵＳとＡＩＭに参加している活動家ＧＢ（貸自転車屋、四〇代男性）によると、「仏教から改宗したキリスト教徒がオレンジ市場地区で改宗をすすめている。［中略］これらの「改宗キリスト教徒」はキリスト教式の結婚式をしたりしているが、（留保制度の対象となるために）カースト証明書には「マハール」と書いて「キリスト教徒」とは書かない。葬式は仏教の方法で行なっているが、この地区では少数派であるため、クリスマスを祝うことは部屋の中で行なっている。私たちの組織が「改宗キリスト教徒」と話し合いに行った時、彼女は突然、自分のサリーを脱ぎ始めた。そのため、私たちはすぐにその場を去った。また別の日、私が「改宗キリスト教徒」の家に行った時、キリスト教徒たちが大きな声で歌っているので、私はその家のドアを蹴った。するとキリスト教徒たちは怖がり、「あっちへ行け！」と怒鳴った。だから私は「おまえたちのしていることはバーバーサーヘブの哲学と使命に反している」と言った。するとキリスト教徒たちは私の強さに驚き、それ以降、仏教徒に害のある行動をとらなくなった。また、私はキリスト教徒の服をはぎとったりもした。このやり方は私にとって重要な方法である。これによってキリスト教徒は恥ずかしく感じ、大きな声で礼拝をしないようになり、改宗する仏教徒が少なくなった。これに驚いてキリスト教の神父も来なくなり、いくつかのキリスト教の家族は、仏教の方法で葬式を行なうことをやめた。私は「あなたはキリスト教徒なのだから、仏教の歌をやめてブッダやバーバーサーヘブの写真を使うのをやめろ」と言った」（二〇〇四年三月二七日）。

【事例六】

一九九四年にマレーシアで結成された仏教徒組織ＡＩＭは、アンベードカルの教えを国内外へ広めることや、国外に在住するインド出身の仏教徒が国内の仏教徒を支援することを目的としている。ＡＩＭのナーグプル支部は二〇〇一年から二〇〇三年まで、仏教への再改宗の取り組みをナーグプル市北部の仏教徒居住区ラシュカリ・バーグで行なった。ＡＩＭの活動家ＳＧによると、「私は二〇〇一年四月から二〇〇三年一〇月まで、活動家ＳＫと経済的に貧しい仏教徒居住区で調査を行ない、インドーラー地区で一五〇から二〇〇家族、ラシュカリ・バーグ地区で七五家族、仏教徒居住区の中で最も貧しいオレンジ市場地区で五〇家族程度がキリスト教に改宗したことが明らかになった。その調査の際、私が「改宗キリスト教徒」に「一九五六年以前、あなたは何でしたか」と尋ねると、「不可触民」または「マハール」と答えた。「一九五六年以降、あなたは仏教徒になったのではないですか。なぜあなたはキリスト教徒になったのですか。バーバーサーヘブのおかげで良い状態になったのではないですか」と聞くと「改宗キリスト教徒」たちは怒り出してしまった。答えることができないのだ。そういった人たちは病気であったり、貧しかったりするため、無料で衣服を配ったり、学校で無料の教育を与えたり、医療や食べ物を与えてくれるキリスト教に改宗している。［中略］ＡＩＭの再改宗の取り組みの際、キリスト教への改宗者たちは、キリストの像や肖像画を寄付することを拒否した。キリスト教への改宗者はとても怒り、ＡＩＭとの揉め事が日々増えていった。［中略］「改宗キリスト教徒」には、やはり社会的なボイコットを行なうことが一番良い方法だと思う。違法行為をキリスト教徒に行なうのは、仏教徒の方法ではない。社会的なボイコットというのは、キリスト教徒たちと話をしなかったり、葬式や結婚式といった儀式に招待しなかったり、招待されても参加しないことなどだ」（二〇〇五年五月八日）。

【事例七】

活動家ＶＢは、経済的に貧しい生活を送っている仏教徒たちにアンベードカルの提示した「二十二の誓い」を広め、ヒンドゥー教への信仰をなくすための活動を個人的に行なっている。ＶＢ自身も第六学年（一二歳前後）までしか教育を受けておらず、野菜の露天商を仕事にしているため、経済的には非常に困難な暮らしをしている。ＶＢによると、「私は友人とヤショーダラー・ナガル地区の調査を行ない、多くの仏教徒がキリスト教に改宗していることを知った。私はそれらの家々を訪れ、ブッダの人生や悟りなどについて伝えた。［中略］私の友人の一人は「改宗キリスト教徒」であった。彼の妻が病気になった時、キリスト教の神父が友人の家を訪れ、キリストを崇拝したら病気が治ると言って、教会を訪れるように伝えた。その後、キリスト教の宣教師団体が薬を与えるなどの経済的支援を行なったため、彼の心にキリスト教の強い影響が残り、「仏教は一体何をしてくれたのだ。キリスト教は私の妻に命を与えてくれた」と考えるようになった。その後、私が彼の家に行くとキリストの肖像画が部屋に飾られており、私は彼の出した紅茶を飲まずに家から立ち去った。神父がコルカタに行く際、私はその友人とともに駅に行った。電車の出発が遅れたため、私と彼と神父は三人で三時間にわたって話をすることができた。私は仏教とキリスト教を比較して神父と議論したが、神父は私の質問に答えることができなかった。［中略］私は神父に「仏教に神の居場所はない。その代わりに道徳がある。それは五戒である。問題を解決するために仏教寺院を訪れるのではなく、五戒に従って道徳のある生活を送った時、自分自身の問題を解決することができる」と伝えた。この話し合いによって友人の心は変わり、彼はキリスト教の礼拝の方法をやめた。彼は家にあったキリストとマリアの肖像画や本をすべて捨て、仏教の本を手に取り勉強を始めた」(二〇〇四年九月一〇日)。

現在もキリスト教の宣教師もしくは仏教からキリスト教への改宗者の働きかけを受け、多くの仏教徒がキリスト教に改宗していると言われており、仏教徒の間では「半仏教徒・半ヒンドゥー教徒」に加えて「改宗キリスト教徒」の存在も大きな問題の一つとして考えられている。活動家たちの意見では、仏教からキリスト教へ改宗することがアンベードカルへの大きな裏切り行為であり、「改宗キリスト教徒」にはアンベードカルが解放運動を通じて獲得したものを受け取る権利がないとされる。例えば、仏教へ改宗した元不可触民はマハーラーシュトラ州レベルでは一九六〇年、連邦レベルでは一九九〇年に優遇措置である留保制度の対象資格を獲得した一方、キリスト教へ改宗した元不可触民は制度の対象となる資格を認められていない。そのため「改宗キリスト教徒」の中には「指定カースト」である「マハール」としてカースト証明書を手に入れ、留保制度などの優遇措置を受けることで自らの生活をより良いものにしようと試みている人々がいる。他方、活動家たちは、留保制度がインド憲法を起草したアンベードカルによってもたらされたものであり、アンベードカルを裏切る「改宗キリスト教徒」には留保制度を利用する資格がないと主張している。このような考えを主要な根拠として、活動家たちはキリスト教への改宗者に対し、仏教へ再改宗するよう説得にあたってきた。しかし、これらの取り組みにより揉め事が発生し、活動家がキリスト教徒に汚い言葉を使ったり、キリスト教徒の家のドアを蹴ったり、キリスト教徒を無視したりするなどの暴力的な行動に出る場合もある。ヒンドゥー教の神々や聖者の像などの回収・焼却の取り組みと同じく、仏教への再改宗の取り組みは、キリストの力を受け取る機会を失わせるものであるため、もし従えば「改宗キリスト教徒」は自らの願いを叶える場所を失うことになる。

第二節　改宗記念祭における紐切りの活動と「嘘つき行者」の葬式

第一項　改宗記念祭と改宗式

改宗記念祭（転法輪の日）は一九五六年の集団改宗を記念する祝祭であり、ナーグプル市の仏教徒にとって一年を通じて最も重要で大規模なものである。改宗記念祭はアーシュヴィナ月（太陽暦九—一〇月頃）の満月の日に行なわれ、ヒンドゥー教の祝祭ダシャラー（*daśarā*）と同じ日である。アンベードカルがこの日を集団改宗式に選んだ理由には諸説あるが、ナーグプル市の仏教徒たちの間では、アショーカ王（在位　前二六八頃—前二三二頃）の「法の勝利の記念日（*vijayā daśāmi* もしくは *dhamma vijayā*）」がアーシュヴィナ月の満月の日であったため、アンベードカルがこの日を集団改宗の日としたと説明されることが多い（cf. Moon 2002: 149）。仏教徒たちによると、「法の勝利の記念日」とは、インド北東部のカリンガ国を征服したアショーカ王が、戦争によって多くの犠牲者が出たことを後悔し、仏教に基づく政治を始めた日とされる。改宗記念祭は、一九五六年集団改宗式が執り行なわれた場所である改宗広場で行なわれ、その二日前から改宗記念祭のイベントは開始される。改宗記念祭の当日には、一九五六年にアンベードカルが改宗式を実施したのと同じ時間とされる午前九時に、佐々井を導師として改宗記念祭の式典が執り行なわれる（写真22）。式典のステージ上には、佐々井とともに五〇名以上の仏教僧が並び、ステージの下にはサマター・サイニク・ダルのメンバー数百名が仏教僧に向かって整列する。その後ろに数万人の仏教徒

写真22　改宗記念祭の朝に読経する佐々井と仏教僧（2005年10月12日）

が並び、ステージの近くに立った仏教徒の多くは白い服を着ている。佐々井が礼拝文、三帰依文、五戒文、「二十二の誓い」を読み上げると仏教徒がこれを繰り返す。次に佐々井が「尊師ブッダの！」や「父なる指導者、アンベードカル菩薩の！」と叫ぶと、仏教徒たちが「勝利！」と答える。

毎年の改宗記念祭前後の一定の期間、ナーグプル市に向かう鉄道は二等車が無料となる。「ジャイ・ビームと言って改宗広場に行こう（*jai bhīm bolo dīkṣā bhūmi chalo*）」という有名なスローガンを唱えながら、改宗記念祭の一週間前頃から改宗広場には仏教徒が集まり始める。改宗記念祭の当日まで、ナーグプル市内では大きな荷物を持ちながらナーグプル駅から改宗広場に歩いて向かう人々の姿が数多く見られる。改宗記念祭にナーグプル市の改宗広場を訪れるのは、マハーラーシュトラ州出身者だけではない。近隣州に加え、インド北部のウッタル・プラデーシュ州や南部のカルナータカ州といったインド各地から仏教徒が集まっており、毎年の改宗記念祭に参加する仏教徒の数は数万人から十数万人とされる（口絵8）。遠方から来た仏教徒たちは、改宗広場や市内の仏教寺院で寝泊りをする。また、改宗広場や改宗広場の前の道を中心に数百の仮設テントが建てられており、活動家たちが飲料水や食事、「二十二の誓い」の書かれた小冊子などを無料で配布し、露天商が仏教やアンベードカルに関する著作、CD、肖像画などを売っている。改宗広場の一画には改宗式場が設営され、改宗記念祭の二日前から佐々井を中心とする仏教僧たちによって改宗式が絶え間なく行なわれている（写真23）。この改宗式の儀礼プロセスは、①礼拝文、②三帰依文、③五戒文、④「二十二の誓い」、⑤ブッダとアンベードカルを称える掛け声を唱える、という単純なものである。このことは改宗記念祭に限らず、仏教寺院などで行なわれている改宗式においても同様である（cf. 舟橋 二〇一四：一五五―一五八）。例えば、二〇〇四年は一〇月二二日が改宗記念祭であり、改宗式は二〇日から二二日まで三日間にわたって実施された。

写真23　改宗広場において改宗式に参加する人々（2005年10月12日）

【事例八】

改宗式場の小規模な舞台には十数名の仏教僧が座り、仏教僧の前にはマイクが置かれていた。舞台のマイクは屋根に取り付けられたスピーカーに繋がっており、「今日は改宗記念祭であり、これから改宗式を行なうので改宗式場に集まってください」という仏教僧の声が改宗広場に響いていた。舞台の上にはブッダとアンベードカルの肖像画が飾られており、線香とろうそくが供えられ、舞台の屋根には五戒の仏教旗が立てられていた。舞台の前には七〇人ほどの人々が集まり、改宗する者は足元に旅行カバンを置き、手を合わせ、靴を脱いだ。仏教僧が礼拝文、三帰依文、五戒文を順々に一節ずつ読み上げていき、参加者はそれを繰り返していった。次に仏教僧は「二十二の誓い」を一文ずつ読み上げ、改宗者はそれを繰り返した。最後に改宗者は、感動の気持ちを表現する「見事だ（*sādhu*）」の唱和を三回行ない、礼拝文を唱えながら三拝した後、仏教僧とともに「尊師ゴータマ・ブッダの勝利」や「インドの至宝、父なる指導者、アンベードカル菩薩の勝利」といった掛け声をかけた。その集団の後ろには、少し間隔を空けて、その集団を取り囲むように数人から数十人の人々がおり、次の改宗式を待っていた。改宗式が終わると、仏教僧は「左手にあるテントで名前と住所を登録して、仏教徒の証明書を手に入れてください」と改宗者に伝え、「これからは政府関係の書類には「仏教徒」と書くように」と付け加えた。その後も改宗式は絶え間なく続き、改宗を望む人が途切れるまで行なわれた。それぞれの改宗式には少ない時は五名程度、多い時には数十人が参加していた。

改宗式が行なわれる三日間、改宗式場の横には仮設テントが建てられ、仏教への改宗者が改宗証明書を受け取るための登録所となっている。改宗者の登録作業は若い活動家たちが担当する。改宗式を終えた仏教徒たちは登録所に行き、小さな紙片を受け取って自分の名前と年齢、住所、電話番号を書き記し、証明書を送ってもらうための郵便料金を支払う。改宗式への参加者全員ではなく、証明書の発行を希望した参加者だけが登録を行なっている。登録担当の活動家たちは紙片を受け取り、ノートに書き写した後、紙片を横に置かれた棒に突き差していく。また、改宗者の中には文字を書くことができない仏教徒が数多くいるため、その場合は活動家が代筆する。二〇〇四年の改宗記念祭における改宗者の登録作業は、仏教徒組織ＡＩＭのメンバーを中心に行なわれた(1)。以下は、二〇〇四年一〇月二〇日の改宗式にインド各地から参加した仏教徒たちの語りである。

【事例九】
大きな旅行バッグを抱えた三名の若い男性は、マハーラーシュトラ州のプネーから改宗広場に来て改宗式に参加した。このうちの一人は、「プネーから電車で来た。電車に無料で乗ることができるからね。一九五六年一〇月一四日のダシャラーの日にバーバーサーヘブが改宗をしたから、今日私たちも改宗式に参加した。家にはブッダの像もバーバーサーヘブの肖像画も持っている。仏教寺院にも行っている。父や母は仏教徒であり、私たちも仏教の生活を送っている」と語った。

【事例一〇】
眉間に青色の粉、胸にアンベードカルのバッジをつけた若い男性は、トラックの運転手を仕事としている。改宗式のため、インド南部にあるカルナータカ州のビジャープルから来た。青年は、「仏教より美しい教えはない。『二十二の誓い』も順番に言うことはできないが、どんなことが書かれているかは分かっている。これから『二十二の誓い』に従っていくために改宗式に参加した。去年はビジャープルから八名が来て改宗したが、今年は三二名が改宗した」と説明した。

【事例一一】
年配の女性は「指定カースト」のチャマールであり、北インドのウッタル・プラデーシュ州から来て改宗式に参加した。この女性は、「ジャイ・ビームは知っているが、ブッダについてはあまり知らない。家の祭壇にはバーバーサーヘブだけでなくハヌマーンも置いてある。ドゥルガーやラクシュミーにも礼拝をしている。今日は改宗広場に来たので改宗式に参加した」と述べた。

【事例一二】

ナーグプル大学の大学院でパーリ語を学んでいる若い男性は、マハールではなく「その他の後進諸階級」である。改宗式に参加した後、青年は、「両親はヒンドゥー教徒であり、家族の中では自分だけが仏教徒になった。しかし家族の中で問題にはならない。自分自身で選ぶことだから。ヒンドゥー教徒にとってはヒンドゥー教の教えが必要であり、仏教徒にとってはブッダの教えが正しい」と言った。

これらの語りが示しているように、仏教やアンベードカルの教えをどの程度理解しているかについて改宗者の間には差異が存在している。ＡＩＭの活動家たちによると、二〇〇四年の三日間で改宗式に参加した人は、ウッタル・プラデーシュ州やカルナータカ州、アンドラ・プラデーシュ州、マハーラーシュトラ州の出身者が多かった。またマハールに限らず、チャマールといった他の元不可触民や「その他の後進諸階級」も改宗式に参加していた。改宗式が行なわれる最終日（二〇一四年一〇月二二日）の夜の時点で、登録所にある五冊のノートにはそれぞれ三〇〇番以上の番号が記され、一つの番号に三人から五人程度の家族やグループの名前が書かれていた。つまり、一冊のノートには一〇〇〇人から一五〇〇人の名前が記されている計算となり、ノートが五冊あったことから考えると、改宗記念祭の三日間で改宗証明書発行の登録を行なった改宗者の数は、五〇〇〇人から七五〇〇人程度であったと推測できる（改宗式に参加したが証明書の発行手続きを行なわない人も数多くいる）。

第二項　「半仏教徒・半ヒンドゥー教徒」のジレンマ

改宗記念祭当日の二日前から改宗広場ではさまざまなイベントが行なわれる。複数の仏教徒組織が飲料水や食事を無料で配布したり、『ブッダとそのダンマ』からの引用や「二十二の誓い」が書かれた小冊子を無料で配ったりしている。これに加え、いくつかの仏教徒組織は、仏教徒の首や手首、腰に巻かれたヒンドゥー教の聖紐や仏教僧が巻いた守護紐を切り取る活動を行なっている（口絵9）。例えば、二〇〇四年の改宗記念祭において仏教徒組織AIMの活動家たちは、改宗証明書の登録作業や仏教雑誌の販売、「指定カースト」に対する奨学金に関する資料の配布などを行ないながら、手にカミソリの刃やハサミを持ち、周りを歩いている仏教徒たちの手首に目を向けていた(2)。仏教徒たちの手首に紐や腕輪が巻かれているのを見つけると、活動家は、赤い紐や緑色のラーキーをカミソリやハサミで切り、銀色や金色の鉄製の腕輪を外させた。活動家たちは手首の紐を切り取った後、これらの仏教徒の首にヒンドゥーの神々や聖者サーイー・バーバーの首飾りが巻かれていないかを確認し、シャツなどの上着を持ち上げさせ、腰に黒い紐が巻かれていないかどうかを確かめた。もし仏教徒たちの首や腰に紐があった場合には、活動家たちはこれらを切り落とし、地面に捨てた。これらの紐や腕輪は、「ヒンドゥー教のものを仏教徒がつけるのはおかしい」、「これらの紐を巻くことには科学的な根拠がない」といった説明によって切り落とされた。

紐を切られることに納得した仏教徒の中には、自分の紐を切った後、友人を別の場所から連れてきた者もいた。また自その青年はカミソリの刃を借り、友人に紐を切るようにすすめ、その友人は手首の紐を自分で切り取った。また自分からテーブルに近づき、赤い紐の巻かれた手首を差し出し、「切ってくれ」と頼む仏教徒もいた。活動家が「自分で切るように」と言ってカミソリの刃を渡すと、この青年は自分で手首の紐を切った。別の青年は活動家から首に巻いた紐を指摘されると、すぐにその二本の紐を自分の両手で引きちぎった。この紐切りの活動は、改宗記念祭の二日前から当日までの三日間実施され、登録所や雑誌販売所のテーブルの上や地面には、紐や腕輪、ネックレスなどが何十本も混ざり合い、山のように積み重ねられていた。

しかし、必ずしもすべての仏教徒が活動家たちの説明を受け入れ、紐を切らせたり、腕輪やネックレスを寄付したりするわけではない。以下は、二〇〇四年と二〇〇五年の紐切りの活動において仏教徒が紐を切られたり、腕輪を外したりすることを拒否した場面である。なお、二〇〇五年は一〇月一二日が改宗記念祭であり、祝祭のイベントは一〇月一〇日から三日間行なわれた。

【事例一三】
二〇〇四年一〇月二二日、両手首にいくつもの鉄製の腕輪をつけた若い男性が登録所の前を通った時、ＡＩＭの活動家ＧＢは、「仏教徒か。バーバーサーヘブを知っているか」と青年に尋ねた。青年は「そうだ」と答えた。ＧＢが「何歳だ。何をしているんだ」と聞くと、青年は、「一八歳で学生だ」と言った。ＧＢは、「ヒンドゥー教のものだよな。学生であるから、そういうことが迷信であることは分かるよな」と言って、鉄製の腕輪を外すように促した。青年は、「外すことはできない。そういうものではない」と言って断った。ＧＢが「そうしたらこれはどういうものなんだ。仏教徒がなぜそんなものをつけているんだ」と尋ねると、青年は、「でもそういうものではないんだ」と繰り返したが、なぜ鉄製の腕輪を身につけているかを説明することができなかった。ＧＢと青年のやりとりが五分以上も続いた。ＡＩＭの他のメンバーが「もう帰っていいよ」と何度も青年に言ったが、青年は帰らなかった。結局、ＧＢの説得に応じた青年は、右手首から銀色の腕輪を取り、それにくちづけをし、腕輪に向かって何か言葉をかけてから登録所のテーブルの上に置いた。ＡＩＭのメンバーが腕輪を手に取り、青年に「返そうか」と聞いたが、青年は何も答えなかった。ＡＩＭの他のメンバーが「無理やり取ることはよくない」と言って、腕輪を青年に返した。青年は、再び腕輪を右手首につけて立ち去った。ＧＢは呆れたような顔をして、青年を右手で追い払うような仕草をした。そしてＧＢは登録所の前を歩いている人々に向かって、「寄付をしてください！　寄付をしてください！」と大声を張り上げた。

【事例一四】

二〇〇五年一〇月一〇日、雑誌を販売するテーブルに来た若い男性の手首に赤い紐が巻いてあったため、活動家ＤＭ（仏教徒組織ＳＢＳプレジデント、三〇代男性）は、「あなたは「ジャイ・ビーム」か、それとも「ヘー・ラーム」か」と尋ねた（つまり「ビーム（アンベードカル）」を支持する仏教徒であるのか、ヒンドゥー教の英雄「ラーマ」を信仰するヒンドゥー教徒であるのかを尋ねた）。その青年は「ジャイ・ビームだ」と答えた。ＤＭは「それならその手首に巻いてある紐は何だ」と尋ねた。青年は「ラーキーだ」と答えた。ＤＭが「姉妹は何人いるんだ」と尋ねると、青年は「一人だ」と答えた。ＤＭは、「私には一二人の姉妹がいるが、手には何も巻いていない。それが私と姉妹には関係がないことを示しているのか。それを巻かなかったら、彼女たちは姉妹ではないのか。そんなことはない。彼女たちが私の姉妹であることに変わりはない」と青年に言った。青年は、苦笑いを浮かべながら何も答えず、その場を去っていった。ＤＭは、「三年前に初めてラーキーを巻くことを断った。その時、姉妹たちは泣いていた。だけど、次の年からは私に無理につけるようには言わなかった。私がラーキーを巻かないことを分かったからだ」と筆者に言った。

【事例一五】

二〇〇五年一〇月一一日、赤い紐を右手首に何重にも巻いた若い男性が、雑誌を販売するテーブルの近くを通りかかった。活動家DMは「お兄さん、こっちに来て」と声をかけ、「あなたは「ジャイ・ビーム」か、それとも「ヘー・ラーム」か」と尋ねた。青年は「ジャイ・ビーム」と答えた。DMは右手を差し出し、青年と握手を交わした後、彼の右手が上にくるように手首をひねり、「この手首に巻いてある紐はなんだ。仏教徒であるなら切らなくてはいけない」と言った。青年は、「これはお母さんが巻いてくれたものだから、切ることはできない」と答えた。DMは「それはヒンドゥー教のものだから切らなければいけない」と再び言って、手に持ったカミソリの刃を彼に差し出した。すると青年は、「これはお母さんが巻いてくれたものだから、家でお母さんに切ってもらわなければいけない。ここで切ることはできない」と苦しそうな表情を浮かべて答え、握手した右手を離してその場を去った。テーブルの下には赤や黒や緑の色とりどりの紐が落ちており、登録所にやって来た仏教徒によって踏みつけられていた。同じテーブルの上には「I LOVE YOU」と彫られた鉄製の腕輪が一つだけ離れた場所に置かれていた。

紐を切り取ることを拒んだ「半仏教徒・半ヒンドゥー教徒」の視点に立てば、これらの紐や首飾りはアンベードカルの教えが「迷信」とするもの、つまり、超自然的な神の力を受け取るためのものとしてだけではなく、家族が自分を守るために巻いた愛情としてある。言い換えれば、それらの紐や首飾りは個別の人との繋がりを持ち、関係性の中に埋め込まれている。そこにあるのは家族との愛情の連鎖であり、愛情によって繋がる対面関係の網の目である。そのため「半仏教徒・半ヒンドゥー教徒」と呼ばれる仏教徒たちは、「仏教徒か、ヒンドゥー教徒か」という二者択一の質問に「仏教徒」と答えながらも、「これらの紐や首飾りが迷信である」とする説明には「はい」とも「いいえ」とも答えることができず、苦しい表情を浮かべることしかできない。

このような光景は、仏教徒組織「仏教徒社会（Buddha Samāj）（以下ＢＳ）」の仮設テントにおいても同様であった。ＢＳは、チャッティースガル州の州都であるラーイプルに本部があり、ＢＳにはラーイプルだけでなく、マディヤ・プラデーシュ州のボーパールやナーグプル市の活動家も参加している。ＢＳは二〇〇四年、二〇〇五年ともに改宗広場の一画にある仮設テントにおいて、「二十二の誓い」の小冊子を無料で配布する活動を行ないながら、紐切りの活動を行なった。この小冊子には「二十二の誓い」のほか、「仏教の祝祭」、「仏教徒がすべきこと」、「仏教徒がすべきでないこと」などが箇条書きで記されていた。ＢＳの活動家によると、ＢＳは「二十二の誓い」を配る活動を一九九九年から開始し、毎年一万冊程度の小冊子を配布している。また、ヒンドゥー教の聖紐や仏教の守護紐を切る取り組みは一九九九年からＢＳによって始められた。改宗記念祭のイベントが行なわれる三日間、ＢＳの仮設テントでは「二十二の誓い」が書かれた小冊子の横に、何百もの赤や黒や青の紐、銀色や金色の腕輪、ヒンドゥー教の神々のペンダント・ヘッドがついた首飾りが山のように積まれていた。これに加えてＢＳは、仏教僧が守護紐儀礼で巻いた守護紐も紐切りの活動の中で切り落としている。

【事例一六】

二〇〇四年一〇月二一日、ＢＳの活動家ＫＭは、「ヒンドゥー教の紐を切る活動は五年前から私たちの組織が始めた。最初の年は三個の大きなバッグが紐で一杯になった。一つのバッグが七〇キログラムくらいだったので、全部で二〇〇キログラムは集まった。毎年、集まる紐の量が少しずつ減ってきており、よい結果が生まれている。去年はバッグが一つだけ埋まった。七〇キログラムが集まったことになる。ガネーシャやドゥルガー、ラクシュミー、サーイー・バーバーといったヒンドゥー教の神や女神の指輪、腕輪、首輪、黒や赤や青の紐を切っている。また、守護紐儀礼の白い紐も切っている」と筆者に述べた。筆者が「なぜ仏教の守護紐儀礼の紐も切るのか」と尋ねると、KMは、「五戒を知らなかったり、守らなかったりする仏教徒が巻いているからだ。それでは意味がない。また、巻いてから二四時間以上たつと汚くなってしまうからだ。科学的な理由で切っている。細菌が繁殖して健康に悪いから」と答えた。それを聞いたBSの別の活動家は、「ヒンドゥー教徒が黒いものを巻いているから、仏教徒は白いものを巻こうという考えは、ただヒンドゥー教のやり方に従っているだけのことになるからだ」と筆者に説明した。

このようにヒンドゥー教の聖紐だけではなく、仏教僧が巻いた守護紐もアンベードカルの教えに基づく科学的な説明によって「迷信」とされ、仏教徒たちの右手から切り落とされている。つまり、活動家によってアンベードカルの教えが厳格に適用された場合、ヒンドゥー教の聖紐を巻いている仏教徒たちだけでなく、守護紐を巻いている仏教徒や守護紐儀礼を執り行なっている仏教僧たちも批判の対象となる。ヒンドゥー教の聖紐に加えて仏教僧が巻いた守護紐も切り落とす活動は、BSだけではなく、AIMといった他の仏教徒組織も取り組んできた。そこでは、「紐を見ることによりブッダの教えを思い出すことができる」という仏教儀礼への新たな意味付けも否定されることになる。

第三項　活動家の苦悩

改宗記念祭の翌日、ＢＳを中心とする活動家たちは、祝祭の期間中に寄付された紐や腕輪を集め、それらの紐などを材料として人形を作製する。活動家たちは紐の人形を担架に載せ、改宗広場を回った後に燃やす。この紐の人形は活動家たちから「嘘つき行者（*dhongī bābā*）」と呼ばれる（写真24）。ＢＳの活動家ＧＤによると、「改宗記念祭が終わった後、集められた紐の葬式を行なっている。ヒンドゥー教の葬式では女性が参加することができないため、私たちの場合は女性が紐を運んで葬式を行なっている」と述べた。また、ＢＳの活動家ＫＭは、「この葬式は仏教の純粋さを示すためのものだ。ヒンドゥー教のすべてを捨て純粋な仏教徒になるためのものだ。ヒンドゥー教と仏教が混ざり合った状況をなくす必要がある。この混ざり合いのために今までは純粋な仏教は存在しなかった。それを創り出すためにヒンドゥー教のすべてを捨てなければならない」と筆者に話した。これらの説明から分かるように、紐の葬式はヒンドゥー教の葬式のパロディであり、この新たに創出した実践を通じてヒンドゥー教の論理を笑いの対象として否定しようとするものである。活動家たちはヒンドゥー教の葬式のパロディである紐

写真24　紐の葬式において「嘘つき行者」を運ぶ活動家
（2004年10月23日）

の葬式を行なうことで、アンベードカルの教えを正統なものとして広め、仏教とヒンドゥー教を区別し、仏教を「純粋なもの」にすることを目指している。以下は、二〇〇四年の改宗記念祭の翌日に行なわれた紐の葬式の場面である。

【事例一七】

二〇〇四年一〇月二三日の午前一一時、BSの仮設テントの近くでは活動家たちが、「捨てよう！ 捨てよう！ 迷信を捨てよう！」や「嘘つき行者が死んだ！」という掛け声をかけながら列になって行進していた。男性メンバーが横断幕を掲げて先頭に立ち、白い服を着た女性メンバー八名が担架を担ぎながら続いていた。この担架の上には紐や木の束などで作られた「遺体」が載せられていた。頭は木の束を新聞紙で丸く包んだものであり、目と口は、三個の黒いゴム製の腕輪で作られていた。胴体は赤や黒や青の紐であり、十字の形に結びつけられた木の棒がその骨格を表現していた。紐の胴体の上にはいくつもの黄色い花がかけられていた。〔中略〕BSの活動家たちは改宗広場の中を進み、行進の最中には「女神や神を捨てよう！」や「ジャイ・ビームと言おう！」、「仏教を作ろう！ 信仰を作ろう！」といった掛け声がかけられた。〔中略〕行進が再びテントの前に戻ってくると、担架は地面に下ろされ、BSのメンバーや他の仏教徒たちが周りを取り囲んだ。活動家KMは担架の上にかがみこんで、泣き真似をしながら紐をつかみあげた。KMは頭を前後に揺らしたり、紐でできた胴体をさすったりしながら泣き真似を続けた。活動家GDが手にマイクを持ち、テレビ局の真似を始めた。GDはKMにマイクを向けてインタビューを行ないながら、時々、足でその紐を大げさに踏んづけてみせるなどした。GDは「KMはヒンドゥー教徒で、親戚が死んでしまい、これから燃やされるから泣いている。「なぜこれを燃やすんだ。こんないいものをなくしてしまうなんて」と言って泣いているのだ。もちろん演技でやっているのだけれど」と筆者に説明した。続いて「遺体」を運んだ女性の活動家たちにマイクが向けられ、活動家たちはバラモンの葬式で用いられる歌を歌った。マイクに繋がれたスピーカーから活動家たちの歌声が響いた。［中略］紐や木の束で作られた「遺体」に火がつけられ、大きな炎に包まれていった。KMは「燃やすのをやめてくれ」と言って泣き真似を続けた。炎は次第に小さくなり、最終的にはバケツで水がかけられ、炎が消された。紐は燃え尽き、黒い灰の塊だけが残った。GDは、「残った灰はヒンドゥー教であったら川に流しに行くが、私たちはそのようなことはしない。鉄製の腕輪と一緒にどこでもいいから捨てている」と筆者に言った。

葬式の最中、活動家たちは紐の人形を「嘘つき行者」と呼んでいるが、これは「聖紐を巻くヒンドゥー教の聖職者」を指している。つまり、活動家にとって紐の葬式は、ヒンドゥー教の聖職者の葬式を模倣したものであり、ヒンドゥー教の聖職者を「迷信」の紐を巻く「嘘つき」と呼ぶことで笑いの対象とする。これに加え、この紐の人形の葬式では、ヒンドゥー教の葬式におけるバラモンの行為を元不可触民が真似することや、男性が運ぶはずの担架を女性が運ぶことといった「象徴的逆転」（ターナー 一九八一、一九九六）が起こっている。ターナーによると、儀礼における象徴的逆転には既存の階級原理を再確認する側面と、既存の階級原理を否定する側面の二つがある（ターナー 一九九六：二五〇—二五一）。紐の人形の葬式について言えば、身分が低い者が高い者の行為を模倣し、男女の役割が逆転するなどの象徴的逆転を通じて、カースト・ヒエラルキーという既存の階級原理を否定することが意図されている。このように「嘘つき行者」の葬式は、権威や既存の社会構造を転覆することを意図した周辺的存在によるパロディである。これは、支配的な立場にいる人々が持つ権威を笑いながら、紐を「迷信」とみなすという仏教徒の従うべき規範を示し、世界を見る新たな視点としてアンベードカルの教えを提示している(3)。

活動家たちは、「嘘つき行者」の葬式というパロディを行なうことでヒンドゥー教の聖職者の行為を笑ってはいるが、活動家にとって紐切りの活動に取り組むことは必ずしも容易なことではない。仏教徒の中には、紐を切られることに抵抗する者、切られたことに抗議する者、時には殴りかかってくる者もいる。活動家たちも初めのうちは相手が納得するように説得を続けるが、それでも同意しない場合はそれまでに回収された紐をその仏教徒の前に無造作に置き、諦めた声で「そんなに大事ならこれを全部持って帰ればいい」と伝えるなどしている。以下の二つの事例は、他の仏教徒たちがアンベードカルの教えを順守しないことに対し、紐切りに取り組む活動家たちが苦悩を示した場面である。

【事例一八】

二〇〇五年一〇月一一日、仏教徒の中には、ＡＩＭが紐切りを行なっている様子を遠くから目にし、手首につけた鉄製の腕輪を外してズボンのポケットに押し込んで隠す人たちがいた。また、紐を切り取られた仏教徒の中には活動家が目をそらしている間に、切り取られた自分の紐を、積み重なった紐の山の中から拾い上げ、苦しそうな顔をしながら走り去っていく者もいた。隣にある改宗式場では、佐々井を中心として仏教への改宗が続けられていた。仏教僧がアンベードカルによって示された「二十二の誓い」を一文ずつ読み上げ、改宗式への参加者はそれを繰り返した。仏教僧に続き、参加者が「私はガウリーやガナパティなどのヒンドゥー教の神や女神を受け入れず、崇拝しない」と一斉に声をあげた。すると、隣で行なわれている改宗式に背を向けて座っていた活動家ＤＭは、紐切りに取り組んでいる活動家たちだけに聞こえるほどの小さな声で、「私はガウリーやガナパティなどのヒンドゥー教の神や女神を受け入れ、崇拝します」と言って、さめた声で静かに笑った。また、「私は嘘をつかない」と五戒の一つを読み上げる改宗者の声が響くと、ＤＭは「私は嘘をつきます」と静かに皮肉を言った。

【事例一九】

写真25　仏教徒に紐の寄付を訴える活動家
（2004年10月23日）

二〇〇五年一〇月一二日、ＢＳのテントの前にはプラスチックの白い椅子が置かれ、その上には肩からスピーカーをぶらさげ、左手にマイクを持った活動家ＪＢの姿があった（写真25）。椅子の周囲には白い服を着たＢＳの活動家たちがおり、紐切りの活動を行なっていた。ＪＢの「迷信を捨てよう！」、「寄付をしよう！」と言う声がスピーカーから周囲に響き渡る中、ＢＳの活動家たちはその近くを通る仏教徒から紐を切り取り、それらを紐の山へと投げ入れた。活動家が青年の手首をつかむと、その青年は紐を切られることを嫌がって逃げようとした。すると、ＪＢはスピーカーを通して「手をつかむな。放っておきなさい」と言った。活動家は手を離し、青年は去っていった。ＪＢの「一一ルピーのものを寄付しよう。

二一ルピーのものを寄付しよう。聖者があなたに与えた。あなたが聖者に一一ルピーを与えた。そしてマラリアの蚊が死んだ」という声が周囲に響いた。活動家たちはそれぞれの手にカミソリの刃やハサミを持ち、そこを通り過ぎる人々の手首に視線を注いでいた。ＢＳのテントにはいくつもの横断幕が掲げられており、その一つには「仏教徒になろう・仏教徒として見られよう・仏教徒と書こう」と記されていた。活動家が首に黒い紐を巻いている青年をつかまえ、その紐を首から切り落とそうとした。青年は苦笑いを浮かべながら体をのけぞらせて、紐を切られないようにした。再びスピーカーからＪＢの声が響いた。「ブッダからの痛み。アンベードカルからの痛み。この五〇年間はいったいなんであったのか」。

紐切りを行なう活動家たちの様子から、活動家が抱える焦燥感と困難が伝わってくる。ＡＩＭの活動家もＢＳの活動家も、小冊子などを配ってアンベードカルの教えを広めながら、毎年の改宗記念祭の祝祭において紐切りの活動を行なっている。特に改宗記念祭の当日から翌日にかけて、活動家たちは二四時間眠ることなく紐切りに取り組む。これらの活動家の目から見れば、自分たちが熱心な活動を続けているにもかかわらず、依然として「ガウリーやガナパティなどのヒンドゥー教の神や女神を受け入れ、崇拝する」仏教徒、言い換えれば、アンベードカルの教えを裏切って「嘘をつく」仏教徒や「ヒンドゥー教の聖者に一一ルピーを渡してマラリアを治してもらう」仏教徒が存在している。このような状況の中で活動家たちは、「一九五六年の集団改宗以降の五〇年間は、いったいなんであったのか」と仏教徒たちに問いかけている。「ブッダからの痛み」であり、「アンベードカルからの痛み」である紐切りの活動は、紐を切られる側だけが痛みを感じるのではなく、紐を切る側にとっても大きな困難を伴うものである。

第三節　被差別者による反差別運動が生み出す差別

第一項　排他的共同体による対面関係の網の目の切断

手首に聖紐や守護紐を巻いている仏教徒たちにとり、それらの紐は、超自然的な神の力を受け取るためのものであるだけでなく、それぞれにとっての個別の意味、個別の人との繋がりを持っている。例えば、ラクシャー・バンダンのラーキーは、姉妹から与えられた紐であり、ただの綿の紐ではない。その紐は自分自身を守ってくれるものであり、姉妹からの愛情として右手首に巻かれたものである。母親に貰った紐も同様である。ヒンドゥー寺院で巻いた赤い紐も、仏教僧が巻いた守護紐儀礼の白い紐も、母親が子どもの健康や将来のために巻いたものならば、子どもの体を守るために巻かれているだけでなく、母親からの愛情としても巻かれている。そのことは、これらの紐を切られる際に怒りや不安、悲しみといった感情が生まれ、そのような感情から紐切りが行なわれている場所の手前で腕輪や紐をポケットに隠す人、切られた紐を持ち帰ろうとする人などがいたことからも分かる。そこにあるのは家族との愛情の連鎖であり、家族や隣人と繋がる対面関係の網の目である。言い換えれば、これらの仏教徒にとって紐切りの活動とは、家族からの愛情を断ち切るもの、排他的な共同体によって対面関係の網の目を切断するものとしてある。

一方、宗教を分類・切断する活動家にとって、仏教徒の右手首に巻かれた紐はただの綿の紐であるだけでなく、「半仏教徒・半ヒンドゥー教徒」が信じる「迷信」の紐であり、仏教徒が依然として「不可触民」という名前でヒンドゥー教のカースト・ヒエラルキーの内部にいることを示すものでもある。アンベードカルの闘争の生涯は、活動家に限らず、ナーグプル市の仏教徒たちによって共有された歴史である。アンベードカルの差別への闘争と、この闘争によってもたらされた恵まれた現在を理由として、仏教徒たちはアンベードカルを「父なる指導者（バーバーサーヘブ）」と呼ぶ。活動家たちが怒りや不安、悲しみといった「痛み」を「ブッダからの痛み」または「アンベードカルからの痛み」として他の仏教徒に与えることを厭わないのは、より大きな差別の経験という「痛み」が元不可触民である仏教徒たちの記憶の中にあるためである。この差別の経験とは、仏教徒それぞれの経験だけではなく、アンベードカルの経験をはじめ、映画や書物、小冊子、日々の会話などを通して伝えられた他の誰かの類似した経験も含まれており、仏教徒たちは差別の「痛み」の連鎖を基盤として排他的な仏教徒共同体を生きようとしている。

紐切りの場面では、アンベードカルの教えを順守する活動家や、手首に巻かれた紐を家族からの愛情と考える仏教徒が交錯し、それぞれの苦悩が表出している。「半仏教徒・半ヒンドゥー教徒」と呼ばれる仏教徒にとって「仏教徒か、ヒンドゥー教徒か」という二者択一の問いは、差別に抗する団結と家族との愛情の二者択一を求めるものである。「半仏教徒・半ヒンドゥー教徒」の中には、活動家による説得や口論の末に納得して、首にかけられた赤い紐を自らの手で引きちぎる仏教徒や、自分の紐を切ってもらった後、手首に紐が巻かれている友人をその場所へ連れてくる者がいた。これらの仏教徒は、紐切りの活動に賛同することで「平等と科学の仏教徒」となり、差別の経験を受け継ぐことになる。ここでは、被差別経験の連鎖を基礎とする閉鎖的で排他的な仏教徒共同体により、愛情の連鎖によって繋がる対面関係の網の目が断ち切られ、従来の社会関係の在り方が否定されようとしている。一方、紐を切ることや腕輪を外すことを受け入れられない「半仏教徒・半ヒンドゥー教徒」は、「差別に抗する団結か、家族との愛情か」という問いのどちらか一方のみを選択することができず、苦笑いを浮かべながらその場を立ち去ることしかできない。そして聖紐が「差別と迷信のヒンドゥー教」のものと考える活動家は、紐を切らせない仏教徒を目にし、アンベードカルの闘争の生涯が忘れ去られてしまうと苦しんでいる。

第二項　「被差別者の中の被差別者」の創出

「半仏教徒・半ヒンドゥー教徒」と呼ばれる仏教徒や「改宗キリスト教徒」と呼ばれるキリスト教徒が、他宗教の神々を信仰する大きな理由の一つは、日々の生活の中で病気や貧困に苦しんでいることにある。つまり両者は、仏教徒の抱えている問題が差別だけではないことを浮き彫りにする周辺的な存在である。経済的に貧しい仏教徒居住区で生きている人々は、外部からの何らかの助けを必要としているが、仏教徒の組織化が十分ではないことや、収入の高い仕事を得た後に他の仏教徒との交流を避ける「ダリト・バラモン」が存在するため、十分な支援を受けることができていない。このような状況の中、「半仏教徒・半ヒンドゥー教徒」と「改宗キリスト教徒」は、アンベードカルの教えにおいて否定されていることを知りつつも、神の超自然的な力やキリスト教宣教師による援助などを頼りにする状況にある。この「半仏教徒・半ヒンドゥー教徒」は、その名前からも分かるように、活動家が相反するものとして区別しようとする「仏教」と「ヒンドゥー教」という二つのカテゴリーの境界を生きており、どちらか一方の論理だけを選択するのではない。また「改宗キリスト教徒」の中には、キリスト教式の結婚式をしながら仏教式の葬式をしたり、キリストだけでなくブッダやアンベードカルへの礼拝を続けたりする者もおり、必ずしも改宗後に仏教やアンベードカルにかかわるすべてを破棄したわけではない。その意味で「改宗キリスト教徒」も、「半仏教徒・半ヒンドゥー教徒」と同様に境界的な存在と言える。

これに対し、活動家たちはヒンドゥー教の神々の像などの回収・焼却、紐切り、キリスト教への改宗者の再改宗の取り組みを通じて、アンベードカルがもたらした「平等と科学の仏教」と他宗教の間に明確な境界線を引き、仏教徒たちにそれらの宗教の中から一つだけを選ぶことを迫っている。例えば二〇〇四年三月二八日、AIMの集会において筆者が「なぜヒンドゥー教の神々を回収する活動を行なっているのか」とAIMのメンバーたちに尋ねたところ、AIMの活動家PM（弁護士、二〇代男性）は、「インドでは宗教を選ぶのは自由だが、一つの宗教を選んだら他の宗教を信仰してはいけない。他宗教の神々への礼拝や他宗教の儀礼を行なってはいけない。だから、AIMは「半仏教徒・半ヒンドゥー教徒」を説得し、それぞれが信仰する宗教が何であるかを明確にさせようとしている。決して強制しているのではなく、気付かせようとしている」と答えた。同様に二〇一六年三月八日、活動家DMは、「キリスト教徒の再改宗の活動では、最初にアンベードカルを選ぶのか、キリスト教を選ぶのかを尋ねている。「アンベードカルを支持するが、キリスト教にも興味がある」と答えることはできない。ヒンドゥー教でも同じだ。アンベードカルとヒンドゥー教の両方を選ぶことはできない」と筆者に語っている。これらの回答からも分かるように、ヒンドゥー教の神々の回収・焼却、紐切り、再改宗のための活動は、神の力を「迷信」として否定することに加え、それぞれの宗教を別々のものとして切断・分類し、「平等と科学の仏教徒」による閉鎖的で排他的な仏教徒共同体を創出しようとする。この時、「ヒンドゥー教か、仏教か」や「キリスト教か、仏教か」という二者択一から逃れながら自らの生活を改善する戦術は、活動家によって厳しい批判の対象となり、時には暴力的な行動を引き起こす原因となってしまう。

著作や演説から導き出される要約版としてのアンベードカルの教えは、ヒンドゥー教を「差別と迷信の宗教」と批判し、カースト・ヒンドゥーに「抑圧者」という否定的表象を付与することで他者として切断する。他方、この「差別と迷信のヒンドゥー教」に相反する「平等と科学の仏教」を信仰することを通じて、仏教徒は「自由、平等、博愛の仏教徒」という肯定的なアイデンティティを構築することができる。このアンベードカルの著作や演説は、彼の生涯を通じた「抑圧者」との闘争という文脈で執筆されたものである。これに対し、活動家たちは日常生活で病気や貧困に苦しむ仏教徒やキリスト教徒の声に耳を傾けず、それぞれに「半仏教徒・半ヒンドゥー教徒」や「改宗キリスト教徒」という蔑称を与え、「非人間化」することで暴力的に排除している。この排除行為を通じて活動家は、仏教徒の間に流通するアンベードカルの教えと、現実を生きる活動家の間に存在するずれを覆い隠し、「平等と科学の仏教徒」もしくは「アンベードカライト」というアイデンティティを確立しようとする。ここで差別に抗するアイデンティティの構築による自己実現は、「抑圧者」である「差別と迷信のヒンドゥー教徒」の否定に依拠するものから、貧困や病気で苦しむ周辺的存在を排除するものへと置き換わっている。言い換えれば、差別のない平等な社会を目指して周辺から発生した反差別運動が、「半仏教徒・半ヒンドゥー教徒」や「改宗キリスト教徒」と呼ばれる周辺的存在に対して抑圧的な立場に立っている。この時、ヒンドゥー教への信仰を捨てない仏教徒やキリスト教への改宗者は、カースト・ヒエラルキーにおいて「不可触民」とされると同時に、被差別者によるアイデンティティ・ポリティクスを通じて「半仏教徒・半ヒンドゥー教徒」や「改宗キリスト教徒」として二重に排除される存在、つまり、「被差別者の中の被差別者」として創り出されている。

註

（1）二〇一四年に改宗者の登録作業を行なった活動家のうち、七名は改宗記念祭に向けて一〇月一九日に得度し、数日間から数カ月間だけ「仏教僧」となった。オレンジ色の僧衣を身につけることで、活動家たちは、仏教徒から尊敬を集める存在である「仏教僧」としてヒンドゥー教の神々の像の回収・焼却などの活動を実施することができた。二〇〇五年一〇月二五日、この七名の中の一人であるＡＩＭの活動家ＧＢは、「私は仏教僧として三カ月間活動した。僧衣を着ている間はとても充実していた。仏教僧のグループとして活動していたため、一人ではできない仕事もグループでは上手にやることができた。ナーグプル市近郊のいくつもの村々を回り、仏教徒が手首に巻いているヒンドゥー教の紐を切り取った。また、仏教徒の家々からシヴァ、ラクシュミー、サラスヴァティーなどを寄付してもらった。それらの仏教徒が「持っていくな」と言った場合は、「もし仏教に改宗しブッダの教えを受け入れたのならば、ヒンドゥー教の祝祭や紐、神を捨てなければならない」と伝えると、「すべてを持って行ってくれ」と言った」と筆者に語った。

（2）活動家たちは、マハーラーシュトラ州政府発行の改宗証明書への申込用紙も配布していた。仏教徒組織ＳＢＳの活動家ＤＭによると、「マハーラーシュトラ州政府の改宗証明書に申し込み、仏教徒として登録すれば、国勢調査の仏教徒の数が増えることになる。その証明書に、仏教徒は「指定カースト」と同じ留保制度を受けることができると書いてある。この証明書を使って、それぞれの名字を仏教のものに変えることもできる」（二〇〇四年一〇月二〇日）。

（3）山口によると、見世物の重要な役割の一つは、現実を理解する見取り図を再構築することにある。見世物や娯楽が行なわれている「空間の中に入ったとき、人は、もはや日常世界と同じような秩序の中で物事が起こったり、展開したりすることを期待しない」（山口　一九八三：一四四）。そこで人は「日常生活の中では余り動員することのない感覚や身体運動を経験しながら、見ている物事がよりよく理解できるよう、目の前にある現実にあわせて、現実というものを理解する見取り図をつくりなおす」（山口　一九八三：一四四）。

第七章 「過激派」のアイデンティティ・クライシス

第六章では、同一性の政治学の特徴を有するアンベードカルの教えが絶対視されることにより、排他的な仏教徒共同体が家族や隣人と繋がる対面関係の網の目を切断し、被差別者の中の被差別者が創出されている点を取り上げた。続いて本章では、アンベードカルの教えの絶対視が生み出す別のジレンマに目を向ける。具体的には、反差別運動を積極的に推進することで「過激派」と呼ばれる活動家もまた、「半仏教徒・半ヒンドゥー教徒」と同じく、「差別と闘う団結か、家族との愛情か」という二者択一の問いの前に立たされていることを考察する。

第一に、一九五六年以降に生まれた活動家が集団改宗を経験した世代から記憶を受け継ぎ、「アンベードカルのおかげで仏教徒の恵まれた現在がある」との認識を共有していることを考察する。第二に、一九五六年以降、仏教徒がアンベードカルの教えに従って仏教文化を構築し、その一つとして「完全な」仏教式の結婚と結婚式を行なうことを目指している点に目を向ける。活動家SG（大学教員、三〇代男性）は、自分の結婚式で家族や隣人との愛情を選択し、アンベードカルの教えに反してしまうことにより、他の活動家から「半仏教徒・半ヒンドゥー教徒」として批判されている。他方、活動家DM（仏教徒組織SBSプレジデント、三〇代男性）は、差別に抗するためにアンベードカルの教えを絶対視し、家族が行なう改宗前の儀礼を拒否することで、家族との軋轢に直面している。

第三に、反差別運動に取り組む活動家のうち、周囲から「過激派」と呼ばれる者でさえも、アンベードカルの教えの順守と家族との愛情の繋がりの二者択一の前で葛藤を抱え、どちらを選択してもアイデンティティ・クライシスに陥ることを考察する。

第一節　アンベードカルを信じる理由

二〇一六年時点のナーグプル市において、一九五六年の集団改宗式に参加し、そのことを記憶している仏教徒たちはほとんどが七〇代以上となっている。この一九五六年の集団改宗式に実際に参加した仏教徒たちを第一世代とすると、現在の不可触民解放運動の中心を担っているのは、第一世代の子どもたちである第二世代である。第二世代は一九五六年の集団改宗以降に生まれた仏教徒、言い換えれば、改宗したのではなく仏教徒として生まれた人々であり、現在この世代の多くは三〇代後半以上である。この第二世代の学生時代（一九六〇年代後半以降）には、佐々井やカウサリャーヤンを宗教指導者とする仏教復興運動が展開しており、第一世代の手で市内には仏教文化が徐々に創り上げられていた。また第二世代は、インド憲法に「カースト差別の禁止」と「不可触民制の廃止」が記載され、「指定カースト」への留保制度といった優遇措置がすでに実施されていた世代である。現在は第二世代の子どもたちである第三世代も生まれており、第三世代も徐々に不可触民解放運動に参加し始めている。

一九五六年の集団改宗の前後を生きた第一世代は、自分たちの子ども、甥や姪、孫といった下の世代に自らの経験を伝達しており、一九五六年以降に生まれた世代が自分自身と自分を取り巻く環境を理解する上で重要な影響を与えている。言い換えれば、第二世代以降の仏教徒たちがアンベードカルを信じる主な理由は、アンベードカルの著作やアンベードカル生誕祭の模型作品、映画などの映像作品といったさまざまなメディアを通じてアンベードカルの闘争の生涯を学んできたことに加え、一九五六年集団改宗を経験した世代から当時の記憶を受け継いできたことにある。一九五六年の前後を生きた第一世代の仏教徒は、次のように語っている。

一九五六年の集団改宗式には参加しなかったが、同じ年に両親とともに仏教へ改宗した。私は二二歳だった。一九五六年以前、カースト・ヒンドゥーは不可触民が家に入ること、水を飲むこと、触ることを許さなかった。子どもの頃、喉が渇いた時には口元に手を当ててカースト・ヒンドゥーから手に水を注いでもらい、水を飲まなければならなかった。このような経験は何度もあり、はっきりと覚えている。多くの世代が経験してきたことだ。公の集まりがあった際には列の一番後ろに並ばされ、食事も最後に渡された。また、マハールは死んだ動物を他人の家から外に出す仕事をしていた。しかし、一九五六年以降は大きな変化が訪れた。バーバーサーヘブ（アンベードカル）の教えに従ってヒンドゥー教の神々をすべて川に捨て、仏教への信仰を始めた。私の父は仏教徒になってから、動物の死体を他人の家から運び出す仕事をやめた。現在、私たちはレストランで食事することもできるし、カースト・ヒンドゥーと同じ水を飲むこともできる（専業主婦（活動家ＧＢの母）、七〇代女性、二〇〇四年三月二七日）。

私は一九六四年から近隣の村々に仏教を広める活動を始め、一九六七年に出家した。三四歳の時だった。一九五六年以前にカースト・ヒンドゥーは不可触民を家の敷地に入れず、不可触民の手に水を注いで水を飲ませた。私自身がそのような事実を目にしたし、そういった経験をした。カースト差別である。一九五六年以前、カースト・ヒンドゥーは不可触民がヒンドゥー寺院に入ることを許さなかった。カースト・ヒンドゥーは太い棍棒を持ち、不可触民がヒンドゥー寺院に入ろうとするとその棍棒で叩いた。しかし一九五六年以降は、バーバーサーヘブのおかげですべてが変わった（尼僧A、七〇代女性、二〇〇四年五月一日）。

私は六歳の頃からバーバーサーヘブの活動の影響を受けており、一九五六年の集団改宗が行なわれた時には一〇歳くらいだった。この改宗以降、仏教徒たちはバーバーサーヘブの教えに従って仏教徒社会のために良い行ないを続けてきた。私も英語教師を退職後、毎週二回、貧しい仏教徒のために英語の授業を無料で行なっている。一九五六年以前の仏教徒の状況は、人間か動物かも分からない状況だった。周りの人々が不可触民として差別されたことも見てきたし、私自身もそのような経験をした。しかし、仏教徒はブッダとバーバーサーヘブの教えに従って努力を続け、不可触民への差別は取り除かれた（元英語教師、六〇代男性、二〇〇五年九月五日）。

一九五六年の前後を生きた仏教徒は、一九五六年の集団改宗を通じて仏教徒の状況が「動物以下の生活」（「犬でも入れるヒンドゥー寺院に入れなかった不可触民」）から「人間の生活」に変化したと認識している。これは仏教徒たちにとって、アンベードカルがすべてを変えたことを意味している。この一九五六年を転換点とする認識は、一九五六年以降に生まれた世代にも共有されている。一九五六年以降に生まれた活動家たちは次のように語っている。

一九五六年の集団改宗以降、仏教へ改宗した人々には数多くの変化がもたらされた。私たちの親の世代は非常に貧しかったが、私たちの世代は経済的に豊かになることができた。ナーグプル市ではこれまでに仏教へ改宗した人々のうち、九〇％がマハールであり、残りの一〇％が他の「指定カースト」だ。ナーグプル市に限らず、全インドにおいて言えることだが、マハールだけでなく他の「指定カースト」でも、ヒンドゥー教を捨てて仏教を受け入れ、自らを発展させた人々は経済的に豊かになることができた。しかし、仏教徒に改宗しなかった「指定カースト」は一九五六年以前と同様の状態にあり、仏教徒よりも貧しい状態にある（活動家ＳＫ、書店・旅行代理店経営、四〇代男性、二〇〇一年五月二三日）。

一九五六年以降、仏教徒の生活は動物のような生活から人間的な生活に変わった。しかし、仏教へ改宗しなかった「指定カースト」は依然として動物のような生活を送らなければならない状況にある。一九五六年の集団改宗後、仏教に改宗した人々は動物の死体を処理する仕事をやめ、子どもに高い教育を与え、経済状況も非常に良いものになった。動物のような生活ではなく、人間としての生活を送ることができるようになった。しかし、仏教へ改宗しなかった「指定カースト」は伝統的な仕事を続けており、現在も貧しい状況にある。例えば、インドーラー地区で暮らす「清掃協会（Sudarśan Samāj）」の人々は、依然として清掃人の仕事を続けている。清掃人は政府に雇用されているため、清掃協会の人々は、大学を卒業した人でさえゴミ収集の仕事をしている（活動家ＳＧ、学生、二〇代男性、二〇〇四年二月二八日）。

一九五六年以降に生まれた第二世代と第三世代の仏教徒は、一九五六年の前後を生きた第一世代の仏教徒たちの語りを聞き、現在の自分たちの恵まれた生活が不可触民の向上のために生涯を捧げたアンベードカルのおかげであるとの認識を受け継いでいる。このことから、アンベードカルは仏教徒たちにとっての「父なる指導者」であり、絶対的な存在として正統化されている。また、ヒンドゥー教徒として生きた時代と仏教徒として生きている時代を相反するものと考える認識から、本質主義的二元論や対抗する歴史観と同じ構図を見て取ることもできる。仏教徒たち、特に活動家にとり、アンベードカルの著作や演説に書かれていることは疑問の余地のない絶対的なものであり、アンベードカルの教えを破ることは現在の恵まれた生活を失うことを意味する。

このような記憶を受け継ぐ仏教徒たちがアンベードカルを強く支持していることは、毎年一二月六日のムンバイーにおけるアンベードカル入滅日の様子からも明らかである。一二月六日、ムンバイーのダーダルにあるアンベードカルが火葬された聖廟を出発点として、仏教徒を中心とする参列者は、数キロメートルに及ぶ長蛇の列を作る。実際に聖廟の中に滞在することができるのは三〇秒程度であるが、仏教徒たちは、その三〇秒程度の時間のために何時間も並んでいる。例えば二〇〇四年一二月六日、筆者は聖廟の中に入るための列に午後二時に並び、サマター・サイニク・ダルの警護のおかげで割り込みする者が一人もいなかったにもかかわらず、聖廟の中にたどり着くまでに八時間かかった。聖廟の中には柵で囲まれたアンベードカルの金色の像があり、参列者は柵の中に立っているサマター・サイニク・ダルのメンバーに白い花と線香、ろうそくを渡し、アンベードカルの銅像の前で数秒間だけ手を合わせることができた。その後、参列者はアンベードカルの銅像を囲む柵の周りを回って外に出て行った。

第二節　愛情を選ぶ活動家、団結を選ぶ活動家

第一項　「完全な」仏教式の結婚と結婚式

ナーグプル市の仏教徒たちが一九五六年の集団改宗以降に創造された仏教文化について説明する際、ヒンドゥー

教の神々や聖者への礼拝をやめ、ブッダとアンベードカルの像を家の中に置くようになったことのほか、仏教式の結婚と結婚式の存在を指摘することが多い。それらの語りの中では、ヒンドゥー教から仏教へ改宗した仏教徒は、アンベードカルの教えに従って「迷信と差別のヒンドゥー教」を離れ、カーストを破棄したのだから、サブ・カーストの区別にはこだわらず、仏教徒として仏教徒全体の中から結婚相手を選ぶべきだとされる。これが「完全な」仏教式の結婚の条件の一つである。例えば、活動家たちは以下のように語っている。

一九五六年の改宗以前、結婚式の儀礼は一〇日間かけて行なわれていた。これはヒンドゥー教のやり方であった。しかし、改宗後は最大でも二日間で十分になった。現在、仏教徒たちは、結婚式に一〇日間も時間をかけるようなふざけたことはしない。もし短く済ませようとすれば、一時間か、三帰依文を読み上げるための一〇分間さえあればよい。また昼食や夕食を出すのではなく、軽食を出す程度で十分だ（活動家ＳＫ、書店・旅行代理店経営、四〇代男性、二〇〇一年五月二〇日）。

マハールには一二・五のサブ・カーストがあった。[1] 一九五六年以前、このサブ・カーストの区別を越えて結婚することはなかった。しかし一九五六年の集団改宗以降、仏教徒は一つのコミュニティになったため、サブ・カーストに関係なく結婚するようになった。また、結婚式のやり方は、一九五六年以降にヒンドゥー教の方法から仏教の方法に変わった（映画館・レストラン経営ＭＨ、五〇代男性、二〇〇四年三月四日）。

ピッライヴェチェラによると、マハールは「一二・五」のサブ・カーストで構成されているとの認識を示すが、実際にマハーラーシュトラ州内の別々の地域でサブ・カーストの名前を集めてみると、一二個や一三個以上の名前を見つけることができる。また、マハールそれぞれに尋ねると、サブ・カーストの名前を四個か五個程度しかあげることはできない（Pillai-Vetschera 1994: 7）。ナーグプル市の仏教徒たちも、マハールが一二・五のサブ・カーストに分かれているという認識を共有しており、特に活動家の間では、サブ・カーストの区別に関係なく仏教徒全体の中から結婚相手を選ぶことが「完全な」仏教式の結婚とされている。仏教徒それぞれがどのサブ・カーストに所属しているかは、名字や出身地から明らかにされるため、活動家たちの中には、それぞれの名字を仏教に由来するものに変える取り組みを行なっている者もいる。例えば、マハールの名字である「ボーデーレー（*bodele*）」から「完全な智」を意味する「ボーディー（*bodhi*）」に、「サーカレー（*sākhare*）」から「シャカ族」を意味する「シャーキャ（*sākya*）」に変更するなどしている。また、「龍樹」を意味する「ナーガールジュナ（*nāgārjuna*）」を使用している仏教徒もいる(2)。

しかし、実際にアンベードカルの教えに忠実に従った「完全な」仏教式の結婚を行なうことは困難な試みである。例えば活動家SGは、「マハールのサブ・カーストは一二・五あり、現在、サブ・カーストの問題が出てくるのは結婚の時である。仏教徒の中には、公の場では仏教にサブ・カーストがないという人々もいるが、それらの仏教徒の家族の結婚相手を調べてみれば、その仏教徒が言っていることが正しいかどうか分かる。おそらくナーグプル市の仏教徒の八〇％は同じサブ・カースト内で結婚しているだろう。私の母方の伯父（元IAS官僚、六〇代男性）は、彼の娘を異なるサブ・カーストの男性と見合い結婚させたが、他の親族からは「サブ・カーストを汚した」と批判された。また私も結婚相手を探しているが、母親から「同じサブ・カーストの女性と結婚するように」と言われた。仏教徒の間にはサブ・カーストの区別はないはずだが」と述べている（二〇〇四年一二月一七日）。SGは、ナーグプル市の活動家の中で最も著名な人物の一人であるヴァサント・ムーンや、その妻ミーナークシー・ムーン（Meenakshi Moon）と親族関係にある。このような有名な活動家の親族であっても、サブ・カーストの区別にこだわらない結婚をすることに強い反対の意見を示す者がおり、活動家が自らの意見を押し通して「完全な」仏教式の結婚をすることは容易なことではない。

「完全な」仏教式の結婚の実現が困難である中、実際にナーグプル市の活動家たちの間で頻繁に議論されるのは、「完全な」仏教式の結婚よりも、むしろ「完全な」仏教式の結婚式である。この仏教式の結婚式は、ヒンドゥー教の結婚式で実施される儀礼を行なわず、仏教の儀礼のみを実施することを意味している。仏教式の結婚式を行なう取り組みは、一九五六年の集団改宗の直後から進められていた。ムーンによると、一九五六年に仏教へ改宗した直後、仏教徒たちはヒンドゥー教の結婚式の儀礼を拒否し、仏教の結婚式においてはヒンドゥー教の儀礼を一切行なわないことを決心した（Moon 2002: 168）。これ以降、現在に至るまでの約六〇年間、ナーグプル市の仏教徒たちは活動家を中心として、「完全な」仏教式の結婚式の実施に取り組んできた。実際に現在のナーグプル市では仏教僧が仏教徒の結婚式を執り行なってお

写真26　仏教徒の結婚式（2014年３月２日）

り、結婚式場にはブッダとアンベードカルの肖像画が置かれ、仏教僧が三帰依文や五戒文を唱え、守護紐儀礼を行なうなどしている（写真26）。このことから仏教徒たちが仏教式の結婚式を創り上げてきたことが見て取れる。

しかし「完全な」仏教式の結婚式の前後に目を向けると、活動家の視点からは仏教式と呼ぶことができない儀礼が含まれている場合が数多くある。この儀礼の一つが「ハルディーの儀礼（*haldī hāthā*）」である。ハルディーは「ターメリック」のことであり、ハルディーの儀礼とは、結婚式の前に新郎と新婦がそれぞれの実家で、結婚式後には新郎新婦が新郎の実家で、親族や友人と一緒に体にターメリックを塗り合うものである（口絵10）。以下は、二〇〇四年四月二三日に仏教徒の家庭で、結婚式の前に行なわれたハルディーの儀礼の様子である。


【事例二】

午後八時頃、活動家SGは、「私の家の近所の結婚式を見に行こう。その家族は「半仏教徒・半ヒンドゥー教徒」であるだけでなく、家の中にはキリストの像も置かれている。［中略］仏教徒の多くは三日間にわたって結婚式を行なっている。一日目がハルディーの儀礼で、二日目が結婚式だ。しかしハルディーの儀礼はヒンドゥー教のものだ。仏教へのヒンドゥー教の影響の一つだと考えられる。ハルディーの儀礼には宗教的な意味があり、この儀礼を行なうと肌がきれいになり、肌の色が明るくなると言われている。もちろんそれは迷信で、そのようにはならない。［中略］バーバーサーヘブは、仏教徒の結婚式には一日あれば十分だと言っていた。仏教徒がお金を無駄にしてはいけないと考えていたためだ」と筆者に説明した。午後八時半頃、新婦の実家に着くと女性五〇名程度、男性一五名程度が集まっていた。鮮やかな黄色のサリーを着用し、耳や鼻に赤色の装飾品を付けた新婦と一緒に、女性たちが庭に円のかたちで座っていた。また新婦の両手と背中には、ヘンナで

写真27　ハルディーの儀礼を終えた新郎新婦（2014年３月３日）

美しい絵が描かれていた。女性の中の一人が他の女性たちに鉄製やプラスチック製の腕輪を配布しており、女性たちは楽しそうに大声で話をしていた。［中略］午後九時半頃になると、庭にいる女性たちは新婦を囲むようにして座り、ステンレスのボウルから両手にターメリックを取り、新婦の両腕と顔に丁寧にターメリックを塗り始めた。新婦も女性たちも笑顔だった。女性たちは新婦にターメリックを塗り終わると、大きな声で笑いながら周囲にいる女性と互いにターメリックの塗り合いを始めた。次に女性たちは庭から道路に出ていき、ハルディーの儀礼を見ていた男性たちをつかまえようとした。男性たちは苦笑いをしながら逃げていたが、女性たちにつかまると、顔や両腕に黄色のターメリックを塗られた。

このようにハルディーの儀礼は、新郎と新婦が美しい装飾品を身に付け、親族や友人たちと会話を楽しみながらターメリックを塗り合う儀礼であり、親しい人々の間で行なわれていることが分かる（写真27）。これに対してＳＧは、アンベードカルの教えにある二元論的な見取り図からハルディーの儀礼を「差別と迷信のヒンドゥー教」の儀礼であると定義し、ハルディーの儀礼を実施する仏教徒たちが「半仏教徒・半ヒンドゥー教徒」であると批判を加えている。

つまり活動家たちの視点に立つと、「差別と迷信のヒンドゥー教」から「平等と科学の仏教」に改宗したのならば、「完全な」仏教式の結婚式には含まれないハルディーの儀礼を排除しなければならない。

第二項　家族や隣人との愛情による繋がりを選択すること

彼のライフ・ヒストリーが示すように、活動家SGは、特に学生時代に厳しい差別を受けたことから反差別運動に参加するようになった。高い教育を受けてきたSGは、仏教徒組織AIMによる他宗教の神々の回収・焼却の活動においてはリーダー的役割を果たし、改宗記念祭での紐切りの活動も積極的に実施してきた。またSGは、アンベードカルが一九五六年の集団改宗式の際に白い服を着て参加するように言ったことに影響され、「これから一生、白い服しか着ない」と宣言し、母親に強く止められたこともある。このように、SGはアンベードカルの教えを絶対視し、仏教の五戒を順守してきた人物である。アンベードカルの教えを基礎とする活動を通じてSGは、自らの厳しい差別の経験を再解釈し、差別に抗するアイデンティティを獲得しており、彼の自己肯定の基盤にはアンベードカルの教えがある。しかし二〇〇六年、SGは自分自身の結婚式において、それまでは活動家として「完全に」仏教式の結婚式を実施すると言及してきたにもかかわらず、実際には「不完全な」結婚式を行なうことになってしまった。

【事例二】

二〇〇六年六月二四日の午後一二時頃、活動家SGの結婚式の会場には、SGの親族や友人など一〇〇名以上の出席者がいた。会場奥の舞台には椅子が二つ並んでいたが、新郎も新婦も座っていなかった。しばらくすると、舞台の横の階段から大勢の人が下りてきた。その中に活動家ＲＢ（農家、二〇代男性）がいた。筆者はＲＢと「ジャイ・ビーム」と挨拶を交わし、「他の友人たちはどこにいるんだ」と聞いた。ＲＢは困った表情をして「来ていない」と答えた。筆者が「（活動家）ＤＭと（活動家）ＷＢはどこだ」と聞くと、ＲＢは「ＤＭもＷＢも来ていない。ナーグプル市には来たけどね」と言って苦笑いを浮かべた。筆者は携帯電話を取り出してＤＭに電話をかけた。筆者が「ＤＭ、なぜＳＧの結婚式に来ていないんだ」と聞くと、ＤＭは「ナーグプル市には来たんだ。だけど問題があって結婚式には行かなかった」と答えた。筆者が「問題って何だよ」と聞くと、ＤＭは「後で話すよ。今どこに泊まっているんだ。夜になったら会いに行くよ」と言った。舞台に目を向けると、ＳＧと新婦が椅子の前に立っていた。ＳＧはグレーのスーツ、新婦は赤いサリーを身にまとい、首から白い花輪を何重にもかけていた。新郎新婦の席の間には、アンベードカルとブッダの肖像画が置かれていた。会場の出席者たちは新郎新婦と言葉を交わし、黄色い花びらをかけ、贈り物を渡した。次から次へと人が入れ替わっていった。筆者も新郎新婦の前に進み、贈り物を渡した。ＳＧは笑顔を浮かべていたが、筆者と視線を合わせようとせず、言葉をあまり交わさなかった。

活動家ＤＭとＲＢ、ＲＢの兄であるＷＢ（石油関連会社勤務、四〇代男性）は、ナーグプル市から約三八キロメートルの距離にあるナーグプル県内のウダーサー村の出身である。三名は同じ村の他の活動家と一緒に仏教徒組織「平等のための多目的組織（Samatā Bahuddeśīya Saṃsthā）（以下ＳＢＳ）」を設立し、ＡＩＭやＡＣＪＰのリーダーシップの下、主にナーグプル市内において仏教徒の家からヒンドゥー教の神や聖者の像を回収・焼却する活動などに取り組んできた。活動家ＳＧがＡＩＭのリーダー的役割を果たしていることから、ＤＭ、ＲＢ、ＷＢの三名とＳ

Gはお互いによく知った関係にあり、DMとWBがナーグプル市まで来たにもかかわらず、SGの結婚式に出席していないのは、とても不自然なことだった。

【事例三】

二〇〇六年六月二四日の午後六時頃、DM、RB、WBはインドーラー地区の六男KAの家にいた筆者に会いにきた。「ジャイ・ビーム」と挨拶し、握手を交わした後、筆者は「最近の調子はどうだ。なぜ活動家SGの結婚式に来なかったんだ」と聞いた。するとDMは、「SGは何年も前から完全に仏教式の結婚式を行なうと言っていた。今回は完全に仏教式の結婚式のモデルを見せるチャンスだった。SGは以前から仏教式の結婚式のモデルを見せると言っていたが、直前になってやめたんだよ」と答えた。筆者が「どういうことだよ」と言うと、DMは、「完全に仏教式の結婚式をやるために、おれたちはSGの結婚相手がハルディーの儀礼を行なうことをやめさせる計画だった。SGは仏教式の結婚式のモデルを見せると言っていた。ハルディーの儀礼が始まりそうになったら、SGがおれたちに電話をして、おれたちがそこに行く計画だった。おれたちがハルディーの儀礼をなぜやめるべきなのかを説明して、中止させることになっていた。だけどSGは電話をしてこなかった。おれたちはウダーサー村からベテランの活動家を連れてきて、待っていたんだよ。だけどSGは電話をしてこなかった」と答えた。筆者が「そうなんだ」と言うと、DMは、「おれたちは周りから過激派だと言われるけれど、根本もそう思うか」と言って悲しそうに笑った。筆者は、DMがそう答えてほしいだろうと思い、「過激派だとは思わないよ」と答えた。〔中略〕午後七時過ぎ、DMたちは暗闇の中で土砂降りの雨に打たれながらバイクで走り去って行った。

DMによると、SGはAIMの集会において「完全に仏教式の結婚式のモデルを見せる」と言っていたが、実際には新婦がハルディーの儀礼を行なうことを止められず、アンベードカルの教えに背いてしまった。言い換えれば、SGは「半仏教徒・半ヒンドゥー教徒」と批判してきた家族に自分自身がなってしまった。ハルディーの儀礼は「迷信」的な儀礼としてだけではなく、新郎と新婦が結婚の際に親族や友人と一緒に楽しく過ごすものとしても存在している。つまり、SGが結婚相手のハルディーの儀礼を止めることができなかった理由の一つは、ハルディーの儀礼が将来をともに過ごす新婦や親族、友人たちによる愛情の中で行なわれていることにあったと推測できる。例えば、二〇〇五年のラクシャー・バンダンの祝祭（八月一九日）の数日後、SGは、「もし自分の親戚からラーキーを巻きたいと言われたら、断ることが難しい。だからラクシャー・バンダンの日は、自分の家から外に出なかった」と筆者に述べており、SGが家族や隣人との愛情によって繋がる対面関係の網の目に絡め取られていることが分かる。実際のところ、活動家SGがDMに電話できなかった理由は定かではなく、別の理由（例えば、DMに電話しようとしたがSGの携帯電話が圏外だったなど）から電話できなかった可能性もあるが、DMやRB、WBはそのようには考えていなかった。いずれにせよ、この出来事は、アンベードカルの教えの順守と家族との愛情による繋がりの二者択一において、活動家が愛情の繋がりを選択した場合、他の活動家から「半仏教徒・半ヒンドゥー教徒」として批判される存在になることを示している。

第三項　アンベードカルの教えの順守を選択すること

活動家DMは「アンベードカルのおかげで元不可触民は「動物以下の生活」から「人間の生活」を送ることができるようになった」と考え、アンベードカルを絶対的な存在として認識し、その教えを順守してきた。DMは、アンベードカルの教えに従って改宗記念祭で仏教徒から半ば強引に聖紐を切り落としたり、仏教から改宗したキリスト教徒と対立したりしているため、周囲から「過激派」、「暴力的」と批判されている。DMは自らの差別の経験や家族関係について語ることがほとんどなく、二〇〇五年に筆者と一緒にデリーにあるアパートに数週間にわたって滞在した時も、同じ年に筆者がウダーサー村にある彼の実家に宿泊した時も、いくつもの筆者の質問に対し「おれの話はいいから他の人に話を聞いたほうがいいよ」と答えた。そのため、とても親しい間柄にもかかわらず、二〇一六年現在まで、筆者は彼のライフ・ヒストリーを聞くことができていない。その彼が自らの抱える苦悩について自ら語ったのは、活動家SGの「不完全な」結婚式から二年後のことだった。

【事例四】

二〇〇八年九月二日の午後三時過ぎ、DMとRBがナーグプル市内の筆者の滞在先（佐々井の無料診療所の二階）を訪れた。筆者が「なぜ社会運動に取り組むようになったのか」と尋ねると、DMは「自分は仏教が純粋なものであると考えていて、仏教が混ざり合ったものにならないように活動を行なっている。だけど仏教徒の中には「これもブッダの教えだ」と言って他のものを仏教に付け加えようとしている人々がいる。例えばSGは、結婚する二年前からAIMにおいて「仏教の方法で結婚式をする」と言っていたが、実際にはハルディーとか、仏教の方法とは異なるやり方で結婚式を行なった。自分は仏教が混ざり合ったものにならないように活動を行なってきたのだが、周りからは「攻撃的だ」とか「過激だ」とか言われ、混乱している。「自分は頭が狂ってしまったのか」と自分で自分に何度も問いかけている。自分たちがこちら側にいて、残りの仏教徒たちはすべて向こう側にいる。両親や兄弟や姉妹に愛着を持っているけれど、家族も自分たちとは反対の側にいて、家族と一緒に暮らすことで神経質になったり、問題が生じてしまったりする。結局、おれは家族に石を投げ、家族から「ＤＭは頭がおかしくなった」と言われるんだよ」と言って、何かをあきらめたかのように笑った。筆者が「なぜ家族と対立してまでもアンベードカルの教えに従うんだ」と聞くと、ＤＭは、「それは質問になるようなことではない。今の自分たちがあるのはバーバーサーヘブのおかげだからだ。バーバーサーヘブがいなければ、自分たち仏教徒は現在のような状況にはない」と答えた。筆者が「仏教徒社会がバーバーサーヘブの教えに従わなければどうなってしまうんだ」と尋ねると、ＤＭは「根本は二年前にカイルラーンジー村で起きた事件を知っているか」と聞いてきた。

カイルラーンジー事件とは、二〇〇六年九月二九日に発生したマハーラーシュトラ州カイルラーンジー村における仏教徒家族に対する集団強姦・殺人事件である。インドの英字新聞各紙によると、ナーグプル市から一〇〇キロメートルほどの距離にあるカイルラーンジー村はおよそ一二五世帯からなり、大多数がクンビー（*kunbi*）といった「その他の後進諸階級」である。この村で暮らす仏教徒（マハール）は三世帯であり、そのうちの一世帯が被害者となった家族である。この家の父親は一九九六年、道路を通すことを理由として自らの土地七エーカーのうち二エーカーをカースト・ヒンドゥーに取り上げられた。近年はさらに二エーカーの土地を渡すように要求されていたが、残っている五エーカーの土地を守るため、母親は、警察や政治家とのコネを持つ従兄の力を借りていた。二〇〇六年九月三日、その従兄が他の村民たちから集団暴行を受けたため、母親は目撃者として警察に情報を提供し、一二名が逮捕された。九月二九日、釈放された一二名はすぐに仏教徒家族を襲撃し、母親と長女は裸で連れ回され、自転車のチェーンや斧、牛車の棒で激しく暴行を受けた。二人は数多くの村人が見ている中、集団で強姦されて殺害されたとされる。また、長男と次男は集団暴行を受け、性器を切断されたり、顔の形が変わるほど殴られたりした後、殺害されたとされる。(3) DMは、この事件を振り返り、アンベードカルの教えに従って仏教徒が団結することが重要であると強調し、以下のように続けた。

カイルラーンジー村には、殺された家族を含めて仏教徒は三家族しかいなかった。その三家族は仏教徒であったけれど、サブ・カーストに分かれていたため、殺された家族が襲われている時、他の仏教徒の家族は助けに来なかった。カイルラーンジー村で事件が起こった後、私たちはカイルラーンジー村の近くの村々を回り、ある仏教徒の家で集会を開いた。しかし、あまり多くの仏教徒が集まらなかった。そのため私たちはその村の家々を回って、なぜ集会に来なかったのかを聞いた。集会に来なかった仏教徒たちは、「集会を開いた仏教徒の家のサブ・カーストが異なるから行かなかった」と答えた。村では、ある仏教徒の家で集会を行なったら、別のサブ・カーストの仏教徒は集会に来ない。村で暮らす仏教徒たちはサブ・カーストで分かれている。もしナーグプル市の仏教徒がバーバーサーヘブの教えに従わなかったら、カイルラーンジー村のように仏教徒社会は分裂して、カイルラーンジー事件のようなことが起こるだろう。自分にはナーグプル市に一〇〇人以上の友人がいて、そのことを周囲の人間が分かっているから、誰も自分に触れることはできない。もし自分に誰も友人がいなかったら、カイルラーンジー事件のように簡単に殺されてしまう。自分は、人々が良い関係を持って助け合うことができるような仏教徒の社会を作りたい。

このDMの語りは、彼が抱える葛藤を明らかにしている。アンベードカルの教えを通じて差別に抗するアイデンティティを獲得したＤＭにとって、ヒンドゥー教は「差別と迷信の宗教」であり、「半仏教徒・半ヒンドゥー教徒」の存在は、すべてをもたらしたアンベードカルへの裏切りである。ウダーサー村の仏教徒組織ＳＢＳのプレジデントであるＤＭは、改宗記念祭において紐切りの活動に積極的に取り組み、活動家ＳＧと一緒にＡＩＭによるヒンドゥー教の神々の回収・焼却の活動にも参加してきた。ＤＭはアンベードカルの教えに従うことで、仏教徒の間にあるサブ・カーストによる対立をなくして協力関係を作り上げ、カイルラーンジー事件のような残酷な出来事が他の仏教徒たちに起こらないようにしたいと考えている。一方、ウダーサー村で暮らしているＤＭの家族は、仏教の儀礼だけでなく、ラクシャー・バンダンなどのヒンドゥー教の儀礼も行なっており、活動家の目から見れば「半仏教徒・半ヒンドゥー教徒」である。ＤＭは両親や兄弟や姉妹への愛情を感じているが、家族が実施する「迷信」的な儀礼に参加することができず、ラクシャー・バンダンの儀礼において姉妹からのラーキーを断り、姉妹を泣かせた経験もある。このような経験からＤＭは、ウダーサー村にある実家には戻らず、ナーグプル市にある佐々井の無料診療所に滞在していた期間もあった。アンベードカルの教えを絶対視するＤＭは、仏教を「純粋なもの」とすることを目指し、ウダーサー村の家族の儀礼に参加することを拒むため、両親や兄弟、姉妹との軋轢に直面し、家族との繋がりを失いつつある。ＤＭは、自分の家族から「頭がおかしくなった」と言われ、「自分は頭が狂ってしまったのか」と自分自身に何度も問いかける日々を送ってきた。「過激派」という呼び名は、ＤＭが抱えるさまざまな苦悩を覆い隠してしまう。

第三節　排他的な当事者性に依拠する「過激派」の限界

ナーグプル市の仏教徒たちは、元不可触民としての差別の経験の連鎖と、親族や隣人との愛情の連鎖という両者によって他の仏教徒たちと繋がりながら生きている。「過激派」と呼ばれる活動家でさえ対面関係の網の目に絡め取られており、排他的な当事者性に依拠する運動を通じて暴力的な対立が生み出される中、自分の家族についても「仲間か、敵か」という分類を迫られることがある。SGのように、家族との愛情による繋がりを維持することを活動家が選択すれば、つまり、国民的同一性の論理による排他的な仏教徒共同体でなく、関係性による同一性の論理に依拠する対面関係の網の目を選べば、他の活動家から「仏教以外のものを仏教に付け加えようとしている人々」と批判されることになる。SGもまた、活動家の目から見れば、「アンベードカルを裏切った者」である「半仏教徒・半ヒンドゥー教徒」の一人となる。このため、SGは、AIMのリーダー的存在としての名声を失いつつある。このようにアンベードカルの教えに背くことになった活動家は、これまでの理想であった「平等と科学の仏教徒」という自己認識、言い換えれば、アンベードカルの教えを通じて獲得してきた差別に抗する肯定的アイデンティティ（「平等と科学の仏教徒」）が不安定なものになってしまう。

他方、生活上の困難に苦しみながらも、DMをはじめとする活動家がブッダとアンベードカルの教えの順守を選択するのは、「アンベードカルがいなければ自分たち仏教徒は現在のような状況にはない」ためであり、「仏教徒がアンベードカルの教えに従わなければ、仏教徒たちが団結できず、カイルラーンジー事件のように簡単に殺されてしまう」と考えるからである。二〇〇五年の改宗記念祭の紐切りの合間に、筆者が「DMはいつ結婚するんだ」と聞くと、ＤＭは「いつでも結婚する準備はできているが、相手がいない。仏教だけに従っている女性を探しているのだけれど、なかなか見つからないんだ」と笑いながら答えた。また、二〇〇八年にＤＭが筆者の滞在先を訪れた際、筆者が「最近は仕事をしているのか」と尋ねると、ＤＭは、「ウダーサー村で販売の仕事をしていたが、もうやめてしまった。給料をたくさんもらっていたけれど、販売の仕事は大げさなことを言ったり、嘘をついたりして商品を売らなければならないから。自分の販売の成績が良かったため、販売会社の社長は「仕事をやめずに続けて欲しい」と頼んできた。だけど、「嘘をつくことは仏教の五戒に反しているからできません」と言って仕事をやめた」と言った。筆者が「それならどうやってお金を稼ぐつもりなんだ。嘘を言わなくていい仕事なんてあるのか」と聞くと、ＤＭは、「前にやっていたような人をだますような仕事からは満足を得ることができないし、その仕事をすることに困難を感じる。医者や弁護士になれば人々を助けて社会に貢献することができる」と答えた。

ＤＭのように、たとえ目指している社会が正当なものであったとしても、アンベードカルの教えを絶対視することは、他の仏教徒からは「過激派」と呼ばれる可能性を含んでいる。また、「二十二の誓い」に従って一緒に暮らす家族が行なう改宗前の儀礼に参加することを拒めば、自分の家族から「頭がおかしくなった」と言われることになる。アンベードカルの教えは改宗前の儀礼を破棄することを求めるため、これらの儀礼を通じて形成される対面関係の網の目もまた否定され、自分の家族と繫がる関係性による同一性が揺らぐことになる。結局のところ、活動家たちは自分自身の家族との軋轢に直面し、同一性の政治学を推進するアンベードカルの教えの順守と、家族との愛情による繫がりの二者択一、言い換えれば、国民的な同一性の論理と関係性による同一性の論理の二者択一の前でジレンマに陥ることになる。家族との愛情による対面関係の網の目を選択すれば、「平等と科学の仏教徒」という肯定的な国民的同一性が否定される一方、アンベードカルの教えに依拠する排他的な仏教徒共同体を選べば、家族や隣人と繋がる関係性による同一性を失うことになる。つまりどちらを選択したとしても、もう一方が失われるため、活動家たちはアイデンティティ・クライシスに陥ってしまう。この難問に答えようとする「過激派」の葛藤は、同一性の政治学のみに依拠する仏教徒運動の一つの限界を示している。

註

（1）ナーグプル市の仏教徒たちによると、マハールの一二・五のサブ・カーストの〇・五に当たるのは「ヒジュラー（*hijrā*）」である。同様にピッライヴェチェラによると、現地のインフォーマントたちはマハールのサブ・カーストの最後の一つが「Hijada」であると説明している（Pillai-Vetschera 1994: 7）。ヒジュラーについては、インドのグジャラート州を調査地とする國弘（二〇〇九）が論じている。

（2）マハールもしくは仏教徒の名字として、他にアンバーデー（*ambāḍe*）、シェーンデー（*shemḍe*）、ガジビエー（*gajbhiye*）、ガンヴィール（*ganvir*）、アウレー（*aule*）などがある。また、マハールの中にはコーブラーガデー（*khoblāgaḍe*）からカーパルデー（*khāparḍe*）、レーパンデー（*lepamḍe*）からデーシュパンデー（*deshpamḍe*）、メーシュラム（*meshram*）からマヘースカル（*maheskar*）など、自分たちの名字をバラモンの名字や、バラモンの名字に類似したものに変えている人々もいる。

（3）本章におけるカイルラーンジー事件の内容は、ヒンドゥー（Hindu）紙（二〇〇六年一一月一七日、一九日、一二月二八日付）、インディアン・エクスプレス（Indian Express）紙（二〇〇六年一一月七日、八日、一五日、二〇〇八年九月二五日付）、テヘルカー（Thehelka）紙（二〇〇六年一一月一一日、一八日、二五日付）に基づいており、この三紙以外の報道では事件の詳細が異なっている場合もあったことを付け加えておく。

第八章 「半仏教徒・半ヒンドゥー教徒」の戦術的な試み

第六章と第七章では、アンベードカルの教えの絶対視がもたらす「半仏教徒・半ヒンドゥー教徒」や「過激派」たちの葛藤を考察したが、本章では、特に「半仏教徒・半ヒンドゥー教徒」と呼ばれる仏教徒青年の視点に立ち、「半仏教徒・半ヒンドゥー教徒」が如何に「差別への闘争か、家族との愛情か」という二者択一の問いを乗り越えようとしているのかを明らかにする。より具体的には、青年たちが耕牛の祭で行なう二つの戦術に加え、この青年たちが排他的共同体に対面関係の網の目を接続し、反差別運動を拡張していることを考察する。

第一に、「半仏教徒・半ヒンドゥー教徒」と呼ばれる青年たちがヒンドゥー教の祝祭に実施する儀礼を耕牛の祭で行なうことに目を向ける。青年たちは二つの戦術を用いて、宗教の違いにかかわらず神の力を受け取ることができる儀礼を創出し、病気や貧困に苦しむ近隣の人々に平等に分け与えている。第二に、「アンベードカライト」も「半仏教徒・半ヒンドゥー教徒」も、反差別運動を通じて自己尊厳を獲得しつつ、超自然的な力を認める既存の論理を保持していることを考察する。言い換えれば、両者の境界線は決して乗り越えられないものではない。第三に「半仏教徒・半ヒンドゥー教徒」が、親族関係にはないが愛情によって繋がった他者を「親族」として読み換えていることを明らかにする。「半仏教徒・半ヒンドゥー教徒」たちは、この「開かれた親族」の網の目を、アンベードカルの教えに基づく排他的な仏教徒共同体に接続することで、仏教徒たちによる反差別の連帯を拡張している。

第一節　どの宗教に属するものか不確かな儀礼

第一項　耕牛の祭におけるダヒー・ハンディーの儀礼

シュラーヴァナ月（太陽暦七―八月）の満月の日から八日目は、ヒンドゥー教のクリシュナ生誕祭（*kṛṣṇa janmāṣṭamī*）であり、マハーラーシュトラ州ではヨーグルトの入った素焼きの壺を割る儀礼（ダヒー・ハンディー（*dahī haṇḍī*）が行なわれる。「ダヒー」は「ヨーグルト」、「ハンディー」は「素焼きの壺」を意味し、この儀礼では、ヨーグルトと牛乳の入れられた素焼きの壺が、頭上数メートルから十数メートルの高さに吊るし上げられる。儀礼の参加者たちは、仲間の肩の上に立つかたちで何層もの人間ピラミッドを作りあげ、頭上にあるその壺を割る。ダヒー・ハンディーの儀礼は、幼少時のクリシュナがバターミルクを非常に好み、母親が天井から吊るしたバターとヨーグルトの入った壺を、数人の友だちの肩を渡っていくことで手に入れたという神話に由来する。参加者は、クリシュナの別名である「ゴーヴィンダ（*govinda*）」と呼ばれ、参加者の中にはクリシュナの仮装をしている者もいる。

ナーグプル市でも、毎年のクリシュナ生誕祭では、多くの地域でダヒー・ハンディーの儀礼が行なわれる。政治家などがゲストとして招かれる中、どのグループが最初に素焼きの壺を割ることができるか、男女別で競われる。複数のグループが順番に人間ピラミッドを作り、最初に壺を割ったグループが賞金などを獲得することができる（写真28）。二〇〇四年は九月七日がクリシュナ生誕祭であった。しかし、インドーラー地区のラインAの仏教徒青年グループは、九月七日ではなく、八日後の九月一五日、五穀豊穣を祈る耕牛の祭の二日目にあたる小ポーラーの日にダヒー・ハンディーの儀礼を行なった。以下の事例一は儀礼が始まる場面、事例二は儀礼が終わる場面である。

【事例一】

昼の一二時頃、インドーラー地区では長男ＳＡの長女ＲＡや次男ＣＡ、青年ＶＫの甥ＳＭやＧＧなど、仏教徒の子どもたちが木製の小さな耕牛（*nandi*）を引いて近隣の家々を訪れ、大人から一ルピーや二ルピーの硬貨を貰って回っていた。子どもたちの木製の耕牛は、紙やペンキで赤や青に色づけされ、それぞれの持ち主である子どもの名前が台車に書かれていた。午後一二時を過ぎると、ラインＡの青年たちはＡＪの家の前に集まり、まずダヒー・ハンディーのために三〇ルピーずつ出し合った。家の前の道路で青年たちは、茶色い素焼きの壺にヨーグルトと牛乳を流し込み、一ルピーや二ルピー硬貨を入れ、ココナッツで蓋をした。素焼きの壺の口には花輪がかけられ、一〇ルピーや二〇ルピー紙幣、バナナ、風船などが紐で結びつけられた。青年たちが壺とココナッツに赤い粉をつけた後、麻縄の一方は家の二階のベランダ、もう

写真28　ナーグプル市内におけるダヒー・ハンディーの儀礼（2016年８月25日）

写真29　木製の耕牛を持つ仏教徒の子どもたち（2008年８月31日）

一方は高い木の枝に結ばれ、頭上四メートルほどの高さに吊り上げられた。〔中略〕午後六時頃、ダヒー・ハンディーの壺が吊り上げられた周囲には五〇人ほどの人々が集まり、家の中や家の入口に椅子を運び出すなどして青年たちの姿を見ていた。まず青年たちは、木製の耕牛を持っている子どもたちを壺の下に一列に並べ（写真29）、それぞれの牛の眉間に赤い粉を塗った後、お香を一本ずつ耕牛の台車に突き立て、緑色の葉のついた枝を一本ずつ渡した。青年ＨＬは、列の中央で最も大きな耕牛を持っている女の子の前に座り、火のついたお香の束と赤い粉が載ったステンレスの皿を、彼女の顔の前で円を描くように三回まわした。次にＨＬは、儀礼開始の合図としてココナッツを地面にたたきつけて割り、女の子の口の中にココナッツの果汁を数滴落とし、自分でも数滴だけそれを飲んだ。青年ＡＪの叔父ＳＦ（エンジニア、五〇代男性）と青年ＶＫが一ルピーや二ルピー硬貨を列の端から順々に子どもたちに渡していった。硬貨が子どもたち全員の手に渡されようとした時、突然七男ＡＡが樽の中から桶で水をすくい、列に並んだ子どもたちにかけ始めたため、子どもたちは悲鳴を上げながら逃げ出した。

写真30　耕牛の祭におけるダヒー・ハンディーの儀礼（2008年8月31日）

【事例二】

午後六時半頃、一二名ほどの青年たちは靴を脱ぎ、水をかけ合ったり、抱き合ったりした後、スピーカーから流され続けるボリウッド映画の音楽に合わせて、ヨーグルトが入った素焼きの壺の下で両手を高々と上げたり、左右に広げたりしながら自由に踊り始めた。学生AGやNGといった一〇代前半の少年は、樽から水をすくって青年たちにかけた。青年たちは順々にAJの家の中に入り、青年AJの部屋で数杯のウイスキーを飲み、鶏肉を食べてから家の外に出ていった。しばらく踊り続けた青年たちは、壺の下で円形に集まり、どのようにピラミッドを作るのかを話し合った。まず六人の青年たちが一段目の土台になるために肩を組んで円形になり、三人の青年たちが二段目の円を作った。少年たちが水をかける中、一番上に立つことになったAJが二段目の青年たちの肩に立ち上がり（写真30）、壺に手を伸ばした時にピラミッドは崩れ落ちた。AJは二メートルほどの高さから滑り落ち、アスファルトの道路に胸を叩きつけ、腹ばいになったまま動くことができなかった。青年二人がAJを彼の家の中に抱きかかえて連れて行った。ピラミッドが崩れ落ちるとすぐに、他の青年たちがボリウッド音楽に合わせて急激に踊りを始めたため、周りの人々から笑い声が起きた。［中略］上半身裸になった青年たちの踊りは次第に激しさを増し、声を張り上げ、他の青年に抱きつき、頬に口づけをする者もいた。青年たちは話し合いを何回も行なったが、それでもピラミッドは何度も崩れ落ち、その度に肩や背中や腰をアスファルトの道路で擦りむいた。午後七時過ぎ、AJが家の中から戻ってきた。AJが再びピラミッドの二段目の上に立ち、両手で壺を胸に抱えると、その瞬間にピラミッドは崩れ落ち、頂上のAJは壺を抱えたまま、斜め下に滑り落ちていった。壺はAJとともにアスファルトの地面に叩きつけられ、粉々に砕けた。壺の周りに青年たちが五人ほど殺到し、壺についていたココナッツを取り合った。周りの少年たちは、壺の中から出てきた硬貨を拾っていた。RNがココナッツを右手で高々と上げながら走り出し、ココナッツを地面に叩きつけて割り、青年や少年たちはココナッツを拾って食べた。七男AAは筆者にココナッツをひとかけら渡し、VKは「供物だよ」と言って筆者の口にバナナを押し込んだ。

「二十二の誓い」の二番目は「私はラーマ、クリシュナを神と認めず、崇拝しない」ことを宣誓するものであり、ヒンドゥー教のクリシュナ生誕祭を祝うことはアンベードカルの教えで明確に否定されている。このことを知っている青年たちは、自分たちのダヒー・ハンディーとクリシュナ生誕祭には関係がないと語る。例えば二〇〇四年九月三〇日、「ダヒー・ハンディーはクリシュナ生誕祭に行なうと聞いたけど」と筆者が尋ねると、VKは、「ヒンドゥー教の祭りだけれど、おれたちは仏教徒だから、楽しむためにやっただけだ」と答えた。これを聞いたHLは、「クリシュナ生誕祭はヒンドゥー教の祭りだよ。おれたちは耕牛の祭を祝うためにダヒー・ハンディーをやった。子どもたちに祝福を与えるために。クリシュナ生誕祭とおれたちのやったダヒー・ハンディーとは何の関係もない。おれたちは仏教徒だからね。ダヒー・ハンディーはもともとヒンドゥー教のものだから、おれたちにとってダヒー・ハンディーは必ずやらなければならないというわけではない。おれたちはただ耕牛の祭を祝い、子どもたちに祝福を与えるためにやった。楽しむためにやっただけだよ」と説明を付け足した。

第二項　「名前や物語がはっきりしない神」の創出

反差別運動を率いる活動家によってヒンドゥー教と仏教の間に明確な差異が構築されようとする中、ラインAの仏教徒青年たちは、ダヒー・ハンディーの儀礼において二つの戦術を用い、クリシュナ生誕祭から切り離そうと試みている。第一に青年たちは、ヒンドゥー教儀礼を実施する日程を変更している。通常、ヒンドゥー教の神クリシュナの神話に基づくダヒー・ハンディーの儀礼は、クリシュナ生誕祭に行なわれるものである。クリシュナ生誕祭はシュラーヴァナ月の満月の日から八日目に行なわれる祝祭であり、二〇〇四年は九月七日が当日であったが、青年たちは、耕牛の祭の二日目にあたる九月一五日にダヒー・ハンディーの儀礼を行なった。第二に仏教徒青年たちは、ダヒー・ハンディーの儀礼の最初に、子どもたちの木製の耕牛に赤い粉を塗ったり、お香を突き立てたり、子どもたちに硬貨を配るなどした。つまり青年たちは、ダヒー・ハンディーの儀礼の中に耕牛の祭の要素を組み入れることで、クリシュナ生誕祭で行なわれてきたものとは別の儀礼を創り出している。インドーラー地区で耕牛の祭にダヒー・ハンディーを行なうことは、ラインAの青年たちによって一九九九年から始められ、筆者は二〇〇四年と二〇〇五年、二〇〇八年の儀礼に参加した。このうち二〇〇八年のダヒー・ハンディーの儀礼は、二年ぶりに現地を訪れた筆者のために行なわれ、青年たちの人間ピラミッドの頂上でダヒー・ハンディーを割ったのは筆者であった（写真31）。青年たち自身は、二〇代後半になった二〇〇八年を最後に儀礼をやめたが、耕牛の祭にダヒー・ハンディーを行なうというやり方は、二〇一六年時点でも仏教徒居住区インドーラーの複数の場所で、青年たちよ

写真31　ダヒー・ハンディーの儀礼において青年たちと踊る筆者
（2008年８月31日　撮影：根本由香理）

り若い世代に引き継がれている。

すでに述べたように、青年たちが暮らすインドーラー地区は、ナーグプル市内でも経済的に貧しく、教育水準も高くはない。二〇一六年時点で、ムンバイーのグーグルで働く青年HLは月二〇万ルピー以上の給与を受け取るようになったが、この地区の出身でここまで経済状況を改善できた仏教徒の数は非常に限られている。病気や犯罪で命を失った仏教徒も多く、アルコール依存症になる者、大麻や覚醒剤を使用する人もいる。二〇一〇年以降のラインAの仏教徒に目を向けただけでも、例えば、本章の事例一に出てくるAJの叔父SFは、妻と二〇代の娘二人、一〇代の息子一人を残して二〇一二年に心臓発作で死去した。事例二に出てくるNGは、学校をドロップアウトした後、刑務所に何度か入りながらも窃盗などで生活費を稼いでいたが、二〇一五年に生活苦の中で薬品を飲んで自殺した。このNGの父親は、自転車の空気入れを持って国道に座り、一回一ルピーで自転車に空気を入れることを仕事にしている。MTは高齢の両親が死去した後、二〇一三年に仏教徒女性と結婚したが、日々の稼ぎの多くを酒代に使っただけでなく、妻への暴力行為を繰り返したため、妻は彼女の実家に帰ってしまった。青年VKは二〇一二年頃からアルコール依存症となり、二〇一四年に五男GAと同じリハビリ施設に入ったが、施設を出た後も飲酒を続けている。また、覚醒剤や大麻を常習していたVKの父親は、二〇一三年に数日間行方不明になった後、近くの公園において死体で発見された。このような生活環境の中、青年たちはダヒー・ハンディーをヒンドゥー教から切り離し、神の祝福を分配する機会を創り出そうとしている。

それでは、この儀礼はどの宗教に属しており、青年たちが模倣している神とは誰なのだろうか。活動家の視点に立つと、青年たちはヒンドゥー教の儀礼を行なっており、仏教に改宗した後もヒンドゥー教の神々を信仰する人々である。つまり、青年たちはクリシュナを模倣していることになる。しかし青年たちは、仏教徒であるという自己認識を理由とし、二つの戦術を用いることでダヒー・ハンディーをヒンドゥー教から切り離そうとしている。このことから考えると、青年たちが模倣している神はクリシュナではない。一方、この儀礼は超自然的な力を肯定しているため、アンベードカルの教えに完全に従ったものでもない。青年たちもそのことを十分に理解しているため、自分たちが真似をしている神がブッダであると言うことはない。言い換えれば、青年たちは改宗前の枠組みとアンベードカルの教えの両者の影響を受けながらも、両者のどちらかに完全に取り込まれることなく、二つの戦術による脱カテゴリー化を通じて「ヒンドゥー教か、仏教か」という二者択一から逃れようとしている。

スティードリーが述べるように、公式の歴史の境界地帯には非公式の物語が存在し、これらの物語は、特殊性による転覆させる力もしくは単数の出来事の力を持っている。非公式の物語は、公式の現実に代わる一般的な真実を描くのでなく、包括的な説明を混乱させることで、一つの意味だけを与えようとする問い自体から逃れようとする(Steedly 1993: 143, 238 cf. Trawick 1990)。耕牛の祭におけるダヒー・ハンディーの儀礼は、宗教を切断・分類する支配的な思考様式ではなく、支配的なものと同じ思考様式に依拠しながらもそれに抵抗する反支配でもない。むしろ、この儀礼は、それらから逃れようとする脱支配を目指すものである。この「どの宗教に属するものか不確かな儀礼」において青年たちは、大音量の音楽の中でびしょ濡れになりながら怪我（または死）の恐怖に向き合うという無秩序な場を創り出し、この境界状況で秩序や規範を脱ぎ棄てて直接的な存在となり、「名前や物語がはっきりしない神」を模倣している。これにより神の力（または生命の豊饒性）が引き出され、信仰する宗教が不明である人々も含むかたちで、近隣でともに暮らす人々に神の祝福が平等に分け与えられる（cf. ターナー 一九九六、山口 一九七五）。言い換えれば、生活世界において、名前や物語がはっきりしない神の祝福を受ける数時間だけ、祝福の論理における神の前の平等が実現し、宗教間の明確な境界線が曖昧なものになっている。ここにある平等の在り方は、反差別運動が将来達成する目標としての平等ではなく、今ここに存在するものと言えるだろう。

第二節 「アンベードカライト」と「半仏教徒・半ヒンドゥー教徒」の曖昧な境界線

アンベードカルの教えに依拠する反差別運動から考えると、「アンベードカライト」と「半仏教徒・半ヒンドゥー教徒」はそれぞれ中心と周辺に位置している。「アンベードカライト」というカテゴリーは、アンベードカルの教えが示す「差別と迷信のヒンドゥー教」と「平等と科学の仏教」という二元論的な認識枠組みを内面化し、そこから自分を取り巻く世界をとらえ、差別に抗する肯定的なアイデンティティを構築した人々を指す。言い換えれば、「アンベードカライト」は、それぞれの宗教の間に明確な境界線を引き、その境界線に囲まれた仏教徒共同体内部で生きている（と想像している）。

この「アンベードカライト」の中でも「過激派」と呼ばれる活動家は、アンベードカルの教えを徹底的に順守する存在である。「過激派」は、ヒンドゥー教の神の像やポスターの回収・焼却、再改宗、紐切りの活動を通じて超自然的な力を有する神の存在を否定し、家族や隣人と繋がる対面関係の網の目を切断する取り組みを急進的に展開している。このように「アンベードカライト」というカテゴリーは、「常に被差別状況にある元不可触民」(=「平等と科学の仏教徒」)という単一の国民的同一性を保持し、差別の存在する人間世界のみを生き、差別に抗する取り組みを続けている仏教徒たちを指すものと考えられる。

他方、「半仏教徒・半ヒンドゥー教徒」というカテゴリーは、同一性の政治学が設定する「仏教徒か、ヒンドゥー教徒か」という二者択一には答えずに、仏教とヒンドゥー教の境界に立っている人々を指す。「半仏教徒・半ヒンドゥー教徒」は、仏教徒として活動家と一緒に抗議活動などを行ないながらも、アンベードカルの教えが「迷信」とする超自然的な力を肯定しており、そこでは神の視点を失ってはいない。言い換えれば、「半仏教徒・半ヒンドゥー教徒」は、差別に抗する国民的な同一性の論理に加え、関係性による同一性の論理も肯定しようとする。このように「半仏教徒・半ヒンドゥー教徒」の視点は、仏教徒たちの中でも周辺的であると同時に、境界内にとどまるものであり、排他的共同体の外へ越境するものでもある。

「アンベードカライト」とは、仏教徒が自らに与える肯定的なカテゴリーである。一方、「過激派」と「半仏教徒・半ヒンドゥー教徒」は、どちらの名称も自ら名乗り出るものではなく、他者によって名付けられるものであり、ナーグプル市の仏教徒たちの間では否定的な意味合いで使われている。しかし実際には、「アンベードカライト」と「半仏教徒・半ヒンドゥー教徒」という二つのカテゴリー間の境界は絶対的なものではない。つまり、「アンベードカライト」と名乗る活動家と「半仏教徒・半ヒンドゥー教徒」と呼ばれる仏教徒青年は、それぞれに付与されたカテゴリーを逸脱することがある。以下の事例は、二〇〇四年の改宗記念祭の祝祭の期間中に「アンベードカライト」から「半仏教徒・半ヒンドゥー教徒」の姿が見え隠れする場面である。

【事例三】
二〇〇四年一〇月二二日、筆者は、仏教徒組織BSの仮設テントに置かれていた紐の山を素手でほじくり返し、どのような種類の紐が入っているのかを調べていた。BSの活動家である若い男性が紐の山から別々の種類の紐を取り出すのを手伝ってくれたが、この青年は素手で紐の山に触れることはなく、手に持ったハサミで紐の山を探っていた。また、AIMの活動家SG（学生、二〇代男性）も筆者の作業を手伝ってくれたが、自分が持っていたペンではなく、筆者の胸ポケットに入っていた筆者のペンをわざわざ借り、そのペンで紐の山の中を調べた。

【事例四】
二〇〇四年一〇月二二日、筆者が改宗証明書の登録所で切り取られた呪術のペンダント・ヘッドを拾い、AIMの活動家ST（工場勤務、二〇代男性）に放り投げた。するとSTは、驚いた顔をして身をかわした。筆者が「呪術が怖いのか」と言って笑うと、STは苦笑いをしながら「怖くはない」と言って、そのペンダント・ヘッドを拾い上げ、紐の山の中に投げ込んだ。

仏教徒たちは、アンベードカルの教えだけでなく、超自然的な力を肯定する既存の枠組みも自らの内部に持っている。このことは「半仏教徒・半ヒンドゥー教徒」に限ることではない。紐切りの取り組みを積極的に進める活動家でさえも、「半仏教徒・半ヒンドゥー教徒」と同様に、反差別運動のイデオロギーによって「迷信」として否定されている超自然的な力への恐れを不意に示すことがある。つまり、「アンベードカライト」を名乗る活動家たちは、アンベードカルの教えという単一の論理に従うことを懸命に目指してはいるが、既存の論理が染み出してしまうことがある。このことは、「過激派」も含め、活動家もまた神の前の平等を認める改宗前の論理、言い換えれば、神の視点を保持していることを示唆している。一九五六年の集団改宗から六〇年が経過した現在も、仏教徒の間に流通するアンベードカルの教えと、現実を生きている活動家たちは完全に重なり合っているわけではなく、両者の間にはずれが存在する。この二つの事例とは逆に、「半仏教徒・半ヒンドゥー教徒」が「アンベードカライト」の姿を示す場合もある。

【事例五】

二〇〇五年一月二六日、仏教僧がインドーラー地区にある六男ＫＡの家を訪れ、ＫＡに「三番目の独立（*tīsrā āzādī*）：ダリトの闘争のライフ・ヒストリー」という題名のビデオＣＤを手渡した(1)。近隣に住む仏教徒青年や少年たちが、ＫＡの家の居間に一五名程度集まった。ＫＡがビデオＣＤを再生すると、髭を伸ばした男が語り手として登場し、数千年前からの「不可触民の歴史」が映し出された。［中略］映画の途中の場面で、仏教僧たちがバラモンとその手下によって刀で首を切り落とされ、仏教の書物が焚火で燃やされた。焚火の周囲には、赤い血の跡が付着した数多くの仏教僧の遺体が横たわっていた。仏教僧は、「このビデオＣＤは一般に販売したり、公共の場で見せたりしてはいけないものです。また映画を作ったのが誰であるのかも、映画の中に出てくる俳優が誰であるのかも分かりません。そういったことが明らかになると政府によって罰せられます。

この映画は、不可触民の歴史について描かれており、人から人へと手渡されて広がっていくのです」と筆者に言った。[2]［中略］映画の終盤になると、黒い紐と痰壺、箒を身に付けた不可触民が登場し、大きな城の前で水を求めたが、門兵によって突き飛ばされ、地面へと叩きつけられた。その時、青年VKが、周囲の少年にいたずらをしていた少年NGに「ふざけているなよ。おまえも前はこうだったんだぞ」と言った。NGは、「ぼくはこんな昔には生きてないよ」と反論した。するとVKはあきれた顔をして、「おまえのおじいちゃんとかのことを言っているんだ」と言った。

仏教僧が持ってきたビデオCDは、明らかにアンベードカルの教えに基づいて作られたものである。つまり、「三番目の独立」の内容は、「平等と科学の仏教」と「差別と迷信のヒンドゥー教」という二元論的な認識枠組みを基礎とし、「先住民である仏教徒対侵略者であるヒンドゥー教徒」という対抗する歴史観を描き出している。ヒンドゥー教徒によって仏教僧が殺害され、不可触民が差別される場面を見て、「半仏教徒・半ヒンドゥー教徒」とされるVKは、「三番目の独立」の中に登場する不可触民が自分であり、自分の祖父であると述べた。この時、VKは、自らを「常に被差別状況にある元不可触民」として位置付け、閉鎖的で排他的な仏教徒共同体の一員としての国民的な同一性の論理を示した。この連帯意識から、VKをはじめとする「半仏教徒・半ヒンドゥー教徒」もまた、仏教徒への犯罪行為に抗議するデモなどに積極的に参加している。このように、「アンベードカライト」と「半仏教徒・半ヒンドゥー教徒」というカテゴリーの間にある境界は、予期せずに越境される。言い換えれば、「アンベードカライト」も「半仏教徒・半ヒンドゥー教徒」も、反差別運動を通じて自己尊厳を獲得しつつ、神の前の平等を認める改宗前の論理を保持していることになる。

第三節　排他的な仏教徒共同体と「開かれた親族」の接続

第一項「開かれた親族」関係

筆者は調査期間二年間のうちの後半の一六カ月間、インドーラー地区ラインAにある六男KAの家において毎日のように紅茶を飲み、食事を取った。また筆者は、仏教儀礼に加えてヒンドゥー教儀礼に参加し、五男GAや六男KAの悩みを聞くなど、六男KAの家の家族とともに日々の生活を過ごした。これにより日本人である筆者は、特定の親族関係の中に居場所を持つ者、具体的には六男KAの家において「血縁関係にある親族」の一員として扱われるようになった。

長女JAは筆者を「息子（*beṭā*）」と呼んだり、「弟（*bhāī*）」と呼んだりした。筆者が数日間、六男KAの家に現れないと、JAは「どこに行っていたの。ご飯はちゃんと食べていたの」と口癖のように筆者に聞いた。ナーグプル市の仏教徒たちの間では、家族であるならば食事は自分の家でとるべきだとされる。インドの香辛料や水が合わず、何度も腹痛を患っていた筆者には、香辛料の少ない食事と沸騰させて浄水した水が出された。JAは「外のレストランでは食べずに家で食べなさい」と筆者にいつも言っていた。ラインAの青年たちは、六男KAの家に集まってテレビを見ることが習慣になっていたが、そういった際にJAは筆者にだけこっそりとレーズンなどをくれた。筆者はそのレーズンをこっそりと筆者の小さな「姪」（長男SAの娘RA）や「甥」（長男SAの息子DAやCA）に分け与えた。また、筆者は三男MAを「兄（*bhāī*）」と呼び、MAは筆者を「弟」として扱った。例えば、三男MAは「家族の一員なのだから、今日の夕飯に何が食べたいか決めていいよ。鶏肉、ヤギ肉、それとも野菜がいい

写真32　孫に昼食を与える祖母
（2013年９月５日）

か」と筆者に尋ねたし、毎週木曜日に行なわれるサーイー・バーバーへの礼拝後の食事に筆者を毎回必ず呼んだ。七男ＡＡは、この木曜日の夕食を「ファミリー・ディナー」と名付けていた。

インドーラー地区で暮らす仏教徒の家における基本的な食事は、一品のおかず、豆のスープ、チャパーティー、米が一枚の皿の上に載せられたものであり、それぞれが各自の皿の食事を右手で食べた。この食事の際、五男ＧＡは時々、筆者と同じ皿から食事を取った。トラウィックによると、病気を恐れることなく同じ皿から食べ物を取ることや、お互いの皿から食べ物を取り合うこと、相手の口に食べ物を運ぶことは愛情表現の一つである（写真32）。このようなかたちで浄・不浄の規則を無視することは、家族の団結と平等のメッセージであり、子どもたちやそれを見ている人々に愛がどこにあるのかを教える手段である（Trawick 1992: 105–106）。二〇一一年にアルコール依存症になって仕事を失い、家族との関係が悪化していた時、ＧＡは家の玄関に座っていた筆者に対し、「おれの兄なんだから、何か仕事を見つけてくれないか」と赤い目で手を震わせながら訴えた。また、長男ＳＡの娘ＲＡは筆者を「おじ（*uncle*）」と呼び、筆者は彼女に英語を教えていた。二〇〇五年、ＲＡは日本で地震があったことを知り、筆者のことを心配して涙を流した。ＲＡは一ルピー硬貨を握りしめ、ナーグプル市内にしか掛けられない公衆電話に行き、日本にある筆者の家に電話をしようとした。もちろん電話は繋がらなかったし、筆者はその時ムンバイーにいた。六男ＫＡの家で過ごした期間、筆者の「姉」であるＪＡと「兄」ＭＡは、筆者に金銭や贈り物などの見返りを求めることは一度もなく、筆者が日本からお土産を持ってきた際も嫌々ながら受け取っていた。一方、筆者より年下の「弟」や「甥」、「姪」は、筆者が日本からお土産を持って来ることをいつも期待していた（写真33）。

写真33　筆者の「姉」や「姪」や「甥」（2012年８月26日）

このように一六カ月間にわたる日常的な交流を通じて、ＪＡと筆者は「姉」と「弟」、ＭＡと筆者は「兄」と「弟」、ＳＡの長女ＲＡと筆者は「姪」と「おじ」の関係となり、六男ＫＡの家族それぞれは、筆者との間で関係性による同一性を構築した。言い換えれば、六男ＫＡの家族と筆者が「血縁関係にある親族」として繋がり合う対面関係の網の目が形成されることになった。このことは、二〇〇八年のラクシャー・バンダンの祝祭においてＪＡと次女ＧＴが筆者に対し、血縁関係にない人にも巻くことができるデヴ・ラーキーに加えて、血縁関係にある親族に巻くためのラーキーを巻いたことからも明確に理解できる。以下の事例は、ＧＴが筆者にラーキーを巻いた場面である。

【事例六】

二〇〇八年八月一六日の午後四時頃、紫色の新しいサリーを着た次女GTは、近所にある嫁ぎ先から実家に戻ってきた。六男KAの家の居間にはGTの兄弟（三男MA、五男GA、六男KA、七男AA）、長男SAの子どもたち（長男DA、長女RA、次男CA）、GTの子どもたち（娘三人、息子一人）が集まっていた。長男SAも珍しく実家に戻ってきていたが、その時は外出していた。GTは居間の床に敷物をしいた後、家の奥にある祭壇のある部屋から赤色の粉と白米を載せた盆、バナナを載せた盆、ココナッツを載せた盆、ラーキーやハンカチを入れたビニール袋、お菓子の箱を持ってきた。GTは、ビニール袋からラーキーとデヴ・ラーキーを取り出し、赤色の粉の盆に載せ、ハンカチをバナナの盆、お菓子をココナッツの盆に載せた。最後に別の盆にろうそくを立て、火をつけた。GTはMA、筆者、GA、KA、AAに敷物の上に座るように言った。MA、筆者、KA、AAが年齢の高い順に座ったが、酔っぱらっていたGAはベッドの上で寝てしまった。GTはMAの眉間に赤い粉を塗り、デヴ・ラーキーを右手に巻いた。次にGTは、MAの眉間の赤い粉の上に白米を押しつけ、両手でMAの足をさわり、右手にラーキーを巻いた。GTはろうそくを載せた盆をMAの顔の前で一回まわし、MAの口にお菓子を押し込み、最後にMAの頭にハンカチをかぶせた。MAはGTにサリーの生地と五〇ルピーを手渡した。GTは筆者、KA、AAの順に同じことをした（口絵11）。全員にラーキーを巻いた後、GTはバナナとココナッツを一つの盆に載せた。MA、筆者、KA、AAは、全員で盆に手を添えてバナナとココナッツを受け取った。

JAとGTが著者にラーキーを巻いたことから、二人が血縁関係にある親族の一員として、血縁関係にない筆者を位置付けていることが分かる。また、GTによるラーキーの儀礼における兄弟の席順から、六男KAの家族が筆者を三男MAと五男GAの間の「弟」としたと言える。このような読み換えは、筆者に対してのみ起こることではない。二〇〇八年八月一二日の午後一時頃、筆者がKAと家の玄関先に座っていると、AAのもとに郵便配達人が一通の封筒を運んできた。家の中から出てきたAAは、玄関で手紙を開き、「ラーキーだ」と言って、嬉しそうに笑った。AAは、金色の装飾が付けられた赤い紐のラーキーを封筒の中から取り出し、筆者に見せた。AAは照れたようにはにかみながら「ハリドワールの友人から送られてきた。彼女は子どもの時からの友人で、同じ学校に通っていたんだ。今はハリドワールで看護師の仕事をしている」と筆者に言った。AAと学生時代をともに過ごした友人である仏教徒女性は、遠く離れたインド北東部ウッタラーカンド州にあるハリドワールで暮らしている現在も、血縁関係にないAAに対し、血縁関係にある男性だけに巻くことができるラーキーを送り、「姉妹」としてAAを守っている。

「半仏教徒・半ヒンドゥー教徒」とされる仏教徒たちは、アンベードカルの教えによって否定されていることを知りながらも、ヒンドゥー教の神々への礼拝といった儀礼を実施し、神の力を媒介とする双方向的な交流（または交換）を通じて、家族や隣人と愛情によって繋がる対面関係の網の目を確認・強化している。さらに、この対面関係の網の目において、仏教徒たちは実際の親族だけでなく、親族関係にはないが愛情によって繋がった他者を、「親族」として読み換えている。トラウィックによると、「インドの多くの場所において、親族名称を選択して使用することが、特定の感情を伝え、高ぶらせ、発生させる強力な方法であることを見過ごすことはできない。系図において「正しい」関係ではない相手に特定の親族名称を与えることは、その相手に対して親族関係を基礎とした感情を表現する手段である。逆に言えば、特定の名称がある人に対して使用された時、慣習は適切な感情が表現され、不適切なものが抑制されることを命ずる」(Trawick 1992: 152)。筆者のように、家族や隣人と愛情によって繋がる対面関係の網の目の中に場所を得ることは、犯罪や病気、貧困、これらがもたらす死が身近にある仏教徒居住区において、さまざまな苦難から家族を守ろうとする相互行為に満たされた生活に身を置くことである。この愛情の網の目に支えられることで、仏教の儀礼にせよヒンドゥー教の儀礼にせよ、家族によるすべての儀礼に参加し、それぞれは健康や成功のために神々からの祝福を受け取ることができ、また、それを手にすることを強く求められる。ここにある「親族」関係とは、血縁関係や婚姻関係によって閉じられたものではなく、「開かれた親族」関係の網の目である。(3)

第二項　抗議デモなのか、いつもの喧嘩なのか

インド英字新聞各紙によると、カイルラーンジー事件発生後の一カ月間、この事件はほとんど報道されなかったが、一一月になるといくつかの新聞が報道し始めた(根本　二〇一三)。これに加え、殺害された家族の写真がインターネットを通じて出回り、ナーグプル市内の道路などに貼り出されたため、マハーラーシュトラ州のさまざまな地域で抗議行動が展開されることになった。(4) ナーグプル市でも、二〇〇六年一一月六日に大規模な抗議行動が行なわれ、仏教徒たちは国道を通行止めにしたり、バスを破壊したり、警察の車両を含むおよそ四〇台の車を燃やすなどした。ナーグプル市での抗議デモは数日にわたって行なわれ、警察は二〇〇名近くを逮捕した。その後もマハーラーシュトラ州各地で抗議活動が継続される中、二〇〇六年一一月一三日、マハーラーシュトラ州政府は、さまざまな活動団体からの要求を受け、カイルラーンジー事件の捜査をマハーラーシュトラ州警察から中央捜査局(Central Bureau of Investigation)に移した。一二月二七日、中央捜査局は一カ月にわたる捜査を経て、カイルラーンジー

の村民一一名を起訴用犯罪者名簿に記載した。事件から二年後の二〇〇八年九月一五日、一一名のうち三名は証拠不十分で無罪となり、九月二五日、残りの八名のうち六名に死刑判決、二名に終身刑が言い渡された。

ナーグプル市の仏教徒たちによると、二〇〇六年一一月六日にナーグプル市内で発生した最大の抗議デモは、インドーラー地区において展開され、インドーラー交差点には数多くの若者たちが集まり、警察との大きな衝突が起きた。警察は、若者たちに対して拳銃や催涙ガスを用いるなどし、若者たちを拘留した。インドーラー地区ラインAの「半仏教徒・半ヒンドゥー教徒」とされる仏教徒青年たちも、このインドーラー地区の抗議デモに参加し、警察に捕まった。これらの青年たちも、活動家と同様に幼少期からアンベードカルの教えを学んでおり、排他的な仏教徒共同体への所属意識を持ち、自らを「被差別状況にある仏教徒（元不可触民）」の一人として位置付けている。自分たちが参加した抗議デモについて青年VKは、「おれたちはきちんとした捜査をすることを警察と中央捜査局に求め、抗議デモをした。特にインドーラー地区交差点での抗議デモが市内で最も大きく、危険だった。おれたちは警察の車を燃やしたりした。その後、中央捜査局がカイルラーンジー事件の捜査を開始することになった」と筆者に説明した。このように青年たちは、「自分と同じ仏教徒」が被害者となった事件について捜査段階における警察の怠慢を批判し、中央捜査局による公正な捜査を求めて抗議デモを行なった。

実際に活動家DMも同じインドーラー地区の抗議デモに参加しており、「過激派」と「半仏教徒・半ヒンドゥー教徒」が同じデモの場所にいたことになる。(5) ただ、この抗議デモに関するラインAの青年たちの語りは、DMの語りと重なる部分があるものの、彼らの話を聞き続けると徐々にずれが生じていく。DMの語りは、差別と闘うためにアンベードカルの教えに基づいて仏教徒が団結する必要性を強調するものであったが、青年たちの語りは、必ずしもアンベードカルの教えからカイルラーンジー事件を批判するだけではない。以下の事例にある青年たちの抗議デモに関する語りは、彼らが喧嘩の後に行なうものと同じであり、彼らが日常的な生活世界をともに過ごしている仲間たちと一緒に抗議デモに参加したことを示している。

【事例七】

二〇〇八年九月四日の午後九時頃、青年RNの家の屋上に青年たちが集まっており、七男AAが、「根本はカイルラーンジー村での事件について知っているか」と筆者に聞いた。筆者が「知っているよ。テレビのニュースで見たから」と答えると、七男AAは、「ここにいる全員が警察に殴られて捕まったよ。自分も捕まった」と言って笑った。［中略］青年VKは、「おれはうまく逃げたから捕まらなかった。インドーラー地区の交差点で警察を何度も殴ってから逃げた。AJも捕まっていない」と言った。筆者が「インドーラー地区の交差点の抗議デモの時、誰が警察に捕まったんだ」と尋ねると、青年AJは、「AA、VJ、HL、RN、SVだよ。特にHLは赤いシャツを着ていたから何度も殴られた。警察署長を殺そうとした犯人と同じ色のTシャツだったからね。ナーグプル市での抗議デモの最中、赤いシャツを着たやつがナイフで背後から警察署長を刺そうとした。だから警察の間で赤いシャツを着た男を捕まえろということになって、抗議デモをしている人々の中で赤いシャツを着ていた男は、警察に何度も殴られた。おれも赤いシャツを着ていたけれど、うまく逃げたよ。それとVJも警察にすごく殴られた。VJは警察と殴り合いながら、「おれたちのボスを連れてくるぞ！」と言った。警察が「お前たちのボスは誰だ！」と聞いてきたから、VJは、「デーシュムク（Vilāsrāo Dēshmukh）だ！」と言って、マハーラーシュトラ州首相の名前を叫んだ。そうしたら警察は、「連れて来られるなら連れて来い！」と言ってVJを何度も何度も殴ったよ」と言って笑った。これを聞いた青年RNは、

「自分はインドーラー交差点での抗議活動の時は端のほうにいたし、捕まった警察署では真ん中のほうに座っていたから、警察からあまり殴られなかったよ。警察署で端に座っていた人たちは何度も殴られていたけど」と言って大きな声で笑った。

カイルラーンジー事件に関する活動家DMの語りは、仏教徒への差別と闘うために仏教徒の団結の必要性を強調するものであったが、ラインAの青年たちの語りは、アンベードカルの教えに基づく「差別と迷信のヒンドゥー教」と「平等と科学の仏教」という二元論的な見取り図からカイルラーンジー事件を批判するだけにはとどまらない。「半仏教徒・半ヒンドゥー教徒」と呼ばれる青年たちは、インドーラー地区で生活世界をともに生きる仲間たちとグループを形成し、仲間の誰かが揉め事を起こした場合には、その仲間を助けるために他の青年グループと頻繁に喧嘩をしている。例えば、一〇ルピーをかけて行なったクリケットの試合で、相手が一〇ルピーを潔く払わなかったために喧嘩になるなどした。そのいくつもの喧嘩の中には筆者のための喧嘩もあった。筆者が五男GAと道を歩いている時、見知らぬ男性が「チャイニーズ！」とからかいの声を上げた。するとGAが男性につかみかかり、揉め事になった。その場は言い争い程度で終わったが、相手のバイクのナンバーを覚えたGAは、インドーラー地区に戻ってから他の青年たちを集め、その男性を殴りに行った。喧嘩を終えて帰ってきたGAは、自分の拳をなでながら、嬉しそうな顔をして「とても危険な喧嘩だった」と筆者に言った。

青年たちの喧嘩の後の語りでは、「誰が一番殴ったか」、「誰が一番殴られたか」、「誰が警察に捕まったか」、「誰が警察から逃げたか」、「誰がうまくやったか」、「誰がヘマをしたか」といったことが話題となり、常に笑いながら語られる。例えば二〇〇三年、金銭の貸し借りを発端として五男GA、六男KA、七男AAは、家の屋上に隠してあるナイフやサーベルを持ち、インドーラー地区の他の仏教徒の家に喧嘩に行った。GAは相手に胸をナイフで切られ、血を流しながら逃げ出した。AAがサーベルで相手の家の照明を割ったため、KAとAAは警察に捕まった。その後、GAは胸の傷を自慢げに筆者に見せていた。また二〇〇五年、酔っぱらったGAがインドーラー仏教寺院の近くで他の青年グループと揉め事になった。GAは携帯電話で仲間を呼び、喧嘩が始まった。青年SVも喧嘩に行こうとしたが、家族に止められ、家から出られなかった。SVは、喧嘩に参加するために家の二階から道路に飛び降り、足首を骨折した。これらの話は、笑い話として青年たちの間で何度も語られていた。ラインAの仲間グループにとって、相手が仏教徒であるにせよ、他宗教の信者であるにせよ、他の青年グループとの喧嘩はありふれた出来事である。そしてカイルラーンジー事件に関する青年たちの語りと、彼らの喧嘩の後の語りが部分的に重なり合っていることは、青年たちの抗議デモが抗議デモでありつつも、彼らの喧嘩の一つでもあることを示している。

第三項　連帯を拡張する「半仏教徒・半ヒンドゥー教徒」のやり方

活動家SGやDMのように、活動家たちもまた、不可触民としての差別の経験に基づく排他的な仏教徒共同体への所属意識だけでなく、親族や友人との愛情の連鎖によって他の仏教徒たちと繋がっている。同様に、「半仏教徒・半ヒンドゥー教徒」の青年たちは、対面関係の網の目を日々生きることに加え、閉鎖的で排他的な仏教徒共同体への所属意識を動機としてカイルラーンジー事件への抗議デモに参加している。これらの青年たちによる実際の抗議デモの場面に目を向けてみると、青年たちが仲間グループの他のメンバーとともに抗議デモを行なっていることが分かる。この時、青年たちは「直接顔を見たことがない仲間」と「毎日顔を合わせている仲間」という差異はあるものの、抗議デモと日常的な喧嘩の間に「仲間を助けるために他者と対決する」という類似性を見出し、抗議デモを「喧嘩」と読み換え、生活世界をともに生きる仲間との対面的な繋がりに依拠して抗議デモに参加している。つまり、青年たちは、仲間グループの他のメンバーとともに抗議デモを行なうことにより、家族や隣人との愛情による対面関係の網の目を、閉鎖的で排他的な仏教徒共同体に繋ぎ合わせ、「団結か、愛情か」という二者択一の問いを乗り越えようとしている。

これに加え、「半仏教徒・半ヒンドゥー教徒」たちは、家族的な愛情を基盤とする対面関係の網の目によってナーグプル市の仏教徒以外の人々とも繋がり、その「開かれた親族」関係の網の目を排他的共同体に接続することで差別に抗する連帯を拡張する。例えば、佐々井がナーグプル市において差別に抗する取り組みを続ける動機の一つは、ナーグプル市内で仏教の布教活動を行なう中で、元不可触民として差別されてきた仏教徒へ同情を抱いたことにある。佐々井は、市内でも経済的に貧しい仏教徒居住区の仏教寺院に五〇年にわたってとどまり続け、病気や貧困に苦しむ仏教徒たちの悩みを毎日のように聞き、悩みを解決するために経文を唱えてきた。仏教徒たちは、日本に帰らず、自分たちのために活動を続ける佐々井の姿に尊敬の念を抱き、生活上の困難を打ち明けるとともに、毎日佐々井のもとへ食事や果物を届けている。このような佐々井と仏教徒の繋がりも、家族や隣人との愛情による対面関係としてとらえることができる。実際にこれらの仏教徒たちの中には、「佐々井師は私たちの父である」、「佐々井師は私たちの家族である」と言及する人々も多く存在しており、仏教徒が佐々井との関係を親族関係からも意味付けていることが分かる。また、六男ＫＡの家族は、日常生活をともに生きる筆者を、血縁関係にある親族の一人として位置付けている。筆者自身は不可触民として差別された経験はないが、インドーラー地区の「親族」との繋がりから、実際に仏教徒たちの抗議デモに参加したり、仏教の祝祭でスピーチをしたりしてきた。このように仏教徒たちは、佐々井や筆者との関係が、自分と父親や自分と兄弟の関係に類似していることを理由として、実際の親族ではない佐々井や筆者を「親族」として読み換え、対面関係の網の目に絡め取り、排他的な仏教徒共同体に繋ぎ合わせている。これにより「半仏教徒・半ヒンドゥー教徒」は、差別に抗する連帯を拡張している。

また、親族関係にはないが愛情で繋がる他者を「親族」に読み換えることは、宗教やカーストの違いを乗り越える場合がある。二〇一一年一二月三日、日系企業の修理センターで働いている六男KAは、著者を彼の上司VSの誕生会に連れて行った。上司VSの家に向かう途中、KAは、「VS氏は仏教徒ではなくて、ヒンドゥー教徒で南インド出身のバラモンだけれど、彼の家族と自分とは家族と同じような関係だ。彼を兄だと思っている。政府の仕事には差別があるけれど、自分の会社は私企業だから差別はない。何か問題があれば、いつも彼に電話している」とバイクの後部座席に乗る筆者に言った。誕生会の後、筆者はKAとVS、他の友人たちとバーでビールを飲み、VSが飲食代を支払った。このようにKAは、ヒンドゥー教のバラモンである上司VSを「兄」として読み換えている。

註

（1）活動家SK（書店・代理店経営、四〇代男性）によると、「「三番目の独立」とは、インドの三つの解放もしくは独立を意味している。一つ目の解放はイギリスがインドに来る以前のこと、二つ目の解放はインドによるイギリスからの独立、三つ目の解放は私たち（元不可触民）の解放を指しているが、それはまだ達成されていない」（二〇〇五年九月六日）。

（2）この日から約七カ月半後の二〇〇五年九月六日、六男KAの姉である次女GTの夫の家で同じビデオCDを見た。筆者がGTの息子（学生、一〇代）に「このビデオCDをどこから手に入れたのか」と尋ねると、彼は「お父さんが友人の家から持ってきたんだ。もし欲しいなら、お金をくれれば、ぼくがお店で買ってきてあげるよ」と言った。この頃にはナーグプル市内の書店や露店において、このビデオCDを購入することができるようになり、活動家S

Kが経営する書店でも一一〇ルピーで販売されていた。

（3）　親族関係にない他人を「親族」へと読み換える事例は、既存の人類学的研究において数多く取り上げられている（松田　一九九六、Bashkow 2006; Sylvain 2002）。例えば、松田によると、ケニアの農村部からの出稼ぎ民は、都市ナイロビにおいて親族関係にない他人と頻繁な交流が行なわれると、「その場の関係をより永続的で制度的な紐帯を想像させる姻戚ターム」で表現することにより、その他人を「身近な身内」に変換し、「擬制的な親族関係」を形成している（松田　一九九六：二一七―二二〇）。

（4）　第七章と同じく、本章で描かれているカイルラーンジー事件の詳細はヒンドゥー（Hindu）紙（二〇〇六年一一月一七日、一九日、一二月二八日付）、インディアン・エクスプレス（Indian Express）紙（二〇〇六年一一月七日、八日、一五日、二〇〇八年九月二五日付）、テヘルカー（Thehelka）紙（二〇〇六年一一月一一日、一八日、二五日付）に基づいている。また同じ頃にインド各地でアンベードカル像の破壊事件が発生した。タイムズ・オブ・インディア（Times of India）紙（二〇〇六年一二月一日付）、インディアン・エクスプレス紙（二〇〇六年一一月三〇日、一二月一日付）、ヒンドゥスターン・タイムズ（Hindustan Times）紙（二〇〇六年一二月七日付）によると、二〇〇六年一一月二九日未明、ウッタル・プラデーシュ州カンプールにおいてアンベードカルの像の頭部が切り落とされた。これに抗議する住民たちは、犯人の逮捕を求めて車両を破壊し、道路を占拠するなどの行動に出た。三〇日になると、ムンバイーなどのマハーラーシュトラ州西部とナーグプル市において抗議デモが発生し、アンベードカル支持者によって二本の列車が燃やされ、一〇〇台以上のバスが破壊された。アンベードカル支持者たちが警察と衝突した結果、三名が死亡し、六〇名以上が負傷した。抗議デモはグジャラート州、マディヤ・プラデーシュ州、カルナータカ州などでも行なわれた。マハーラーシュトラ州での抗議デモが過激になった理由の一つとして、九月二九日に発生したカイルラーンジー事件があったとされる。さらに一二月六日のアンベードカル入滅日に、ウッタル・プラデーシュ州のアラハバード大学においてアンベードカルの像が破壊されたため、これに抗議する学生たちが道路を封鎖するなどした。同じ日、カルナータカ州ビダール地区農村部では、何者かが靴で作られた首輪をアンベードカルの像を取り囲む柵にかけたため、アンベードカルを支持する村民は、投石やバスを燃やすなどの抗議デモを行なった。この抗議デモはビダール地区都市部にも広がり、バスが破壊されるなどした。

（5）　活動家ＲＢ（農家、三〇代男性）によると、「カイルラーンジー事件の時、ＤＭはナーグプル市に住んでいたため、インドーラー交差点での抗議デモに参加した。インドーラー交差点での抗議デモの時は、ナーグプル市周辺の村々から仏教徒が集まった。ナーグプル市は七日間完全に閉鎖され、車が道路を通ることもできなかった。道路では仏教徒がタイヤなどを燃やしたりした」（二〇一四年三月五日）。

第九章　佐々井秀嶺による矛盾する実践

第八章では、「半仏教徒・半ヒンドゥー教徒」と呼ばれる仏教徒青年に目を向け、同一性の政治学がもたらす葛藤を青年たちが戦術的に乗り越えようとしている点を考察した。これに続く本章では、仏教僧佐々井秀嶺の視点に焦点を合わせる。以下では、佐々井が直喩の論理を隠喩の論理へ展開し、自らをアンベードカルや元不可触民と結びつけていることを検討する。これに加え、活動家から「不可触民の指導者」と認識される一方、「半仏教徒・半ヒンドゥー教徒」から「不可触民の聖者」とみなされる佐々井が、神の力を否定する反差別運動と、これを肯定する祝福の儀礼という矛盾する実践を通じて、活動家と、「半仏教徒・半ヒンドゥー教徒」を含む在家信者を接続している点を明らかにする。

本章では第一に、「似ていること」に意味を見出す佐々井が、「日本で苦悩を抱えた佐々井」と「インドで苦悩を抱える仏教徒」の間に類似性を発見していることを考察する。さらに佐々井は、この直喩の論理を、自らを龍樹とアンベードカルの分身と位置付ける隠喩の論理へ展開し、日本で生まれた自分自身をアンベードカルや仏教徒（元不可触民）と繋ごうとする。第二に、佐々井の矛盾する実践に目を向ける。佐々井は神の力を「迷信」とするアンベードカルの教えを学び、大菩提寺奪還運動などの反差別運動を率いると同時に、信仰する宗教の違いにかかわらず、超自然的な力を持つ祝福を人々に与えている。第三に、佐々井が活動家とのかかわり合いから「不可触民の指導者」となり、「半仏教徒・半ヒンドゥー教徒」との結びつきから「不可触民の聖者」に生成していることを考察する。この佐々井による矛盾する実践を通じて、祝福を否定する活動家と肯定する在家信者が、同一の目標のもとで抗議デモなどに取り組むことになる。

第一節　直喩の論理から隠喩の論理への展開

第一項　苦悩する佐々井と苦悩する仏教徒の類似性

一九六七年、佐々井はビハール州ラージギルにおいて「八宗の祖師」と呼ばれる龍樹から「汝、南天龍宮城（龍＝ナーガ［*nāga*］、都＝プル［*pur*］）へ行け」とのお告げを授かり、ナーグプル市で仏教復興運動を開始した（cf. Doyle 2003: 257; 山際　二〇〇〇：一二八）。佐々井が到着した頃のナーグプル市では、仏教の祝祭として改宗記念祭やアンベードカル生誕祭などが行なわれていたが、日常的な仏教儀礼はほとんど行なわれていなかった。仏教の布教を始めた佐々井は、仏教寺院の建立や仏教寺院での勤行、守護紐儀礼などの普及に取り組んだ。ナーグプル市の仏教徒たちは、仏教復興に取り組む佐々井の姿を目にし、徐々に佐々井へ尊敬の念を抱くようになった（山際　二〇〇〇：一三二—一五三）。ナーグプル市に来たばかりの頃について、佐々井は次のように語っている。

私がナーグプル市に来た頃は仏教寺院やお勤めもなく、坊さんも数人しかいませんでした。仏教徒はジャイナ教の像を仏像だと思っていたり、仏教遺跡がジャイナ教のものだと考えられていたりしました。そのような中、私は団扇太鼓を激しく叩き、「南無妙法蓮華経」を唱えながら家々を回りました。一〇年から一五年くらいは団扇太鼓を打っていたのではないでしょうか。悪口を言われて石を投げられたり、軽蔑的な目で見られたり、人力車に乗っていたらひっくり返されることもありました。私は「そのような場所だからこそ来たのだ。それだからこそやらなければならない」と考えていました。団扇太鼓を一生懸命叩きながら、村々、家々を歩いていると、「お茶を飲んでいけ」、「ご飯を食べていけ」と言われるようになりました。疲れて休んでいると、「お勤めをお願いしたい」と頼まれるようになりました。お金を集めて仏教寺院を建て、断食などをする姿を見て、仏教徒たちは徐々に私を認めるようになりました。仏教徒に受け入れられるまでに一〇年くらいはかかったのではないでしょうか（二〇〇四年一二月二八日）。

一九八〇年代になると、佐々井は、一九五六年集団改宗の二五周年記念式典の実行委員会メンバーやアンベードカル入滅日式典の導師など、仏教の祝祭において重要な役割を担うようになっていった。一九八八年には、ナーグプル市の仏教徒たちを中心とする署名活動の結果、佐々井はインド国籍を取得した（山際　二〇〇〇：二四二—二四四、二六二—二八六）。仏教徒たちは「佐々井師はインドに来てから四〇年以上、一度も日本に帰らずに私たちのために闘争を続けている」と頻繁に述べ、佐々井への尊敬の念を繰り返し示してきた（佐々井は二〇〇九年に四四年ぶりに日本を訪れた）。この佐々井の認識に見られる特徴の一つは、物事の関係性を考える際に「似ていること（類似性）」を重視する点にある。佐々井は自分がナーグプル市に来た理由について、以下のように説明している。

私は子どもの頃に大病になって、毎日赤い目をした蛇の心臓を食べ、牛を煮たスープを飲みました。それで一度死んで生き返りました。その時、心臓は一分か二分は止まっていたのではないでしょうか。蛇の心臓が私の心臓になり、牛のスープが私の体になりました。輪廻転生は普通死んでからするのですが、私は生きたまま輪廻転生しました。仏教には即身成仏というものがあります。私は生き返った時に龍樹とアンベードカルと三者一体になったのです。蛇の心臓は蛇の中心ですから、龍種（ナーガ）族の首都（プル）を指しています。それは仏教が生き返ったナーグプルのことです。そして、ナーグプルの周辺の地域は「マーヒシャク（*māhiṣak*）」と呼ばれています。それは「水牛（マヒシャ）（*mahiṣa*）の国」を意味しています。(1)〔中略〕私の心臓が蛇の心臓でナーグプルを指し、私の体が牛のスープでできていてマーヒシャクとぴったりと合っています。そこで仏教が生き返りました。すべてがぴったりと合っているのです（二〇一二年一一月二六日）。

以上の語りの中では「蛇の心臓でできた自分の心臓」と「ナーガ族の首都であるナーグプル」、「牛のスープでできた自分の体」と「牛の国であるナーグプル」、「自分が輪廻転生すること」と「仏教が生き返ること」の間に類似性が見出されている。このことから、佐々井が「あるものと別のものが似ていること」に着目し、物事の意味を見定めてきた点が理解できる。一九六〇年代後半から現在までナーグプル市で仏教徒と一緒に暮らす中、類似性に目を向ける佐々井は、自分と仏教徒が似ていることも発見した。佐々井は次のように語っている。

私の仏教の基礎は日本での苦悩にあります。自分より苦悩した人はいないのではないかとも思っています。〔中略〕日本での苦悩が一番大切であり、これがなければ今の活動はできていません。不可触民と呼ばれ、迫害されてきた彼らもみな苦悩を持っています。彼らも立派な人間なのです。それを何千年かはわかりませんが、不可触民として差別し、奴隷にしてきたわけです。［中略］仏道者とは学問をする者ではなく、口で言うばかりではなく、実践しなければなりません。迫害されている人たちと離れていてはいけません。密着していなくてはいけない。［中略］お釈迦さまや観音さまは、遠くにいる人でも泣き声で苦しみが分かりました。深い深い修行をしているから、どれだけ遠くに離れていても分かるのです。心と心が密着し、相手が泣けば自分も泣く。「同体大悲」と言い、悲しみは慈悲の極みです。悲しみを分かるようにならなければなりません（二〇一四年八月二五日）。

佐々井は、元不可触民として差別されてきた人々と「共に痛み、共に住み、共に食い、共に号泣し、共に迫害弾圧されて、共に笑い、共に闘争し、共に差別され、共に手を取り合って肩を組み」（佐々井　二〇〇四：四二五）ながら生きる中、「日本で苦悩を抱えた佐々井」と「インドで苦悩を抱える仏教徒」の間に類似性を見出した。それぞれの苦悩の内容は別のものでありながらも、佐々井は、苦悩した自分と苦悩する仏教徒を重ね合わせ、一九六七年から現在に至るまで布教活動を続けている。このように佐々井は、要約版としての本質主義的なアンベードカルの教えを引き継ぐだけではなく、物事と物事の類似性からも意味を見出しているため、科学や合理性を信頼するアンベードカルや活動家と、佐々井の間にはずれが生じることになる。

第二項　龍樹とアンベードカルの分身としての佐々井

苦悩する自己と苦悩する他者を重ね合わせることに加え、佐々井は、一九世紀以降のインドの歴史の中で語られるアンベードカルや仏教徒（元不可触民）を、類似性を根拠として仏教の中に位置付け直そうとする。前述したように、佐々井がナーグプル市に移った理由は、一九六七年にラージギルで龍樹からお告げを授かったことにある。この原体験について佐々井は、「龍樹を夢で見たのではなく実際に出会った」と繰り返し語ってきた。自らが出会った龍樹がアンベードカルに似ていることに気がついた佐々井は、この人物が龍樹であるだけでなくアンベードカルでもあると考えるようになった。この原体験について、佐々井は次のように語っている。

八月の満月の日でした。雨季であったため雨ばかり降っていましたが、その日だけは朝も夜も晴れていました。ラージギルの山頂から周りを見渡すと、山々の間には影ができていましたが、月光に照らされて、まるで黄金郷のようでした。私が発掘したばかりの仏塔の中心に座っていると、龍樹菩薩が現れました。夢を見たのではないかと言う人もいますが、実際にこの目で見ました。そこに現れた龍樹菩薩は額が広く、アンベードカルのような顔をしていました。私が見た龍樹菩薩は、龍樹菩薩でもあり、アンベードカル菩薩でもあったわけです。左手に杖、右手に経典を持ち、ひげも髪も長く伸びていました。龍樹菩薩の白いひげが月光に照らされて、まるで銀のひげのように見えました。龍樹菩薩は、私に「汝、南天龍宮城へ行け」と言いました。この南天とはインドの中央を指し、龍宮城とはナーガ（龍）のプル（都）を意味しています。つまり、南天龍宮城とは、ナーグプルのことでした（二〇〇四年八月四日）。

佐々井によると、龍樹がアンベードカルの分身であると同時に、アンベードカルが龍樹の分身であるが、両者は完全に同一化しているわけではない。つまり、一人の人物は、その人物でありながら、同時に別の人物でもある。内山田（二〇一二）が述べるように、ここで分身同士の関係性は、部分的に連続しつつも部分的に切り離されていることになる[2]。この語りが示すとおり、佐々井の認識においては、類似している者同士を分身（もしくは化身）とみなす論理が働くことが頻繁に見られる[3]。ここにあるのは、直喩（「あなたは私のようだ」）の論理から隠喩（「あなたは私だ」）の論理への展開と言えるだろう。実際に龍樹（もしくはアンベードカル）の言葉に従って、佐々井がナーグプル市に来てみると、そこには数十万人の仏教徒が暮らしていた。これに加えて佐々井は、ナーグプル市から車で一時間ほどの距離にあるマンサールで仏教遺跡を発見し、これが龍樹の法城である「南天鉄塔」だと確信することになった[4]。佐々井は、以下のように述べている。

龍樹菩薩が言ったことは、一つも間違いではなかったのです。南天龍宮城に行けと言われ、行ってみたら実際に龍樹の法城が出てきているわけです。選ばれた者にしか扉は開かないのです。選ばれた者というのがあるのです。モーゼはヘブライの神に従い、エジプトへ奴隷解放のために行ったわけですが、そのためにすべてを捨てました。私もインドに来て四〇年になりますが、すべてを捨ててきました。宗教家とはそうでなければなりません。それが運命なのです。人は信じないでしょうが、二〇〇〇年前の人が本当に現れたのですから。私が見た龍樹は、アンベードカルのように額が光っていたのですが、龍樹のようにひげや白髪が生えていました。額などはアンベードカルのようでもあるし、ひげや白髪はアンベードカルのようではありませんでした。［中略］一人が龍樹菩薩とアンベードカル菩薩の二人に分かれるのです。ですから私には二つの使命があります。龍樹の法城を見つけることと仏教を再興することです（二〇〇四年八月四日）。

ここで「二つの使命」と語っているように、佐々井は、仏教復興というアンベードカルの使命を達成するだけでなく、龍樹の法城を発見することを目指してきた。実際に佐々井は、現在に至るまでマンサールで発掘作業を続けており、これまで遺跡からは仏塔や僧房などが見つかったとされる。これに加え、佐々井は、アンベードカルが「地涌の菩薩」を導く「上行菩薩」の分身でもあると説明を加える。娑婆世界の大地の裂け目から現れ出た地涌の菩薩は、仏が完全な涅槃に入った後に仏の教えを説き明かすことを託された弟子たちであり、この地涌の菩薩の指導者である四人の菩薩大士の一人が上行菩薩である（松濤・丹治・桂　一九七六：八三―一〇三）。佐々井は次のように語っている。

法華経（「従地涌品」）の考え方ですが、そこから見るとアンベードカルは地下の人なのです。お釈迦さまが亡くなってから二五〇〇年後には末法の時代となり、宗教は亡きがらとなり、坊さんは職業的なものになってしまいます。その時、地下の虚空から現れた地涌の菩薩が仏教を再興するという考えです。この菩薩を率いるのが上行菩薩であり、虚空というのは真ん中にしかありませんから、インドの真ん中を指していると言えます。不可触民は自分の土地も国もない地下人であり、自分の土地を踏みしめることも、ここが自分の国であると言うこともできず、人間として認められることもありませんでした。地下で苦しみながら、何千年も苦しみながら修行し、改宗広場の下から涌き出てきたのです。このように私は、上に龍樹菩薩がおり、下にアンベードカル菩薩がいると考えています。二つは一つにならなければならないのです。龍樹菩薩の生命は、アンベードカル菩薩に繋がり、私へと繋がっているのです。三者一体であり、私は二人に守られているのだと感じています。病気になって倒れそうになったとしても、何かに守られているように私は倒れないのです（二〇〇四年八月二五日）。

佐々井によると、アンベードカルは、龍樹の分身であるだけでなく、仏の教えを広める指導者とされる上行菩薩の分身でもある。このアンベードカルに導かれて仏教を復興する仏教徒（元不可触民）は、上行菩薩に率いられて仏教を再興する地涌の菩薩の分身と説明される。ここでは、類似している者同士がそれぞれの分身として定義されている点を理解することができる。しかし必ずしも分身同士は同一化しているわけではなく、それぞれの間には連続性と差異が存在する。同様に、龍樹の法城を探しながら仏教復興に取り組む佐々井自身は、龍樹とアンベードカルに類似する者であり、両者の分身として定義されている。この直喩の論理から隠喩の論理への展開を通じて、佐々井は日本で生まれた自らをアンベードカルや元不可触民と結びつけ、「自分自身が誰であるのか」や「なぜインドにとどまるのか」といった問いの答えを導き出そうとしてきた。

第二節　反差別運動を率いる、祝福を与える

第一項　アンベードカルの教えを実体化する大菩提寺奪還運動

佐々井は自らをアンベードカルの分身と位置付けており、この定義に従えば、佐々井とアンベードカルの間には連続性と差異が存在することになる。まず、佐々井とアンベードカルが連続している側面に目を向けたい。一九六七年以降、佐々井は、仏教復興に取り組みながらアンベードカルの著作や演説を読み、アンベードカルの教えとして本質主義的二元論や対抗する歴史観を学び取ってきた（根本　二〇一六a）。このことは、例えば、仏教徒が「不可触民、非人間、ハリジャン、新仏教徒と動物以下にさいなまれ、卑下差別され、殺され、辱められ、傷つけられ、瓦石打擲を受け、食うに米麦なく、着るに衣類なし、住むに家なき極貧民衆」であり、「五千年間のヒンズーカー

スト種姓制度に非人間・不可触民として動物以下に虐待、虐殺され、恥辱、迫害、弾圧、一切の人権を剝奪され生きてきた人達」（佐々井　二〇〇四：四一四、四二〇）と佐々井が記していることからも理解できる。佐々井は、自らの仏教をアンベードカルの理想の実現を目指す「闘争仏教」と名付け、以下のよう説明を加えている。

アンベードカルは、自らの仏教が大乗でも小乗でもなく、本当にブッダが説法したものだと言っていましたが、実際には原始仏教そのものではなく、アンベードカル的に解釈したものです。アンベードカルは、大乗や小乗を排除したのではなく、理知的な仏教の道を開きました。アンベードカルは弱き者を助け、人間解放、社会解放のために立ち上がったのです。それはインド国家の社会的解放です。インドの仏教というのは、単なる合掌とかお勤めとか、そういった仏教ではありません。人間解放の仏教であり、人間革命であり、内面的な弾圧を受けてきた人たちの仏教であるのです。［中略］心の復興、人間生命の復活、これがインドの仏教においてアンベードカルが行なおうとした仕事です。そこにインド仏教の生命の強さがあります。私が目指しているのは人間解放です。涅槃に達するとか、仏さまになるとかではなく、実世界で解放された状態、そのままの姿が人間解放であるというのがアンベードカルの教えなのです。社会運動にせよ、政治運動にせよ、宗教運動にせよ、人間解放を目指し、人間同士が和合して生きていく世界を目指すことが仏教であり、アンベードカルの教えです。私の仏教は闘争仏教なのです（二〇〇一年五月七日）。

佐々井は仏教徒と暮らす中で「日本で苦悩を抱えた佐々井」と「インドで苦悩を抱える仏教徒」の間に類似性を見出し、苦悩を抱える仏教徒を自らの分身であると考えることで、現在まで反差別運動に取り組み続けている（写真34)。佐々井の闘争仏教は、アンベードカルの教えの強い影響の下で練り上げられており、闘争の場面において佐々井は、本質主義的な二元論を通じて現実世界の差別の側面をとらえている。ここでは、平等が将来達成される目標として存在する。

この反差別運動の一側面である仏教復興運動として、例えば佐々井は、一九九二年以降、ブッダガヤーにある大菩提寺の管理権をヒンドゥー教徒から仏教徒の手に移す運動を率い、現在に至るまでデリーやブッダガヤーにおいて座り込み抗議活動やデモ行進を繰り返し行なってきた。一九四九年制定のボードガヤー寺院法ではインド国籍を持つ九名が大菩提寺管理委員会を構成し、ヒンドゥー教徒と仏教徒それぞれ四名ずつが委員となり、地区行政官が委員長を務める規定となっている（Barua 1981: 112–114）。佐々井は、ブッダガヤーを最も重要な聖地とする仏教徒が大菩提寺を管理すべきであるとし、この規定の改正を求める大菩提寺奪還運動を展開している。アンベードカルの「二十二の誓い」の五番目は、「ブッダがヴィシュヌの化身であるのは誤りであり悪意のあるプロパガンダだと信じる」である。奪還運動はこの宣誓に沿ったものであり、この宣誓を実体化するものと言えるだろう。この運動に参加した活動家と尼僧は、以下のように語っている。

写真34　活動家に指示を出す佐々井
（2016年3月5日）

一九九二年（五月）、多くの仏教徒がブッダガヤーを訪れ、大菩提寺内でバラモン司祭が金銭を受け取りながらヒンドゥー教儀礼を行なっているのを目にした。仏教徒たちはこの状況に納得がいかなかった。バラモン司祭が仏教徒の訴えを聞かないため、アンベードカルを支持するマハーラーシュトラ州の仏教徒は、バラモン司祭に石を投げつけるなどし、大菩提寺の周りで喧嘩が起こった。これ以降、ブッダガヤーの雰囲気が大きく変化し、緊張した状況になった。このため私たちは、佐々井師に大菩提寺の問題に取り組むべきだとの意見を出した。ナーグプル市で大規模な話し合いが行なわれ、数百名の仏教徒が佐々井師による大菩提寺奪還運動への支持を表明した。佐々井師を会長とする組織が結成され、（一九九二年八月）ボンベイからブッダガヤーに向かう行進が開始された（活動家SK、書店・旅行代理店経営、四〇代男性、二〇〇四年八月二三日）。

ブッダガヤーの大菩提寺では、バラモン司祭がブッダの像にヒンドゥー教の礼拝を行なったり、鐘を鳴らしたりしている。バラモン司祭はシヴァ・リンガの近くにおり、「シヴァ・リンガに寄付をしてくれ」と参拝者に言っている。私は、一九九二年（八月）の一回目の大菩提寺奪還運動から参加してきた。一回目は、六〇〇人から七〇〇人の仏教徒がトラックとジープに乗り分け、ナーグプル市からブッダガヤーに向かった。ブッダガヤーに着くと、レストランなどすべての商店が閉まっていた。食事をする場所がないだけでなく、水を飲むための蛇口さえも針金で縛られていた。数多くの警察が集まり、私たちの行進をやめさせた。私は警察に抗議し、蛇口を使えるようにさせた。警察は、仏教徒を集団では大菩提寺の中に入れさせず、五人くらいずつ順番に参拝させた。私たちは二、三日後にナーグプル市に帰った（尼僧M、五〇代女性、二〇〇四年九月四日）。

大菩提寺奪還運動が開始された一九九二年は、ラーマ寺院再建を目指すヒンドゥー教徒たちがウッタル・プラデーシュ州アヨーディヤーにおいてイスラーム教のバーブリー・マスジッドを破壊した年である。つまり、一九九二年前後は、北インドを中心に宗教を切断する「コミュナリズム（宗派対立主義）」意識が非常に高まっていた時期であった。ナーグプル市では、一九五六年の集団改宗以降、アンベードカルの政治的取り組みを受け継ぐはずであったインド共和党が影響力を失い、アンベードカルを支持する政治指導者は、仏教徒を率いることができなかった。この経験から仏教徒たちは、政治活動よりも仏教の復興運動を重視する傾向にあり、二〇一六年時点では仏教徒全体で特定の政党を支持するような動きは見られない。しかしこのことは、仏教徒がインド人民党の伸張に見られるようなコミュナリズム台頭の影響下にないことを意味しているわけではない。実際に一九九二年五月、佐々井とブッダガヤーの大菩提寺を訪れた数百人の仏教徒がバラモン司祭に暴力的な行動をとったため、RSSやインド人民党、世界ヒンドゥー協会（Viśva Hindū Pariṣada）が批判の声をあげるなどし、緊張が高まることになった。これに加え、ナーグプル市内にはインド人民党の支持母体であるRSSの本部があるため、特に活動家は、ヒンドゥー教に基づく国家の建設を目指すRSSやインド人民党に強い反対の立場を示すことが頻繁にある。

大菩提寺奪還運動の目的の一つは、ブッダをヴィシュヌの化身とするヒンドゥー教の教えを否定し、「差別と迷信のヒンドゥー教」から「平等と科学の仏教」を切り離すことで、仏教徒の自己尊厳を獲得・強化することにある。言い換えれば、ラーマ寺院再建運動と大菩提寺奪還運動の両者には、宗教を切断・分類する視点に立つという共通点が存在している。一方、ラーマ寺院再建運動がマジョリティであるヒンドゥー教徒からマイノリティであるイスラーム教徒への現状の肯定であるのに対し、大菩提寺奪還運動は、マイノリティである仏教徒からマジョリティであるヒンドゥー教徒への現状の否定であり、両者の間には差異が存在している。現状の肯定が権力関係の維持である一方、現状の否定は権力関係の転覆であるため、後者がより困難な取り組みと言える。また、仏教徒たちは大菩提寺奪還運動が開始される直前の一九九二年五月にブッダガヤーで暴力的な行動をとり、この騒動以降、ナーグプル市の仏教徒たちには「過激」というラベルを貼られることになったとされる。しかし、その後の大菩提寺奪還運動において佐々井や仏教徒が用いた手法は、市中行進や無期限座り込みなどであり、参加者はできるだけ暴力的な行動を取らないようにしていた（cf. Doyle 2003）。ここでは、他者否定よりも自己犠牲による非暴力的闘争が選択されており、ここにもバーブリー・マスジッドの破壊へと至ったラーマ寺院再建運動との差異が存在することが理解できる。

第二項　アンベードカルの教えに背く祝福の儀礼

次に、要約版としてのアンベードカルの教えに基づく不可触民解放運動から佐々井がずれている側面に目を向ける。佐々井は、アンベードカルの著作や演説を指針とする反差別運動を率いながら、仏教徒居住区を拠点として仏教徒と隣接して暮らす中、仏教徒が差別だけでなく病気や貧困にも苦しんでいることを知った。この病気や貧困といった困難についても、佐々井は、「日本で苦悩を抱えた佐々井」と「インドで苦悩を抱える仏教徒」の類似性を理由として相手を自分の分身とみなし、これらの苦しみから仏教徒を救うために祝福（もしくは恩寵）を与える儀礼を行なうようになった。すでに一九七〇年代から、佐々井の力で病気が治癒し、家が繁栄するといった評判が広まっており、多くの仏教徒が佐々井のもとを訪れていた（山際　二〇〇〇：一三二―一五三、一六一―一六二、一八一―一九〇）。二〇一六年現在も、佐々井のもとにはインド各地から毎日のように仏教徒が訪れ、佐々井から祝福を受け取っている。

仏教徒たちによると、祝福とは尊敬する人や目上の人から与えられ、困難な状況で幸福や平和をもたらすものである。特に聖者は、神の力の媒介者として祝福を与えることができるとされる。佐々井の祝福の儀礼において仏教徒は、まず佐々井の足元で三拝をする。次に仏教徒は、水の入ったペットボトルの蓋を外し、椅子に座った佐々井の近くに置いた後、佐々井と向かい合って正座する。佐々井は左手を祈りのかたちにし、木の棒などで仏教徒の頭を叩きながら「南無妙法蓮華経」を唱える（口絵12）。佐々井は途中で経を一緒に唱えるように仏教徒に伝え、仏教徒も「南無妙法蓮華経」を繰り返し唱える。儀礼の最後、佐々井は、水の入ったペットボトルを両手で回しながら「南無妙法蓮華経」を一心に唱え（写真35）、仏教徒はペットボトルに蓋をして水を持ち帰る。以下の一つ目の事例は、ナーグプル市近郊で暮らしている二〇代で学生の仏教徒女性に行なわれた儀礼の様子である。

写真35　水を持ちながら読経する佐々井
（2014年３月９日）

【事例一】

二〇〇五年九月一七日の午前九時、一人の仏教徒女性が苦痛で顔をゆがめながら、父親に連れられて部屋に入ってきた。佐々井が「どうかしましたか」と尋ねると父親が「腹痛がすると言っています」と答えた。佐々井が「どのくらい痛むのですか」と聞くと、女性は「この二、三カ月の間、すごく痛いです」と左下腹部を押さえながら答えた。［中略］佐々井は右手に細い木の棒を持ち、左手で相手を拝み、「南無妙法蓮華経」を唱えながら女性の頭頂部を叩き始めた。［中略］佐々井は女性に背を向けるように言い、経文を唱えながら木の棒で女性の頭頂部を叩いた。女性は声を出しながら泣き始めた。［中略］佐々井は、自分の袋の中から五センチメートルほどの茶色のブッダの像を取り出した。佐々井はブッダの像を左手で持ち、右手で像に向かって拝みながら「南無妙法蓮華経」と数回唱えた。佐々井は、「腹痛がする時には「南無妙法蓮華経」を唱えながらこの像をお腹にあてなさい」と女性に伝え、手に持った像を自分の左下腹部に当てて回すように動かした。女性は像を受け取り、父親と三拝した。

現在のナーグプル市で、頭を叩きながら読経するかたちで祝福の儀礼を行なっている仏教僧は、筆者の知る限り、佐々井だけである。この儀礼において仏教徒たちは、まず、生活世界における苦しみを佐々井に打ち明ける。これを聞いた佐々井は、一生懸命に経文を読むことによって相手の苦悩を取り除こうとする。このように、佐々井の儀礼の特徴の一つは、仏教徒が佐々井に働きかけ、これに佐々井が応答することによって祝福の儀礼が成立する点にある。実際のところ、佐々井自身は、この儀礼がアンベードカルの教えに背くものと認めている。しかし、佐々井の祝福が持つ力が徐々に有名になると、大多数は仏教徒であるが、他宗教の信者も佐々井のもとを訪れるようになった。祝福を求める他宗教信者の苦しみを聞く中、佐々井は「日本で苦悩を抱えた佐々井」と「インドで苦悩を抱える他宗教信者」が類似していることを知り、他宗教信者にも祝福を与えてきた。次の事例は、東インドのアッサム出身である年配の夫婦に行なわれた儀礼の様子である。元弁護士である夫は病気を患っていた。

【事例二】

二〇〇五年四月二八日の午前八時頃、年配の夫婦が部屋を訪れた。まず二人は、佐々井に菓子を手渡した。妻が「以前、祝福を受け取った時、強くやられすぎてしまったために、夫の首が縮んでおかしくなってしまいました。ですから今日はあまり強くやらないでください」と佐々井に伝えると、佐々井は「前に手で頭を叩いたものだから、首が縮んでおかしくなったのだそうです」と筆者に言って笑った。そのため佐々井は、近くにあった新聞紙を丸めて右手に持ち、夫を自分の前に座らせた。妻は夫の後ろに座り、二人は三拝した。佐々井は、左手を膝のあたりで祈るかたちにして経文を読み始め、右手の新聞紙でパタパタと夫の頭を叩いた。しばらくすると佐々井は、頭を叩きながら「南無妙法蓮華経」を唱え始め、夫婦にも一緒に唱えるように言うと、夫婦も声を合わせて「南無妙法蓮華経」と経文を読んだ。［中略］祝福の儀礼が終わると、夫は佐々井に一〇ルピー紙幣、妻は二〇ルピー紙幣を渡した。佐々井は、「もし病気がよくならないようだったらジャイナ教の先生の所にも行ってみてください」と夫婦に言った。三拝した後、夫婦はペットボトルの水を手に取り、部屋を立ち去った。佐々井は、「今の夫婦はジャイナ教徒なのです。ジャイナ教徒だけでなくキリスト教徒が来たりもしていますよ」と筆者に言った。

佐々井は、日常生活における参加者の苦しみの声を聴き、それぞれの宗教の違いにかかわらず、病気を治癒し悩みを取り除くために祝福を与えている。真言宗において得度した佐々井が、日蓮宗の題目とされる「南無妙法蓮華経」を唱えることは、日本において仏教の宗派が設定する分割線を越えるものである。唱える経文も「南無妙法蓮華経」でなくとも構わず、実際に他の経文を読むこともある。儀礼で使用する頭を叩くための棒も時と場合によって異なり、日本から送られてきた孫の手や、自分の横に置いてあった新聞、佐々井自身の右手を使用する場合もある。祝福の儀礼を実施する場所も決まっておらず、佐々井が座ったところで儀礼が行なわれる。このように佐々井の祝福の儀礼は、その形式が明確には固定化されていないため、多くは仏教徒であるが、ヒンドゥー教徒やキリスト教徒、ジャイナ教徒も、それぞれの宗教の規範や教えに妨げられることなく、佐々井から祝福を受け取ることができる。この儀礼について佐々井は、次のように語っている。

仏教徒だけでなく、キリスト教徒やジャイナ教徒なども来ますよ。超能力や神通力といったものではありませんが、力があるのではないかと思うのです。病気が治ったと言う人がいて、私は冗談ではないかと思っていたのですが、仏教徒たちはそうではないと言うのです。ですから私は、自信を持ってこのお勤めをやっているのです。実はXX（日本人の仏教僧の名前）にひどくやられまして、法華経を唱えることが嫌になったのです。それ以来、「南無妙法蓮華経」をあまり読みたくないのですが、これをやると自然に口から法華経が出てくるのです。ですから私は、病気の人がいるからこそ法華経が口から出てきてくれるのだと考えています。彼らが私を宗教のために助けてくれていると思っています。嫌なものだけれど唱えさせてくれるのです（二〇〇五年一月二一日）。

自分は否定しているのですが、おじいちゃんやおばあちゃんの中には私を聖人と考えている人もいます。仏教徒はみんな私に質問もしてこないのです。私は怒鳴ったり、殴ったりしているわけではないのに、みんな私を怖がっているようです。外では威張っているようなやつが、私のところに来たら小さくなって私を恐れているのです（二〇一五年三月八日）。

これらの佐々井の語りから分かるように、佐々井自身は自らの力に懐疑的な部分があり、佐々井よりもむしろ祝福の儀礼を受けた人々が佐々井の力を認めている。このことは、佐々井が祝福の儀礼を一方的に案出し、祝福を与えているのではなく、佐々井自身と佐々井の力を求める人々の対面的な関係の中で、創出されてきたことを示唆している。佐々井が述べるように、この儀礼において仏教徒が佐々井から祝福を受ける一方、佐々井自身は病気に苦しむ人によって「南無妙法蓮華経」と唱える機会を与えられている。つまり、祝福の儀礼で佐々井と参加者との関係は、宗教指導者と信者という一方向的で垂直的なものとしてあるだけではなく、双方向的で水平的な側面も有している。このような特徴を持つ儀礼において、仏教徒も他宗教信者も、病気を癒したり悩みを解決したりするために佐々井のもとを訪れ、「南無妙法蓮華経」を繰り返し唱えている。ここにある平等の在り方は、闘争によって達成される目標としての平等ではなく、それぞれの存在としての平等であり、今この場所で実現されている平等であると言えるだろう。ここでは差別者も被差別者も、さらには被差別者の中の被差別者も救いの対象となる。このように、仏教徒の間に流通するアンベードカルの教えと現実を生きる佐々井の実践の間には、ずれが存在していることが分かる。

第三節　「不可触民の指導者／聖者」として

第一項　活動家から見た佐々井、「半仏教徒・半ヒンドゥー教徒」から見た佐々井

現在のナーグプル市で佐々井を指導者と認める仏教徒、特に活動家たちは、それぞれの組織が主催する集会に佐々井を招き、仏教徒への犯罪などの問題が発生した際には抗議デモを率いることを佐々井に求めている。これらの仏教徒は、佐々井をジョーティラーオー・フレーやアンベードカルといった他の指導者と通時的に連なる系譜の中で認識している。つまり、佐々井は、現地の人々の間でフレーやアンベードカルの後継者と考えられている。毎年八月三〇日に実施される佐々井生誕祭は、アンベードカル生誕祭、ブッダ・プールニマー、改宗記念祭、アンベードカル入滅日に続いて、ナーグプル市の仏教徒の間で重要な仏教祝祭の一つとなっている（写真36）。毎年ナーグプル市内では、佐々井生誕祭の一週間以上前から告知が張り出され、市内だけでなく近郊農村でも誕生会が実施される。この誕生会の多くは、活動家の主導で行なわれるものである。例えば二〇〇四年の佐々井生誕祭では、佐々井を招いた誕生会がナーグプル市内三地区とナーグプル市外三地区の計六カ所で実施された。活動家たちは以下のように語っている。

一九五六年の集団改宗後、バーバーサーヘブ（アンベードカル）が死去したため、仏教文化を形成するための運動を率いる指導者がおらず、大きな空白期間が生まれた。仏教徒は、いくつかの仏教儀礼を行なうようになったが、宗教的な活動よりも政治活動に関心があり、政治家が仏教徒を政治の世界に引き込んだ。また、宗

教の指導者がいなかったため、仏教徒は宗教的な活動をどのように行なうべきかが分からず、仏教文化を発展させることができなかった。しかし、佐々井師が仏教寺院を建設し、宗教活動を始めたことが、ナーグプル市の仏教文化を発展させるための出発点になった。集団改宗後に生まれた空白が徐々に埋められ、仏教文化を形成するためのプロセスが正しい方向に進んでいる（エンジニアＰ、四〇代男性、二〇〇一年五月二二日）。

一九五六年の集団改宗後、バーバーサーヘブが突然死去してしまい、改宗した仏教徒の間に仏教の知識を普及させる手段が形成されなかった。情報伝達の手段がなかったため、仏教徒には仏教の知識が乏しく、三宝への帰依や五戒さえ知らない仏教徒がいた。しかし、一九六七年に佐々井師がナーグプル市に来てからさまざまな仏教復興運動が始められ、一九九二年にはブッダガヤーでの運動が開始された（映画館・レストラン経営ＭＨ、五〇代男性、二〇〇四年三月四日）。

写真36　インドーラー仏教寺院における佐々井生誕祭（2008年８月30日）

佐々井の思想や実践がアンベードカルの教えと完全には同一でないことを理由として、アンベードカルの教えを絶対視する「過激派」たちの中には、必ずしも佐々井の取り組みのすべてを肯定しているわけではない人々も存在する。例えば「過激派」たちは、佐々井を含む仏教僧が仏教徒に白い紐を巻くことを批判しており、仏教の祝祭などで仏教徒の手首から守護紐を切り落としている。これらの活動家は、仏教僧が供物や水を祝福として与えることもアンベードカルの教えに反していると考えている。「過激派」と呼ばれる活動家は、アンベードカル入滅日の出来事について次のように述べている。

二〇〇四年一二月六日、私たちはRBI交差点において紐切りの活動を行なった。すると、紐を切られた二〇〇名以上の仏教徒女性たちがインドーラー仏教寺院の佐々井師の部屋を訪れ、「なぜあの人たちは紐を切ったのか」と抗議をした。その後、私たちもインドーラー仏教寺院に行くと、佐々井師は「とても驚いた。今までにこのようなことはなかった」と言った。仏教僧は真実を伝えなければならない。『ブッダとそのダンマ』には、ブッダが布教活動を行なった四五年の間に一度でも誰かに紐を巻いたとは書かれていない。なぜ紐を巻くようになったのだろうか。仏教僧たちは、家を出て僧衣をまとっているだけでブッダの教えについて学んでいない。仏教徒社会には、社会活動をする仏教僧が必要だ（貸自転車屋GB、四〇代男性、二〇〇五年一〇月二五日）。

「過激派」たちは、アンベードカルの教えに反する「迷信」的な守護紐を巻いている仏教僧たちに批判的な立場にある。このような批判は、明示的ではない場合が多いにせよ、佐々井にも向けられている。しかし他の活動家と同様、過激派たちもまた、半世紀にわたって仏教徒への差別と闘ってきた佐々井に強い尊敬の念を抱き、佐々井を「不可触民の指導者」と認めている。佐々井から、差別や貧困に苦しむ仏教徒への支援活動に参加するように声がかかれば、「過激派」たちはすぐに、インドーラー仏教寺院にある佐々井の部屋に姿を現す。「過激派」たちは、アンベードカル生誕祭のキャンドル行進や改宗記念祭の式典において佐々井の後に続き、ブッダガヤーでの大菩提寺奪還運動をはじめとする佐々井の仏教復興運動を長年にわたって支えてきた。

他方、既存の論理を維持する仏教徒たち、特に「半仏教徒・半ヒンドゥー教徒」の中には、佐々井をシィルディーの聖者サーイー・バーバーやナーグプル市の聖者タージュディーン・バーバーなどの聖者と共時的に並ぶ地図の中に位置付ける人々もいる。サーイー・バーバーもタージュディーン・バーバーもすでに死去してはいるが、信者たちは、三人の「聖地」で二〇一六年現在も祝福を受け取ることができる。仏教徒たちは以下のように語っている。

佐々井師をこの店に連れて来てくれないか。佐々井師にはすごい力（シャクティ）がある。だから、佐々井師を店に連れて来てくれたら、客がたくさん来るようになるはずだ。根本は佐々井師と近い関係だから、友人の店に来てくれませんかと聞いてみてくれないか。それとも佐々井師の車が店の前を通った時、もし根本が車に一緒に乗っていたら、ここが友人の店だから少し止まってもらえませんかと頼んでみてくれないか（雑貨店経営、三〇代男性、二〇〇四年一二月一二日）。

私は実際に自分の目で見たことがある。まだ自分が子どもだった頃、佐々井師の部屋に食事を持って行ったら、そこに女性が来ていた。その女性は幽霊（*bhūt*）にとりつかれていることで有名だった。その時、佐々井師は「南無妙法蓮華経」を唱えながら、その女性の頭を棒で叩き続けていた。ものすごく長い時間、ものすごく叩いていた。自分はすごく怖かった。二時間くらい続けていた。そして佐々井師は、その女性から幽霊を取り除いた（六男KA、二〇代男性、二〇〇五年一〇月八日）。

「聖者の土地」と呼ばれるマハーラーシュトラ州で暮らす仏教徒たちによると、聖者とは、「自らの人生を捨てる」、「神の力を媒介する」、「宗教間の境界を越える」といった共通点を持つ。ナーグプル市の仏教徒たち、特に「半仏教徒・半ヒンドゥー教徒」と呼ばれる仏教徒は、日本を捨ててインドにとどまり、人々に祝福を与えることができ、仏教徒だけでなく他宗教信者にも儀礼を行なう佐々井を「不可触民の聖者」と認識している。佐々井自身もまた、自分自身が仏教徒たちから聖者として認識されていることを認めている。

第二項　活動家と「半仏教徒・半ヒンドゥー教徒」の接続

佐々井は、超自然的な力を「迷信」とするアンベードカルの教えに従い、「不可触民の指導者」として反差別運動を率いる一方、アンベードカルの教えが否定する超自然的な力を肯定し、「不可触民の聖者」として病気などに苦しむ人々に祝福を与えている。佐々井は、この自らの矛盾する実践を「差別即平等、平等即差別」と名付けている。佐々井によると、「差別に向かって闘う一方、本体は平等であると考えているのです。目に見えるものは差別であり、闘わなければいけません。一方で目に見えないものは平等であるわけです。片方だけを見てはいけません。その両方を見なければいけない。差別との闘いも徹底してやらなければいけません。そして平等も徹底的にやらなければいけません。みな仲良く平等に暮らしていくべきなのですが、実生活では差別があり、同じではないわけです。闘わなければならない。差別の立場から喧嘩をしなければならない。他方、差別と闘うが人間は実は平等であるわけです」(5)（二〇〇五年一〇月一五日）。言い換えれば、佐々井は、「差別に抗する闘争か、すべての他者を受け入れる平等か」という二者択一の両者を同時に選択すべきだとする。以下の二つは、毎日のように佐々井に食事などのお布施を行なってきた仏教徒の語りであり、佐々井が指導者と聖者の両者として同時に認識されていることが分かる。

バーバーサーヘブはインドを仏教の国にする夢を持っていた。だけどその夢は半分しか達成できなかった。バーバーサーヘブは仏教へ改宗した後に亡くなってしまった。私たちのようなアンベードカルを支持する人々（*ambedkarvādī*）も、仏教へ改宗して仏教徒になった。佐々井師は、バーバーサーヘブの夢を引き継いで私たちに仏教を教えてくれた。私たちの導師だ。佐々井師がいるから私たちは誇りを持つことができ、佐々井師がいなくなれば誇りを失ってしまう。［中略］私は子どもの頃から、佐々井師が私たちに何をしてくれたかを見てきた。佐々井師は私たちのために日本にいる家族を捨てたから、佐々井師には家族がいない。だから、私たちが佐々井師の家族になった。［中略］佐々井師の祝福はとても大きいもので、佐々井師が仏教寺院にいるから、私たちは健康に平和に暮らすことができる。それに比べて私たちの力はとても小さい。だから、私たちはみんなで団結して佐々井師をサポートしている。行進などをするために佐々井師が自分について来いといったら、私たちは佐々井師の後ろを歩いていく（専業主婦ＳＪ、四〇代女性、二〇一五年八月三一日）。

もともとここには（ヒンドゥー教の）ハヌマーンとマーターマーイの寺院があって大きな像が置かれていたのだけれど、佐々井師が周りのみんなが仏教徒になったのになぜヒンドゥー教の寺院が必要なのだと言って、インドーラー仏教寺院を建てた。それからナーグプル市に小さな仏教寺院をたくさん建てた。［中略］二、三年前、私の娘の夫が、私の知らない間に、私の父親の土地の名義をその夫の名前に変えていた。その土地は私の父親の土地だから、娘たちにちゃんと分けなくてはいけない。だから私は裁判を起こしたが、その娘の夫が呪術を使って私を殺そうとした。私はひどい病気になってとても大変な思いをした。私は佐々井師のところに来て、娘の夫に呪術をかけられて病気になったことを話した。佐々井師は私の頭を叩いて、私を病気から救い、私は元気になることができた。［中略］佐々井師は、小さな子どもから大人までたくさんの人々を病気から救い、元気にしてくれた。私たちは佐々井師の祝福をもらっている。佐々井師の姿を見るために寺院に来ている。佐々井師はバーバーサーヘブとブッダの後を継いだ人だ（専業主婦、七〇代女性、二〇一六年三月一二日）。

佐々井は、ナーグプル市の仏教徒たちから「高僧（*barā bhante ji*）」や「導師（*dhamma guru*）」と呼ばれてきた。インド各地における改宗式を執り行なうため、佐々井は冷房が故障したぼろぼろの四輪駆動車に乗り込み、四月から六月には気温四〇度以上になるデカン高原を通り抜け、十数時間から数十時間かかる移動を繰り返してきた。佐々井の僧衣とサンダルはいつも汗と埃まみれであり、佐々井のカバンは、日本から寄付された高校の野球部の中古品である。仏教徒居住区にあるインドーラー仏教寺院の佐々井の部屋は、非常に簡素なものであり、ベッドやテーブルや椅子は使い古されたものである。佐々井の部屋は、経済的に裕福になった仏教徒ではなく、経済的に貧しい仏教徒の部屋に近い。また、インドーラー地区の仏教徒たちが作るインド料理を毎日のように食べているため、佐々井の食生活は、経済的に貧しい仏教徒居住区で暮らす仏教徒とほとんど変わらない（写真37）。このような生き方を続ける理由について、佐々井は次のように語っている。

私はインドが大嫌いなのですよ。ダール（豆と香辛料でできたスープ状の料理）やチャパーティー（小麦粉をクレープ状に焼いたもの）は食べたくありません。味噌や醬油が好きですから。天の声が聞こえたからここにいるのです。インド人も嫌いなのです。悪口を言われたり何度も騙されたりしてきましたから。ですが仏教徒の置かれた環境を、歴史を見つめたのです。それによって人間として、宗教家としての同情が生まれてきて少々言われても我慢するようになったのです。この間、アンベードカルについて書いている時も、涙が出てきて書くことができませんでした。不可触民の苦しみというものが分かってきましてね（二〇〇五年八月二八日）。

私は「社会が自分の大学であり、中学であり、小学校である」と考えています。つまり、学問ではなく実践です。これまでの八〇年間が試練でした。［中略］仏道とは学問をすることではありません。自分で歩き、自分で見、自分で苦しんで、何度も倒れかけ、歯を食いしばって、自分の身体で体得するものです。そこで初めて見えてくるのです。インドでは毎日毎日が真剣勝負でした。暑い中で寝るところもなかったのですから。突き落とされて骨を折ったり、毒を入れられたりもしてきました。八〇年の訓練で分かるようになりました。権力を持って厳

写真37　佐々井の食事（2016年３月５日）

めしい顔をするのではなく、苦しんでいる人、貧しい人を助けることが仏さまの本願ですから（二〇一四年八月二四日）。

この語りから理解できるように、佐々井にとって「不可触民の指導者／聖者」になることは、喜びよりは苦しみであり、仏教者としての宗教実践そのものである。インドで生きる日々を「修行」と呼ぶ佐々井は、自分自身の望みよりも仏教徒の期待に応えるという宗教実践によって、活動家の視点から、神の力を否定して仏教徒を率いる「不可触民の指導者」となり、「半仏教徒・半ヒンドゥー教徒」の視点から、神の力を肯定して仏教徒を救う「不可触民の聖者」になった。言い換えれば、佐々井は直喩の論理を隠喩の論理に展開する中で、必ずしも差別に苦しんできたアンベードカルや仏教徒と同一化しているのではない。佐々井は、自らの宗教実践を通じてアンベードカルや仏教徒からずれた「不可触民の指導者／聖者」に生成することにより、仏教徒たちと結びついている。活動家たちは、自分たちが主催する集会や抗議デモに佐々井を指導者として招き、そのポスターを街中に貼り付ける。これらのポスターやチラシを目にした在家信者や「半仏教徒・半ヒンドゥー教徒」は、自分たちの苦悩を取り除く佐々井が招かれた集会や抗議デモに参加する。つまり、反差別運動を率いながら祝福を与えるという矛盾する実践を佐々井が行なうことで、祝福を否定する活動家と、これを肯定する仏教徒が同じ場所に集まり、仏教徒への差別やアンベードカル像への侮辱に対する抗議といった同一の目標のもとでデモ行進が行なわれることになる。このように佐々井は、アンベードカルの演説や著作が示す本質主義的な二元論を引き継ぎながらも、「差別即平等、平等即差別」の実践を通じて、「過激派」や活動家と、「半仏教徒・半ヒンドゥー教徒」を含む在家信者を接続してきた。

註

(1)「水牛の姿をした魔神」であるマヒシャは、魔神の軍隊を率いる王であったが、シヴァの妻であるドゥルガー女神との戦いの中で殺されたとされる。この物語はドゥルガー神話の最も重要な部分であり、さまざまなテキストで言及されている（立川　一九八〇：一三八―一三九）。

(2) 内山田によると、「一人のパーソンの内に複数の存在者の潜在態が内包」されており、この「内在する差異」を持続の中で外在化したものが分身である。分身同士の関係は「異なる個と個の間の関係」ではなく、「一人のパーソンに現れた異なる様態の関係」であり、分身は「一人二役」と見ることができる（内山田　二〇一一：六〇―六一）。分身の論理について知るためには、「どのようにして誰なのか、誰になるのか、という存在の動態的なロジック」（内山田　二〇一一：五五）の働きに目を向ける必要がある。

(3) 大乗仏教における仏身論の三身説では、ブッダの身体が法身・報身・応身（もしくは化身）の三つであるとされる。第一に法身は、永遠不変である絶対的な真理の身体である。第二に報身は、誓願と実践により完全な功徳を備えた身体である。第三に応身は、衆生の救済のために歴史的世界に現れた無常の身体である（中村・福永・田村・今野・末木　二〇〇二：三九〇）。このように三身説においても、それぞれの間に連続性と差異が存在することが分かる。

(4)「南天の鉄塔」は、南天竺にあったと伝えられる鉄塔であり、龍樹菩薩が塔内に入り、金剛薩埵から塔内に秘蔵されていた金剛頂経・大日経を授けられた場所とされる（総合仏教大辞典編集委員会　二〇〇五：一〇八九）。

(5)「即」とは「二つのもの・ことが、論理的な面において密着して一つ（不二）となり、時間的な面においては直ちに結合して連続すること」（中村・福永・田村・今野・末木　二〇〇二：六四二―六四三）を意味している。この定義に従えば、佐々井の「差別即平等、平等即差別」とは「差別と平等の二つが一体となり、連続していること」と考えられる。

終章　隠蔽される声、等質性なき連帯、生成変化の政治学

アンベードカルの生涯は、大きく三つの局面に区別することができる。一番目は、生まれながらの宗教であるヒンドゥー教の枠内にとどまり、その改革を目指す段階である（Queen 2010: 99 cf. Queen 1990）。一八九一年にマハールとして生まれたアンベードカルは、欧米への留学を経験した後、一九二七年からチャウダール貯水池開放運動、一九三〇年からヒンドゥー教のカーラーラーム寺院立ち入り運動を率いた。一九三〇年、アンベードカルはカースト・ヒンドゥーから如何なる苦難を与えられようともヒンドゥー教を捨てないと宣言した。

二番目は、自分が信仰する宗教を自らの考えで選択しようとする段階である（Queen 2010: 99-100）。一九三〇年代前半に分離選挙の導入と寺院立ち入り運動に失敗した結果、アンベードカルは、一九三五年に「私はヒンドゥー教徒としては死なない」と述べ、ヒンドゥー教からの改宗を宣言した。アンベードカルは一九三六年、どの宗教に改宗するかを明示しないまま、集団改宗に向けた準備を進めることのほか、ヒンドゥー教の神への礼拝やヒンドゥー教の祝祭を行なわないことをマハールの会議で決定することになった。

三番目は、既存の宗教を分解し、再び組み立てようとする段階である。一九三五年以降、改宗先を模索したアンベードカルは、「さまざまな場所の過去や現在や想像される未来の信仰や実践の断片」を用いて、既存の仏教を

「自由、平等、博愛」の宗教として組み立て直すことに取り組んだ（Queen 2010: 100）。アンベードカルは、この仏教が理性や正義に対する道徳的犯罪として不可触民制を批判できると考え、改宗先を仏教とすることを決断した。一九五六年の集団改宗において、アンベードカルはヒンドゥー教と別の宗教枠組みを提示し、インド全体の再構築を試みた（Viswanathan 1998: 238–239）。

アンベードカルが死去した一九五六年一二月以降、元不可触民は、同一性の政治学を用いて自己尊厳の獲得を目指した結果、「暴力、困惑、怒り」という言葉で表現されるようになった。しかし、必ずしもそこにとどまってきたわけではない。それでは、一九九〇年代以降のポスト・アンベードカルの時代において、元不可触民による反差別運動は、如何に同一性の政治学とは別の連帯を生み出し、インド全体の再構築に取り組んでいるのだろうか(1)。

第一節　同一性の政治学における他者の声の隠蔽

一九九〇年代以降にグローバリゼーションが急速に進むインドでは、明確な差異が失われる流動化の中、人々が希望と不安の両者に直面している。アイデンティティ・クライシスと呼ばれる自らの不安を解消するため、同一性の政治学によって「非人間化」される他者への暴力行為を選択する者も存在する。この同一性の政治学もしくは国民的同一性の論理に依拠する連帯は、不確実性の中で確実なものと想像できる差異を発明しようとする動きであり、「グローバル化における本質主義的共同性の再想像」（松田　二〇〇九：一二五）という近代的な現象と考えることができる。酒井は、「いわゆる民族紛争は、実は、優れて近代的な現象であって、これらの血みどろの殺し合いは前近代の遺制の噴出であるどころか、近代化の進行過程の一側面と見なければならない」と指摘する（酒井　一九九四：一五　cf. Clifford 2000）。そこでは単一のカテゴリーに属しているかどうかを参加の判断基準とするため、その共同体に参加する資格を持たない者とは相互理解が困難となり、共同体間の対立が発生することに繋がる（松田　一九九二）。関根が「今日の宗教紛争、民族紛争、言語集団間闘争、地域集団間紛争などはその言葉の差異のように差異があるわけではなく、同類の問題として考察できる」（関根　二〇〇六：四）と述べるように、グローバリゼーションによって流動化や不確実性がもたらされる中、本質主義に依拠する絶対的差異は、宗教組織だけでなく国民や民族など、多様な集団間で設定され、さまざまな場所で暴力的な対立を生み出す可能性がある。言い換えれば、切断・分類の論理に依拠する同一性の政治学では、別々の排他的共同体に属している（と想像される）自己と他者の交渉の場が閉じられており、この論理に依拠し続ける限り、相互理解が困難な状況にとどまることになってしまう。

このような時代状況の中、ナーグプル市の仏教徒による反差別運動の一つのかたちは、要約版としてのアンベードカルの教えに従い、仏教を「自由、平等、博愛の宗教」と定義し、この仏教を復興することでインド全体の再構築を目指すものである。ここでは、本質主義的二元論や対抗する歴史観が設定する排他的な当事者性に基づくかたちで、「平等と科学の仏教徒」という自己尊厳の獲得が試みられている。例えば、アンベードカル化した活動家は、インド国勢調査が示す仏教徒人口や、地図上に書かれた仏教国の存在を根拠として、俯瞰的な視点から世界を宗教で切断・分類し、直接顔を見たことがない他の地域や国の仏教徒たちを自分の「仲間」と想像している。ここにあるのは、特定の計画に即して考案された材料や器具、言い換えれば「概念」を用いてものを作る「エンジニア」のやり方であり（レヴィ＝ストロース　一九七六：二三─二六）、「人々の日々の暮らしの複雑なもつれあい」から離れ、「下界を一望するはるかな高み」に立っている「世界を読みうる者」の視点である（ド・セルトー　一九八七：二〇〇―二〇二)。活動家たちは、「下界を一望するはるかな高み」からインドや世界に目を向け、「平等と科学の仏教」と「差別と迷信のヒンドゥー教」という本質主義的で二元論的な見取り図を用い、それらを「仲間」と「敵」に分類している。ここでは活動家に加え、活動家の働きかけを受ける他の仏教徒たちも、要約版としてのアンベードカルの教えが提示する本質主義的二元論や対抗する歴史観を内面化し、この教えに基づいて国民的な同一性(「自由、平等、博愛の仏教徒」)を構築する。言い換えれば、仏教徒たちは、不可侵のものとなったアンベードカルの教えに沿って自らを変革し、最終的にはアンベードカルの教えと同一化することを目指している。

アンベードカル化のプロセスにおいて仏教徒たちは、「平等と科学の仏教徒」という排他的共同体に所属する前に、「常に被差別状況にある元不可触民」という排他的共同体に参加する。対抗する歴史観が示すとおり、この二つの共同体は表裏一体の関係にあり、アンベードカルの教えのもとでは「常に被差別状況にある元不可触民」であることが「平等と科学の仏教徒」であることの証明になる。この「常に被差別状況にある元不可触民」の共同体に所属する仏教徒は、それぞれの個人的な「心を蝕み人生を変えた経験」を「常に被差別状況にある元不可触民」に共通する経験として同じ土台の上に置くことで、同じ「常に被差別状況にある元不可触民」として他の仏教徒と繋がることができる。アンベードカルの教えを通じて自らの経験を再解釈することに成功し、この認識枠組みが定着すれば、自分自身や周りの仏教徒の差別の経験は、自分たちを「常に被差別状況にある元不可触民」と定義するアンベードカルの教えの正しさを証明するものとなる。つまり、アンベードカルの教えの正統性が自分たちの経験に根差したものとなり、順序が逆転することになる。このようなプロセスを経て、ナーグプル市の仏教徒たちは、自らを排他的な仏教徒共同体という統一体の一部として想像している。ここで形成されている差別に抗する連帯は、共同体間の差異を絶対視することで「仲間」と「敵」を分類するものであり、同一性の政治学の側面を持っていることが理解できる。

アンベードカルを支持する仏教徒の反差別運動において、改宗とは、ヒンドゥー教を「差別と迷信の宗教」、仏教を「平等と科学の宗教」と切断・分類し、前者と後者の間に引かれた明確な境界線を乗り越えることを意味している。ここでは、改宗前の宗教であるヒンドゥー教のすべてを破棄することが求められる。アンベードカルの教えに従う活動家は一九五六年以降、ヒンドゥー教と仏教の文化を意識的に客体化することで、仏教徒居住区にあるヒンドゥー教の寺院を壊して仏教寺院を建立し、仏教徒の家からヒンドゥー教の神や聖者の像を回収・焼却するなどの取り組みを行なってきた。これらの活動を通じて仏教徒たちは、ヒンドゥー教徒との対立を生み出しながらも、自らが経験した差別の苦しみから回復し、「自由、平等、博愛の仏教徒」としての自己尊厳を獲得・強化できる。これと同時に活動家たちは、「半仏教徒・半ヒンドゥー教徒」や「改宗キリスト教徒」といった被差別者の中の被差別者を創り出している。ここでは、複数の人々がかかわり合って生きる人間関係の基本的な場、生活世界の存在が否定されている。言い換えれば、同一性の政治学のイデオロギーによって生活世界が覆われており、その場に存在する他者の声が聴かれることはない。排除する側は、排除される側と共有する歴史的な繋がり、文化的な記憶、日常的な苦悩を忘却することになる。その結果、「半仏教徒・半ヒンドゥー教徒」も「過激派」も、「差別に抗する団結か、家族との愛情か」という二者択一の問いの前に立たされ、時には自らの家族でさえも「自分と反対側にいる者」に分類しなければならない。

第二節　ブリコラージュを用いた等質性なきものの連帯

仏教への改宗後も「半仏教徒・半ヒンドゥー教徒」は、家族や隣人への愛情を一つの理由としてヒンドゥー教の神への儀礼を実施し、超自然的な力を媒介とする日常的で双方向的な交流（交換）を通じて対面関係の網の目を構築する。ここでは、アンベードカルの教えによって否定される神の力が肯定されており、同一性の政治学を逸脱する他者の声が存在していることが分かる。この対面関係の網の目とは、同じ場所でかかわり合って生きることにより、国籍や宗教やカーストの違いなど、自分と他者の間にあるさまざまな差異を受け入れながら、他者の存在を認めるものである。そこでは例えば、佐々井や筆者のような実際の親族ではない人々も、対面的な交流を重ねることで「親族」として読み換えられることになる。これに加え、「半仏教徒・半ヒンドゥー教徒」と呼ばれる青年たちは、「仲間を助けるために他者と対決する」という類似性から、反差別の抗議デモを「喧嘩」に読み換え、仲間グループの他のメンバーと抗議デモに参加している。言い換えれば、青年たちは、明確な境界線を持つが、内部において個々人が対面的には分割されている閉鎖的で排他的な仏教徒共同体に、差異を残したまま繫がり合い、水平的に拡張する「開かれた親族」関係の網の目を持ち込んでいる。これにより、排他的共同体に所属する仏教徒だけでなく、対面関係の網の目で繫がった佐々井や筆者といった「親族」が、差別に抗する連帯に取り込まれることになる。生活世界における他者との双方向的な交流が増加し、対面関係の網の目が拡張すれば、さらに差別に抗する連帯自体が拡張する。このように、排他的共同体内に「開かれた交渉の場」が組み込まれることで、同一性の政治学からずれた別の連帯が生み出されている。同一性の政治学は、被差別者の生活世界に影響を及ぼし、そこにある他者の声を否定するが、実際の親族ではない人を「親族」として読み換える論理など、生活世界にある他者の声を聴く寛容の論理もまた、同一性の政治学に何らかの影響力を持つ。「過激派」と呼ばれる活動家でさえも、反差別運動を通じて自己尊厳を獲得しつつ、神の前の平等を認める改宗前の論理を保持しており、この拡張する「開かれた親族」関係の網の目に絡め取られている。

グローバリゼーションがもたらす流動性・不確実性の中でも、アイデンティティ・クライシスを恐れることなく、共同体の論理に反する生活世界の他者の声を聴くことは、同一性の政治学に新たな展開をもたらす。「半仏教徒・半ヒンドゥー教徒」の青年たちのやり方は、周りにある「もちあわせ」の道具材料に話しかけ、自らの手で適当なものを寄せ集めてものを作る、もしくは、「記号」を用いて作業する「ブリコルール」（レヴィ＝ストロース　一九七六：二二―二五）のものである。青年たちは、類似性を手掛かりとして、自分たちの「もちあわせ」の道具材料である二つの人間関係、つまり、排他的な共同体と対面関係の網の目を繋ぎ合わせ、同一性の政治学とは別のかたちの連帯を創出している。この「ブリコルール」が作り出した作品は、「製作者の性格や人生」を語るものとされる（レヴィ＝ストロース　一九七六：二七）。「半仏教徒・半ヒンドゥー教徒」の青年たちによる連帯は、自分たちに愛情を与える家族だけでなく、仏教徒の団結を目指す活動家の存在をも肯定する生き方を示している。青年たちは、抗議デモを通じて仏教徒の団結を外部に示しつつ、生活世界で形成される家族や隣人との対面関係の網の目を抗議デモに持ち込み、「差別に抗する団結か、家族との愛情か」という二者択一の両者を同時に選択しようとしている。言い換えれば、青年たちは、排他的仏教徒共同体と対面関係の網の目の両者をともに生きている。このように、民族や宗教を切断・分類する論理が正統なものとして広まる中、それぞれの故郷において家族や友人と喜びや困難を感じながら日々を生きる「半仏教徒・半ヒンドゥー教徒」は、「なにか余分なものと別なもの（よそからやってきたディテールや余りもの）」を「既存の枠、押しつけられた秩序」の中に紛れ込ませる「ブリコラージュ」（ド・セルトー　一九八七：二二七―二二八）という戦術を駆使している。

排外主義的に当事者性を定義する同一性の政治学では、この運動が設定した排他的な境界線に沿って本質主義的な他者規定（否定）が行なわれ、カテゴリーの内側にいる者と外側にいる者の間で暴力的対立が生まれることになる。カイルラーンジー事件を巡るものを含め、トップダウンの視点から被差別者による抗議デモに目を向けると、不確実性の中で不安を抱える個々人が、自らの居場所を求めて排他的なイデオロギーに引き寄せられ、他者への暴力行為を選択し、暴動へと発展する姿として理解できる。このような理解は、流動化や不確実性に直面する他国々における紛争や対立にも適用することができ、新たな共生の在り方を議論すべきことが示されている。一方、抗議デモに参加する被差別者の視点にボトムアップから接近すると、近代の国民的同一性の論理に依拠することで不安を解消する姿だけでなく、未来に向かう「あるべき世界」の議論では削ぎ落とされる、現在そこに「ある世界」の別の側面が顕わになる。それは、対面的な交渉の場を通じた共生の可能性を失わずにいる姿である。つまり、この場においてこそ、排除する側と排除される側が共有する歴史的な繋がりや文化的な記憶、日常的な苦悩が呼び起こされ、他者の非「非人間化」と自己の「非人間化」が行なわれる見込みがある。グローバリゼーションの中にある中間集団の内部構造をボトムアップの視点から分析することは、徹底される近代の論理のみによって中間集団の社会的連帯の在り方が規定されているのではなく、生活世界の中から生み出される寛容の論理が、同一性の政治学に影響力を及ぼすことを明らかにする。

同一性の政治学は、被差別者に自己尊厳を与えるという利点を持つが、反差別運動にとって自己尊厳の獲得が必ずしも最終的な到達点であるわけではない。「半仏教徒・半ヒンドゥー教徒」と呼ばれる青年のように、現存するものを戦術的に用いることで、別のかたちの連帯を創り出すこともできる。このブリコラージュによる連帯の在り方は、その時々の状況に依存する試行錯誤から創り出されるものであり、この状況依存性が連帯に二面性を与えている。まずこの連帯において、ブリコルールと呼ばれる製作者は、特定の状況の中で自らの周りに現存するものに依存するため、参加のための明確な判断基準を設定することが困難である。そこでは誰が「仲間」となり、誰が「敵」となるかが常に流動的であり、完成形が想定できない不確かで不安定な連帯が形成される。他方、この状況依存性を特徴とするからこそ、この連帯では、別々の共同体に属していたはずの自己と他者が、それとは別の経路を通じて繋がり合い、同一の連帯に参加する可能性を常に保持している。誰と誰が繋がるかは過程の中にあり、そこでは自己と他者の交渉の場が開かれたままである。この連帯では完成形としての統一体が想定されておらず、終着点が決定されていない。両者の間にあるずれを残したまま、排他的共同体と対面関係の網の目が寄せ集められた後も、そこに他の「全体を想定しない断片」が不恰好に繋ぎ合わされていくことになる。ここにあるものは、差異を残したままの連帯、もしくは、等質性なきものが協働する連帯と呼べるだろう。

第三節　生成変化の政治学による当事者性の拡張

活動家ＳＧは、自らのライフ・ヒストリーを語る中で、「一番辛かった出来事について話すと泣いてしまうので、それについて話すことはできない」と筆者に伝えた。それでは、「トラウマのまっただ中にいる者は声を出せないし、生き延びることのできなかった死者が証言することはできない」（宮地　二〇〇七：九）といった代弁することの難しさを視野に入れながら、狭義の当事者性が設定するカテゴリーから外れた人々は、如何に当事者性を拡張し、排他的な当事者性に依拠する同一性の政治学がもたらす弊害を乗り越えることができるのか。求められていることの一つは、狭義の当事者性の枠外にいる人々が、そのカテゴリーの中にいる「当事者」と生活世界の場で対面し、同一性の政治学という共同体の声を学ぶだけでなく、共同体の声に覆い隠されている「当事者」自身の別の声もしくは他者の声に耳を傾けることで、相手の経験を「学びなおす」（屋嘉比　二〇〇九：五四）ことにある。この「学びなおす」とは、もう一度学ぶことで既存の理解を超える試みであり、この協働作業を通じて両者は、共同体のイデオロギーにとどまらないかたちで経験の記憶を「継承」することができる（屋嘉比　二〇〇九：五四）。これにより、排外主義的に定義された「当事者」こそが「自身の問題に関して唯一絶対の精通者である」とする「マイノリティの運動における共同幻想の論理」（豊田　一九九八：一〇〇）が打破されることになる。この学びなおしの際、必ずしもツリー状の近代科学的思考に依拠する必要はない。言い換えれば、狭義の当事者性が設定する「当事者」から外れる者は、反序列的で反系譜学的なリゾーム状の非中心化システムを用いて、この「当事者」との間に歴史的な繋がりや文化的な記憶、日常的な苦悩といった共有する経験を発見できる。南アジアの文脈で言えば、このリゾーム状のシステムは、信仰としての宗教やフォーク・イマジネーション、「庶民ヒンドゥー教」的解釈地平、変態する存在の動態的ロジックなど、生活世界の中から立ち上がる寛容の論理であるだろう。

ドゥルーズとガタリを参照すれば、この学びなおしという協働作業を通じて、狭義の当事者性が設定する「当事者」と、この当事者性を拡張する者の間で形成されるのは、関係相互の照応でも相似でも模倣でも同一化でもなく、食料を調達する雀蜂と生殖する蘭の対など、非等質的な要素による非対称的な二つの運動が共存する「生成変化〈なる〉」のブロックである（ドゥルーズ／ガタリ　一九九四：二七四、三三八）。この「生成」＝「なる」とは、それぞれが「〇〇である」ことを規定してきた歴史的条件から脱け出し、「新しいものになろうとする」動きをとらえる概念とされる（箭内　二〇〇二：二一五―二一七）。生成変化は、常に「二つを対にしておこなわれる」ものであり、そこでは、「〈なる〉対象も〈なる〉当人と同様に」自らを「脱領土化」し、生成変化を果たすことになる（ドゥルーズ／ガタリ　一九九四：三四七―三五〇）。同じくハラウェイによると、サイボーグにおける生物と機械の関係性のように、アクターとパートナーは、「権力、知識や技術、道徳の問題に満ちたサイト」において「模倣ではない分かち合い」の関係性、つまり、「ともに食卓を囲み、一つの釜の飯を食らい、仲間であり、パンを共に食す関係性」を構築し、それぞれが相手にとって、これまでとは「違う自己を生成するための工作機械」になる（ハラウェイ　二〇一三：九八、一一五、二〇九、二五一、三一〇）。それぞれが「何者であるのか」は、「協働的で複雑でプロセス的でパフォーマティブな関係性」の中で常に生成されており、「「何かになること」とは、つねに何かと一、、緒に「何かになること」」を意味している（ハラウェイ　二〇一三：四四、二一四、三七一）。言い換えれば、狭義の当事者性の中にいる「当事者」とこれを拡張する者は、二人一組のブロックを形成し、それぞれが相手を用いながら「自分が何者であるか」を決めていた制限から脱け出し、一緒に別のものへ生成変化することができる。これにより、当事者性は拡張される。

ここで重要であるのは、ツリー状とリゾーム状のシステムが二つのモデルとして対立関係にあると考え、両者を単純に分離しておくことではない。ドゥルーズとガタリが述べるように、「リゾームのうちにも樹木や根の構造が存在」し、「反対に樹木の枝や根の一片がリゾームとして発芽しはじめることもありうる」のである。「リゾーム状になる」ということは、「幹に侵入してそれらの根と連結され、それらを奇妙で新たな用途に役立てることも辞さない茎や繊条を産み出すこと」を意味している（ドゥルーズ／ガタリ　一九九四：二七―二八、三三）。同様にインゴルドによると、「人を制限し、誘導し、収容するさまざまな構造は永遠不滅なもの」ではなく、「規則的、線条的に整備された占拠世界の至るところで、空を飛び、地を這い、身をくねらせ、穴を掘りながら、すべての生物は、ばらばらになった断片を自分の生の道のなかに再び受け入れ、再編成する」（インゴルド　二〇一四：一六五）。イデオロギーとしての宗教の中に信仰としての宗教が、ヒンドゥー・ナショナリズムの中にフォーク・イマジネーションが、「正統ヒンドゥー教」的解釈地平に「庶民ヒンドゥー教」的解釈地平が、階層的に差異化する存在の静態的ロジックに変態する存在の動態的ロジックが入り込み、言い換えれば、隠蔽するものの中に隠蔽されるものが侵入し、前者の内側において後者がずれをもたらし、ツリー状のシステムからリゾーム状のシステムが産出される。この考えを起点として当事者性に目を向ければ、当事者性の拡張は、同一性の政治学が設定する狭義の「当事者」を模倣することでも、これに同一化することでもない。当事者性の拡張とは、狭義の当事者性によって定義される「当事者」の中に、この定義から外れる者が侵入し、それぞれが相手の工作機械として結びつき、生成変化のブロックを形成することである。この等質性なきものの協働を通じて、「被差別者のことは被差別者しか語ることができない」という「幻想」に亀裂が入ると同時に、この定義から外れる者が生み出すずれによって狭義の当事者性に依拠する反差別運動に新たな方向性が含まれていく。血統の論理に同盟の論理が、共同体のイデオロギーに他者の声が、もしくは、同一性の政治学の中に生活世界の寛容の論理が入り込み、ツリー状の政治学の内側からこれをずらし、それとは別のリゾーム状の連帯が生み出される。この時、生活世界の寛容の論理の側も変容することになるだろう。この動きを生成変化の政治学と呼ぶことができる。

自らの故郷や家族を捨てた佐々井は、仏教僧という「宗教家」として自らの思想や実践を練り上げ、これを自らの言葉で表現することで他者と共有しようと試みている。佐々井は、同一性の政治学の側面を持つアンベードカルの教えを引き継ぎ、一九六七年から元不可触民による仏教復興運動を率いてきた。仏教徒への差別に抗する闘争の中、佐々井はアンベードカルの教えに基づく本質主義的な認識枠組みを内面化し、この枠組みにより現実世界の差別の側面をとらえることで、ヒンドゥー教徒を本質化された「差別と迷信を信仰する者」として批判する。ここでは、平等な社会が将来達成される目標として存在している。

この佐々井に特徴的な認識の在り方は、類似性から意味を導き出そうとする点にある。一九六七年にラージギルにおいて、龍樹から「汝、南天龍宮城へ行け」とのお告げを授かった佐々井は、ナーグプル市で被差別状況にある仏教徒と隣り合って生き、仏教徒たちから「親族」としても認識される中、苦悩を抱えた自分自身と苦悩を抱える仏教徒を重ね合わせるようになった。これに加えて佐々井は、仏教徒を導くという類似性から、自分自身が龍樹とアンベードカルの分身であると語っており、ここに直喩の論理から隠喩の論理への展開を認めることができる。この「あなたは私だ」という隠喩の論理では、「あなた」と「私」が必ずしも同一化しているのではなく、両者は部分的に繋がりながら部分的に切り離されている。この論理の展開を通じて佐々井は、自分自身とアンベードカルや元不可触民の間に結びつきを見出し、日本を捨ててインドにとどまる理由を見定めようとしている。

神の力を「迷信」として否定する仏教徒運動を率いる一方、佐々井は、宗教の違いにかかわらず病気などに苦しむ人々に神の祝福を与えている。佐々井は、仏教徒が差別のみならず病気や貧困に苦しんでいることを知り、さらには、苦悩をした自分自身と苦悩する他宗教の信者が類似していることも認識するようになった。このような経験から佐々井は、貧困や病気、犯罪などに苦悩する弱き者であれば、すべての他者を自分の分身とみなして祝福を与えている。このことから、佐々井が仏教徒共同体と仏教徒個人が同一化した反差別運動の声としてのアンベードカルの教えだけでなく、それに反する祝福を求める仏教徒や他宗教信者の苦しみ、つまり、同一性の政治学から逸脱する他者の声に耳を傾け、差別に加えて貧困や病気を抱える人々を救おうとしていると理解できる。ここでは仏教徒だけでなく、他宗教の信者や被差別者の中の被差別者である「半仏教徒・半ヒンドゥー教徒」と「改宗キリスト教徒」もまた排除の対象ではなく、救いの対象となる。この儀礼では、闘争の間でさえ差別する者を受容する平等という考えが表現されており、平等が今ここに存在するものとしてある。このように、五〇年にわたって元不可触民と隣接して生きた結果、佐々井は「差別に抗する闘争か、すべての他者を受容する平等か」という二者択一の両者を同時に選択するに至ったと考えられる。この矛盾する実践を通じて、祝福を否定する活動家と、それを肯定する仏教徒が同じ場所に集まり、同一の目標のもとで抗議デモなどに取り組むことになる。ここでは、「将来達成される目標としての平等」の中に「今ここに存在する平等」が侵入しており、アンベードカルの教えに依拠する同一性の政治学の内側からずれが生み出され、別のかたちの運動が展開されている。

以上のように、「過激派」による反差別運動が他宗教信者との対立を生み出し、被差別者の中の被差別者を創出する中、「半仏教徒・半ヒンドゥー教徒」と佐々井は、生活世界において共同体の論理に反する他者の声、排除する側と排除される側が共有する歴史的な繋がりや文化的な記憶、日常的な苦悩を聴き、「差別に抗する団結」と「家族との愛情」の二者択一の問いの前で両者を同時に選択しようとする。「半仏教徒・半ヒンドゥー教徒」は、ブリコラージュによって排他的な仏教徒共同体に「開かれた親族」関係の網の目を組み込み、佐々井や筆者など、既存の同一性の政治学の中には含まれないはずの別のものを紛れ込ませている。同時に、この「半仏教徒・半ヒンドゥー教徒」から「親族」として取り込まれた佐々井は、自らと隣接して暮らす仏教徒の願いを叶える実践の中、アンベードカルや仏教徒を模倣したり、これに同一化したりしているのではない。「心は外にある」と語る佐々井は、反差別運動だけではなく、生活世界にある仏教徒の期待に応えるため、仏教徒たちの視点から「日本出身の仏教僧」である自らを脱領土化している。つまり、佐々井は、神の力を否定し、仏教徒を率いる「不可触民の指導者」になると同時に、神の力を肯定し、仏教徒を救う「不可触民の聖者」に生成変化してきたと考えることができる。(2)この佐々井と仏教徒の同盟を通じて、佐々井が被差別の当事者性を獲得し、仏教徒による不可触民解放運動の当事者性が拡張されてきた。これらの動きの中に、生成変化の政治学を見出すことができるだろう。ポスト・アンベードカルの反差別運動には、まだ明確な名前が与えられていない多様な展開が存在する。「差別即平等、平等即差別」という佐々井の表現は、まだ明確な名前を持たないポスト・アンベードカルの反差別運動に、一つの名前を与えようとするものである。これらの「半仏教徒・半ヒンドゥー教徒」や佐々井の姿は、排他的な当事者性に依拠する反差別運動が生み出す暴力的対立を克服するための示唆を与えてくれる。

註

(1) 本論とは対象地域が異なるが、ナーガラージュは、カルナータカ州においてアンベードカルを支持するダリト組織が実施した「私たちの手から水を飲んでください」というプロジェクトの存在を指摘している。この取り組みは、活動家がカースト・ヒンドゥーに飲料水を配布するものであり、差別者と被差別者の相互作用を通じて差別者が道徳的責任に目覚めるモデルと、被差別者が自らの手で自己尊厳を獲得するモデルを統合するものとされている(Nagaraj 2011: 78-80)。これに加え、仏教徒組織SBSはナーグプル市近郊農村ウダーサーにおいて二〇〇九年から学校運営、二〇一三年から飲料水浄化プロジェクトに取り組んでいる。このプロジェクトでは、他者との関係性の中でヒンドゥー教徒などの他者から自己尊厳への承認を得ることが目指されている。この時、他者は否定的な存在として排除されるのでなく、自己尊厳への承認を与える不可欠な存在となる。この近年のSBSによる運動の在り方については根本(二〇一六b)で詳しく論じている。

(2) この佐々井の「不可触民の指導者/聖者」への生成は、『法華経』「観世音菩薩普門品」にある観世音菩薩の変化に通じる側面がある。「自在に観察する」菩薩大士である観世音菩薩とは、ブラフマー神に教化されるべき衆生たちにはブラフマー神の姿をし、マヘーシュヴァラ（大自在天）に教化されるべき衆生たちにはマヘーシュヴァラの姿をする。つまり、観世音菩薩は、衆生それぞれに応じて変幻自在に姿を現し、仏の教えを説くものである（松濤・丹治・桂　一九七六：二二〇—二二二）。なお佐々井は、常に十一面観音菩薩の像を首から提げている。

あとがき

本書は、筑波大学大学院人文社会科学研究科国際政治経済学専攻に提出した博士論文「「不可触民」解放運動とともに生きる仏教徒たちの民族誌」（二〇一〇年度学位授与）に、それ以降のフィールドワークの成果を加え、加筆・修正したものである。博士論文の審査をしてくださった主査の前川啓治先生（筑波大学）、副査の関根康正先生（関西学院大学）、関根久雄先生（筑波大学）、鈴木伸隆先生（筑波大学）からは、博士論文執筆の過程において多岐にわたるご指導をいただいた。また、内山田康先生（筑波大学）からも多くのことを教えていただいた。先生方に敬意を表するとともに、深く感謝申し上げたい。

本研究を実施するにあたり、公益財団法人旭硝子財団人文・社会科学系研究奨励（平成二三年度）、公益財団法人日本科学協会笹川科学研究助成（平成二三年度）、独立行政法人日本学術振興会科学研究費助成事業ＪＰ２４７１０２８１（若手研究(B)、平成二四～二五年度）及びＪＰ２６８７００７５（若手研究(B)、平成二六～二八年度）の助成を受けた。また、本書の出版にあたっては、独立行政法人日本学術振興会科学研究費助成事業ＪＰ１７ＨＰ５１１７（研究成果公開促進費、平成二九年度）の交付を受けた。関係者の皆さまには、心より感謝申し上げたい。

本書の大部分が民族誌で占められていることから分かるように、ナーグプル市における計二年間のフィールドワークでは、現地の人々から数多くの手助けがあった。こうした支援がなければ、本書は現在のようなかたちにはなっていない。この意味で本書は「協働の民族誌」と呼べるだろう。厚く御礼申し上げたい。

二〇〇一年から現在まで、佐々井師には数十回にわたるインタビューに快く応じていただいた。これに加え、ナーグプル市内はもちろんのこと、北はビハール州から南はカルナータカ州まで、仏教復興運動が展開するインド各地へ連れて行っていただいた。また佐々井師からは、筆者のフィールドワークの拠点となった滞在先を無償で提供していただいた。現地に行けばすぐに理解できることであるが、「利他一義」を説く佐々井師の宗教実践は、文章でも写真でも映像でも、決してすべてを描ききることはできない。例えば、二〇〇一年のブッダ・プールニマー（五月七日）の際、佐々井師はブッダガヤーで仏教徒の行進を率いるため、四〇度を超える灼熱の中、冷房のきかない四輪駆動車の助手席に座り、およそ三〇時間かけてナーグプル市からブッダガヤーまで移動した。佐々井師は、このような生活を五〇年間にわたって毎日のように続けている。病気のために自力で歩くことができない時も、仏教僧や活動家に両脇を支えられながら、仏教徒たちの先頭に立ってきた。筆者が本書で議論できたのは、こういった佐々井師による宗教実践の断片の断片に過ぎない。

「アンベードカライト」を名乗る活動家たちは、アンベードカルの教えや被差別の経験を筆者に語り、それぞれが主催する仏教徒大会に筆者を招待してくれた。筆者は活動家たちのバイクの後部座席に座り、ナーグプル市内だけでなく、市外にある活動家たちの出身農村を訪れた。これらのイベントでは毎回、筆者が参加者にインタビューをする機会を設けてくれた。またイベントが終わると、活動家たちは、それぞれの実家で筆者に食事を提供してくれた。その中でも活動家SGは、筆者から頼まれたわけではないにもかかわらず、二〇〇四年から八カ月間にわたりフィールドワークを手伝ってくれた。「半仏教徒・半ヒンドゥー教徒」や「改宗キリスト教徒」について調べる筆者の研究に批判的な活動家もいたが、SGは何度も筆者を守ってくれた。SGは二〇〇四年から大学教員になったが、いつも「根本が仕事を見つけてくれた」と言っている。実際には、筆者が読んでいた新聞の裏面に教員公募情報が掲載されていることを、ＳＧ自身が気づいただけであったのだが。筆者にできたことがそれだけであっても、彼の人生がより良い方向に進むことに貢献できたことが嬉しい。

　筆者の滞在先から六男ＫＡの家までは、徒歩で五分程度であった。六男ＫＡの家族は、何の見返りを求めることもなく、ほとんど毎日、朝も昼も夜も筆者に食事をさせてくれた。筆者が遠慮をして空腹であることを伝えないと、「なぜ食事を出してくれと言わないんだ」と筆者を叱った。佐々井師を訪問した日本人に後で食事を出してくれないかと頼むと、「自分の家なんだから自分で決めればいい。根本が家に友人を連れてきて、食事を出してと言えば、食事を出すだけだよ」と筆者に言った。筆者が病気になれば、どんなに雨が降っていても、筆者の滞在先へ食事を持ってきてくれた。もし筆者が食べることができなければ、筆者を医者に連れて行き、診察料も薬代も支払ってくれた。二〇一三年に筆者に息子ができてからは、筆者がナーグプル市を離れる前日に、いつも銀のアクセサリーか服をプレゼントしてくれる。そして「デリーに着いてから一回、日本に着いてから一回、必ず電話をするように」と筆者に毎回念を押した。とても簡単なことなのに、筆者は時々電話をすることを忘れてしまった。そんな筆者になぜＫＡの家族はここまでしてくれるのだろうか。

　二〇一六年時点で、ラインＡの仲間グループのメンバーが二〇〇〇年代のように全員で集まることはほとんどない。全員が顔を合わせるにしても、誰かの結婚式くらいである。筆者にとって幸運であったのは、ラインＡの仲間グループが喧嘩や賭けクリケットに非常に強く、さまざまな儀礼を恐れることなく行なっていたことだろう。「半仏教徒・半ヒンドゥー教徒」の生活世界にある過剰さを描くことができたのは、彼らの生き方の豊かさによるところがとても大きい。今では一緒に喧嘩や賭けクリケットをすることも、マールバト供犠やダヒー・ハンディーをすることも、筆者が日本から買ってきたウイスキーや煙草を分け合うことも、誰かの家でアメリカのポルノビデオを見ることもなくなった。調査の期間中、メンバーの誰かが喧嘩で骨折したり、腸チフスで入院したりしたことは何度もあったが、ありがたいことに、出会ってから現在まで誰も命を落としていない。現在ではほとんどのメンバーが結婚しており、全員で集まることは今後もっと減っていくだろう。ただ、とても長い間会っていなくても友人同士であり続けることは、日本と変わらない。

本書の結論では、活動家が主導する同一性の政治学によって他者の声が隠蔽されている一方、「半仏教徒・半ヒンドゥー教徒」がブリコラージュによって等質性なき連帯を創出し、佐々井師が生成変化の政治学を通じて不可触民解放運動の当事者性を拡張している点を論じた。しかし、活動家たちもまた、他者否定による自己尊厳の獲得にとどまっているわけではない（根本 二〇一六b）。近年、ナーグプル市近郊のウダーサー村で問題となっているのは、近隣の製鉄所と発電所からの工業廃水により飲料水が汚染されてきたことである。このような状況の中、仏教徒組織SBSは二〇一三年から飲料水浄化プロジェクトを開始した。このプロジェクトでは、元不可触民である仏教徒が日本の国際協力機構（JICA）の支援を受け、村の貯水池の水を浄化し、村人へ安価で飲料水（月一〇〇ルピーで毎日二〇リットル）を提供している。二〇一三年一二月時点の顧客の内訳は、「指定カースト」が三九世帯、「その他の後進諸階級」が三一世帯、「指定部族」、「遊牧民族（NT）」、「登録解除部族（DNT）」が合わせて四八世帯、バラモンが三世帯の計一二一世帯であり、ウダーサー村のおよそ五世帯に一世帯が参加した。二〇一四年四月時点では、顧客数が一五〇世帯に増加したが、毎月一万五〇〇〇ルピー程度の赤字が続いたため、二〇一六年一月以降は休止中である。この活動について、SBSの活動家たちは次のように語っている。

カースト・ヒンドゥーは私たちに水をくれないけれど、私たちはカースト・ヒンドゥーに水を配っている。ブッダは誰も憎まないように私たちに教えた。バーバーサーヘブ（アンベードカル）は不可触民だけではなく、シュードラのためにも憲法を作った。［中略］バラモンを憎めば私たち自身が悪いものになる。バラモンを憎んでバラモンに水を与えなければ、私たち自身が悪いものになってしまう。相手が自分を憎んでいたとしても、私たちが村のすべての人たちのために良いことをすれば、人々は私たちを尊敬するようになる。この方法だけが相手を変えることができる。私たちが良い仕事をすれば相手が変わる。仏教徒がこんなに良いことをしていると思えば、村の人々は私たちを尊敬するようになる。ヒンドゥー教は不可触民に水や教育を与えず、土地を買うことができないようにしてきたが、今では村のシュードラ、つまり、「その他の後進諸階級」がヒンドゥー教に間違いがあることを学び、私たちを尊敬するようになった。村にはバラモンが五家族暮らしているけれど、バラモンも私たちから水を受け取っている。［中略］今では村の人たちが、「兄弟、この仕事をしてくれないか」と仏教徒のところへ頼みに来るようになった（活動家ＷＢ、石油関連会社勤務、四〇代男性、二〇一四年八月二四日）。

バーバーサーヘブが作った憲法は、すべての人に教育を受ける権利を与え、すべての人に平等や自由を与えてくれた。私たちはバラモンから差別を受けてきたが、憲法では差別が禁じられている。［中略］自分たちが良い行ないをすれば、私たちに差別をしてきた人は、差別をしたことが間違っていたことに気がつく。二〇一四年四月から飲料水を受け取る家族が一五〇に増えたため、水を配るためのボトルが足りなくなった。そのため、それまではボトルを家に置いていったのだが、それ以降は飲料水をボトルから各家の容器に移すようになった。

私たちは「その他の後進諸階級」のクンビーの家族の一つに毎日水を持って行っていた。二〇一四年五月にボトルからその家の容器に水を移すことに変わった時、その家族は私たちには水を移させず、後で自分たちがやると言ってきた。私たちが移すと水が汚くなると考えていたからだ。だから私は「それではなぜ私たちがきれいにした水を飲むのですか」と質問し、その家族と議論した結果、今では私たちに水を移すように頼むようになった。だから水を移す作業は、私たちが行なっている。まだ結婚式で食事をしないなどの差別はあるが、このようなことを通じて「その他の後進諸階級」とも徐々に関係が良くなってきた。私たちが良い仕事をすれば、相手も私たちを尊敬するようになる（活動家DM、SBSプレジデント、三〇代男性、二〇一四年九月一日）。

このようにSBSの活動家たちは、相手が仏教徒を憎んでいたとしても、正しい行ないを通じて相手から尊敬を得ることができると語っている。活動家たちは、「カースト・ヒンドゥーから差別を受け、水を与えられなかった」という歴史を「被差別者（元不可触民）」として共有しつつも、「自由、平等、博愛」の重要性を説くアンベードカルの教えと憲法に従い、ウダーサー村の人々へ飲料水を平等に分配してきた。これにより、宗教やカーストの違いにかかわらず、多様な人々が対面的に交渉する場が創り出されている。この生活世界の場においてカースト・ヒンドゥーが飲料水を受け取ること、言い換えれば、活動家が平等や博愛を実践できることは、活動家に自己尊厳（「自由、平等、博愛の仏教徒」）への承認を与えるものとなる。ここで活動家にとってバラモンや「その他の後進諸階級」は、否定すべき他者（「差別と迷信のヒンドゥー教徒」）として排除されるのではなく、自らが「アンベードカライト」になるために不可欠な存在となっている。このSBSの反差別運動は、他者との関係性の中で他者から自己尊厳への承認を得ようとするものである。果たして、この解放運動の在り方は、差別者と被差別者の相互作用を鍵とするガーンディーのモデルと、被差別者が自らの手で自己尊厳を獲得するアンベードカルのモデルを統合するものと言えるだろうか（序章の註（1）及び終章の註（1）を参照のこと）。

なお、本書の一部は、以下の論文が初出となる。

二〇一二「一義化と両義性から考える仏教徒たちの歴史と視点―現代インドにおける改宗運動とマルバット供犠」『カルチュラル・インターフェースの人類学―「読み換え」から「書き換え」の実践へ』前川啓治編、六四―八三頁、新曜社。

二〇一三「「繋ぐ者」の連帯と開かれた交渉の場―現代インドを生きる仏教徒たちの改宗運動と生活世界」『文化人類学』七八巻三号：三四五―三六六。

2014 Creating a New Meaning for Buddhist Rituals: Two Forms of Religion and Conversion among Contemporary Indian Buddhists in Nagpur City. In *Revisiting Colonial and Post-Colonial: Anthropological Studies of the Cultural Interface.* Wong, Heung Wah and Keiji Maegawa (eds.), pp. 131-158. Bridge 21 Publications.

二〇一六「ポスト・アンベードカルの時代における自己尊厳の獲得と他者の声―インド・ナーグプル市の反差別運動と仏教僧佐々井の矛盾する実践について」『文化人類学』八一巻二号：一九九―二一六。

二〇一六「ポスト・アンベードカルの仏教徒運動についての試論―南アジアにおける暴力的対立克服への示唆」『社会苦に挑む南アジアの仏教―B・R・アンベードカルと佐々井秀嶺による不可触民解放闘争』関根康正・根本達・志賀浄邦・鈴木晋介編、三九―五〇頁、関西学院大学出版会。

研究成果公開促進費の申請から本書の刊行に至るまで、常に筆者の側に立ってくださった法藏館の岩田直子氏に深く感謝申し上げたい。文章にばかり気を取られ、細かな点に目が行かず、最後の最後まで修正を続ける筆者の原稿を、完成まで懇切丁寧に見ていただいた。

最後に、筆者の研究を長年にわたって支えてくれた両親、筆者と二年間インドで暮らしてくれた妻の由香理、筆者の人生において光そのものである息子の千歳に心から感謝したい。

二〇一八年一月二六日　インド共和国記念日に敬意を表して

根本　達

参考文献

〈和文〉

アパドゥライ、アルジュン
二〇一〇『グローバリゼーションと暴力―マイノリティーの恐怖』藤倉達郎訳、世界思想社。
アンダーソン、ベネディクト
一九九七『増補　想像の共同体―ナショナリズムの起源と流行』白石さや・白石隆訳、NTT出版。
アンベードカル、B・R
一九九四『カーストの絶滅』山崎元一・吉村玲子訳、明石書店。
インゴルド、ティム
二〇一四『ラインズ―線の文化史』工藤晋訳、左右社。
ヴィヴェイロス・デ・カストロ、エドゥアルド
二〇一五a『インディオの気まぐれな魂』近藤宏・里見龍樹訳、水声社。
二〇一五b『食人の形而上学―ポスト構造主義的人類学への道』檜垣立哉・山崎吾郎訳、洛北出版。
上村勝彦訳
二〇〇二a『原典訳　マハーバーラタ　一』、筑摩書房。
二〇〇二b『原典訳　マハーバーラタ　二』、筑摩書房。
内山田康
二〇一一「チェッラッタンマンは誰か？―関係的神性、本質的神性、変態する存在者」『文化人類学』七六巻一号：五三―七六。
江原由美子
一九八五『女性解放という思想』、勁草書房。
押川文子

一九九五「独立後の「不可触民」—なにが、どこまで変わったのか」『フィールドからの現状報告』押川文子編、一九—一一一頁、明石書店。
小田亮
一九九六「しなやかな野生の知—構造主義と非同一性の思考」『思想化される周辺世界』青木保・内堀基光・梶原景昭・小松和彦・清水昭俊・中林伸浩・福井勝義・船曳建夫・山下晋司編、九七—一二八頁、岩波書店。
一九九七「ポストモダン人類学の代価—ブリコルールの戦術と生活の場の人類学」『国立民族学博物館研究報告』二一(四):八〇七—八七五。
柄谷行人
一九九四『探究　Ⅱ』、講談社。
川田順造
一九九九「「民族」概念についてのメモ」『民族學研究』六三巻四号:四五一—四六一。
ガンディー、M・K
一九九四『不可触民解放の悲願』森本達雄・古瀬恒介・森本素世子訳、明石書店。
ギデンズ、アンソニー
一九九三『近代とはいかなる時代か?—モダニティの帰結』松尾精文・小幡正敏訳、而立書房。
一九九七「ポスト伝統社会に生きること」『再帰的近代化—近現代における政治、伝統、美的原理』松尾精文・小幡正敏・叶堂隆三訳、一〇五—二〇四頁、而立書房。
金泰泳
一九九九『アイデンティティ・ポリティクスを超えて—在日朝鮮人のエスニシティ』、世界思想社。
ギルロイ、ポール
二〇〇六『ブラック・アトランティック—近代性と二重意識』上野俊哉・毛利嘉孝・鈴木慎一郎訳、月曜社。
國弘暁子
二〇〇九『ヒンドゥー女神の帰依者ヒジュラ—宗教・ジェンダー境界域の人類学』、風響社。

グハ、ラーマチャンドラ
二〇一二『インド現代史　一九四七―二〇〇七　下巻』佐藤宏訳、明石書店。
クラストル、ピエール
一九八七『国家に抗する社会―政治人類学研究』渡辺公三訳、水声社。
クリフォード、ジェイムズ
二〇〇三『文化の窮状―二十世紀の民族誌、文学、芸術』太田好信・慶田勝彦・清水展・浜本満・古谷嘉章・星埜守之訳、人文書院。
孝忠延夫・浅野宜之
二〇〇六『インドの憲法―二一世紀「国民国家」の将来像』、関西大学出版部。
孝忠延夫
二〇〇五『インド憲法とマイノリティ』、法律文化社。
小谷汪之・辛島昇
二〇〇四「イギリス植民地支配の始まりとインド社会」『南アジア史』辛島昇編、二七三―三二一頁、山川出版社。
小谷汪之
一九九六『不可触民とカースト制度の歴史』、明石書店。
一九九七「不可触民の職務と得分―マハール・ワタンをめぐる紛争と論争」『インドの不可触民―その歴史と現在』小谷汪之編、九四―一四三頁、明石書店。
コタリ、ラジニ
一九九九『インド民主政治の転換―一党優位体制の崩壊』広瀬崇子訳、勁草書房。
サイード、エドワード・W
一九九二「知の政治学」大橋洋一訳、『みすず』三七七：二―一六。
一九九三a『オリエンタリズム　上』今沢紀子訳、平凡社。
一九九三b『オリエンタリズム　下』今沢紀子訳、平凡社。

酒井直樹
一九九四「死産される日本語・日本人—日本語という統一体の制作をめぐる（反）歴史的考察」『思想』八四五：五—三六。
佐々井秀嶺
二〇〇四「『ブッダとそのダンマ』再刊によせて」、アンベードカル、B・R『ブッダとそのダンマ』山際素男訳、四〇五—四三〇頁、光文社。
佐藤隆弘
二〇〇二「経済自由化のマクロ経済学—「新興市場」インドの経験から」『現代南アジア②経済自由化のゆくえ』絵所秀紀編、一一—四二頁、東京大学出版会。
佐藤裕
一九九〇「三者関係としての差別」『解放社会学研究』四：七七—八七。
二〇〇五『差別論—偏見理論批判』、明石書店。
サルカール、スミット
一九九三a『新しいインド近代史Ⅰ—下からの歴史の試み』長崎暢子・臼田雅之・中里成章・粟屋利江訳、研文出版。
一九九三b『新しいインド近代史Ⅱ—下からの歴史の試み』長崎暢子・臼田雅之・中里成章・粟屋利江訳、研文出版。
志賀浄邦
二〇一六「B・R・アンベードカルが示した〈道（mārga）〉」『社会苦に挑む南アジアの仏教—B・R・アンベードカルと佐々井秀嶺による不可触民解放闘争』関根康正・根本達・志賀浄邦・鈴木晋介編、二三—三八頁、関西学院大学出版会。
松濤誠廉・丹治昭義・桂紹隆訳
一九七六『大乗仏典五　法華経Ⅱ』、中央公論社。

杉山圭以子
一九九八「社会的弱者層とその課題」『現代インドの展望』古賀正則・内藤雅雄・中村平治編、七四―九五頁、岩波書店。
鈴木晋介
二〇一三『つながりのジャーティヤースリランカの民族とカースト』、法藏館。
ストラザーン、マリリン
二〇一五『部分的つながり』大杉高司・浜田明範・田口陽子・丹羽充・里見龍樹訳、水声社。
スピヴァク、G・C
一九九二『ポスト植民地主義の思想』清水和子・崎谷若菜訳、彩流社。
一九九八『サバルタンは語ることができるか』上村忠男訳、みすず書房。
関根康正
一九九五『ケガレの人類学―南インド・ハリジャンの生活世界』、東京大学出版会。
二〇〇二「文化人類学における南アジア」『現代南アジア①地域研究への招待』長崎暢子編、九一―一二七頁、東京大学出版会。
二〇〇六『宗教紛争と差別の人類学―現代インドで〈周辺〉を〈境界〉に読み替える』、世界思想社。
総合佛教大辞典編集委員会編
二〇〇五『総合佛教大辞典』、法藏館。
ターナー、ヴィクター
一九八一『象徴と社会』梶原景昭訳、紀伊國屋書店。
一九九六『儀礼の過程』冨倉光雄訳、新思索社。
立川武蔵
一九八〇「ヒンドゥーの女神たち」『ヒンドゥーの神々』立川武蔵・石黒淳・菱田邦男・島岩編、一一五―一六二頁、せりか書房。

田辺明生
一九九三「力の変容―インド・オリッサのラモチョンディ女神祭祀」『民族學研究』五八巻二号：一七〇―一九三。
二〇一〇『カーストと平等性―インド社会の歴史人類学』、東京大学出版会。
谷山洋三
二〇一〇「バングラデシュ―仏教徒としてのアイデンティティ」『挑戦する仏教―アジア各国の歴史といま』木村文輝編、三四―四八頁、法藏館。
チャクラバルティ、ディペシュ
一九九六「急進的歴史と啓蒙的合理主義―最近のサバルタン研究批判をめぐって」臼田雅之訳、『思想』八五九：八二―一〇七。
中外日報
「ボディ・ダンマ禅士インタビュー：インドに臨済宗根付かせたい」http://www.chugainippoh.co.jp/NEWWEB/n-interviews/Nint/n-d080219.htm（二〇一〇年三月二九日閲覧）。
鄭暎惠
一九九六「アイデンティティを超えて」『差別と共生の社会学』井上俊・上野千鶴子・大澤真幸・見田宗介・吉見俊哉編、一―三三頁、岩波書店。
テイラー、チャールズ
一九九六「承認をめぐる政治」『マルチカルチュラリズム』佐々木毅・辻康夫・向山恭一訳、三七―一一〇頁、岩波書店。
デュモン、ルイ
二〇〇一『ホモ・ヒエラルキクス―カースト体系とその意味』田中雅一・渡辺公三訳、みすず書房。
ドゥルーズ、ジル／フェリックス・ガタリ
一九九四『千のプラトー―資本主義と分裂症』宇野邦一・小沢秋広・田中敏彦・豊崎光一・宮林寛・守中高明訳、河出書房新社。

ド・セルトー、ミシェル
一九八七『日常的実践のポイエティーク』山田登世子訳、国文社。
豊田正弘
一九九八「当事者幻想論―あるいはマイノリティの運動における共同幻想の論理」『現代思想』二六―二：一〇〇―一一三。
内藤雅雄
一九九四「マハーラーシュトラにおける不可触民解放の思想と運動」『解放の思想と運動』内藤雅雄編、一五一―二一〇頁、明石書店。
中沢新一
二〇一〇『カイエ・ソバージュ』、講談社。
中溝和弥
二〇一二『インド 暴力と民主主義―一党優位支配の崩壊とアイデンティティの政治』、東京大学出版会。
中村元・福永光司・田村芳朗・今野達・末木文美士編
二〇〇二『岩波　仏教辞典　第二版』、岩波書店。
中村元
二〇〇二『龍樹』、講談社。
長崎暢子・小谷汪之・辛島昇
二〇〇四「独立後の国家と国民」『南アジア史』辛島昇編、四二四―四九六頁、山川出版社。
長崎暢子
二〇〇二「運動から国家へ」『現代南アジア③民主主義へのとりくみ』堀本武功・広瀬崇子編、一三―四九頁、東京大学出版会。
二〇〇四a『インド　国境を越えるナショナリズム』、岩波書店。
二〇〇四b「英領インドの成立とインド民族運動の始まり」『南アジア史』辛島昇編、三三二―三七一頁、山川出版社。
二〇〇四c「ガンディー時代」『南アジア史』辛島昇編、三七二―四二三頁、山川出版社。
根本達
二〇一二「一義化と両義性から考える仏教徒たちの歴史と視点―現代インドにおける改宗運動とマルバット供犠」『カルチュラル・インターフェースの人類学―「読み換え」から「書き換え」の実践へ』前川啓治編、六四―八三頁、新曜社。
二〇一三「「繋ぐ者」の連帯と開かれた交渉の場―現代インドを生きる仏教徒たちの改宗運動と生活世界」『文化人類学』七八巻三号：三四五―三六六。
二〇一六a「ポスト・アンベードカルの時代における自己尊厳の獲得と他者の声―インド・ナーグプル市の反差別運動と仏教僧佐々井の矛盾する実践について」『文化人類学』八一巻二号：一九九―二一六。
二〇一六b「ポスト・アンベードカルの仏教徒運動についての試論―南アジアにおける暴力的対立克服への示唆」『社会苦に挑む南アジアの仏教―B・R・アンベードカルと佐々井秀嶺による不可触民解放闘争』関根康正・根本達・志賀浄邦・鈴木晋介編、三九―五〇頁、関西学院大学出版会。
野口道彦
二〇〇〇『部落問題のパラダイム転換』、明石書店。
ハーヴェイ、デヴィッド
一九九九『ポストモダニティの条件』吉原直樹監訳、青木書店。
二〇〇七『新自由主義―その歴史的展開と現在』渡辺治監訳、作品社。
バウマン、ジークムント
二〇〇一『リキッド・モダニティ―液状化する社会』森田典正訳、大月書店。
バトラー、ジュディス
一九九九『ジェンダー・トラブル―フェミニズムとアイデンティティの攪乱』竹村和子訳、青土社。
ハラウェイ、ダナ

二〇〇一「サイボーグ宣言—一九八〇年代の科学とテクノロジー、そして社会主義的フェミニズムについて」小谷真理訳『サイボーグ・フェミニズム　増補版』巽孝之編、二七—一四三頁、水声社。
二〇一三『犬と人が出会うとき—異種協働のポリティクス』高橋さきの訳、青土社。
広瀬崇子
一九九四「インドにおけるヒンドゥー・ナショナリズムの台頭—インド人民党を中心に」『アジア経済』三五(三)：二—二二。
二〇〇六「インド民主主義と選挙」『インド民主主義の変容』広瀬崇子・南埜猛・井上恭子編、一三—七三頁、明石書店。
フィッツジェラルド、ティモシー
一九九四「マラートワーダーに見られる村の仏教」『解放の思想と運動』内藤雅雄編、二一一—二四〇頁、明石書店。
藤井毅
一九九四「社会宗教改革運動におけるカースト観の相克」『解放の思想と運動』内藤雅雄編、二五—七九頁、明石書店。
二〇〇三『歴史のなかのカースト—近代インドの「自画像」』、岩波書店。
舟橋健太
二〇〇七「仏教徒として／チャマールとして—北インド、ウッタル・プラデーシュ州における「改宗仏教徒」の事例から」『南アジア研究』一九：六〇—八〇。
二〇一四『現代インドに生きる〈改宗仏教徒〉—新たなアイデンティティを求める「不可触民」』、昭和堂。
フレイザー、ナンシー
二〇一二「アイデンティティ・ポリティクスの時代の社会正義—再配分・承認・参加」『再配分か承認か？—政治・哲学論争』加藤泰史監訳、七—一一六頁、法政大学出版局。
ベック、ウルリッヒ

一九九七「政治の再創造―再帰的近代化理論に向けて」『再帰的近代化―近現代における政治、伝統、美的原理』松尾精文・小幡正敏・叶堂隆三訳、九―一〇三頁、而立書房。
一九九八『危険社会―新しい近代への道』東廉・伊藤美登里訳、法政大学出版局。
ホブズボウム、エリック
一九九二「序論―伝統は創り出される」前川啓治訳、『創られた伝統』ホブズボウム、エリック／テレンス・レンジャー編、前川啓治・梶原景昭他訳、九―二八頁、紀伊國屋書店。
堀本武功
一九九七『インド現代政治史―独立後半世紀の展望』、刀水書房。
前川啓治
二〇〇〇『開発の人類学―文化接合から翻訳的適応へ』、新曜社。
二〇〇四『グローカリゼーションの人類学―国際文化・開発・移民』、新曜社。
松田素二
一九九二「民族再考―近代の人間分節の魔法」『インパクション』七五：二三―三五。
一九九六『都市を飼い慣らす―アフリカの都市人類学』、河出書房新社。
二〇〇九『日常人類学宣言！―生活世界の深層へ／から』、世界思想社。
宮地尚子
二〇〇七『環状島＝トラウマの地政学』、みすず書房。
三輪博樹
二〇〇七「ヒンドゥーの一翼か議会政党か―インド人民党（ＢＪＰ）」『現代インドを知るための60章』広瀬崇子・近藤正規・井上恭子・南埜猛編、五三―五七頁、明石書店。
モース、マルセル／アンリ・ユベール
一九八三『供犠』小関藤一郎訳、法政大学出版局。
森本達雄

一九九四「マハートマ・ガンディー―人と生涯」、ガンディー、M・K『不可触民解放の悲願』森本達雄・古瀬恒介・森本素世子訳、二八三―三三五頁、明石書店。
屋嘉比収
二〇〇九『沖縄戦、米軍占領史を学びなおす―記憶をいかに継承するか』、世織書房。
箭内匡
一九九四「「他なるもの」から「似たもの」へ―未来の民族誌にむけて」『民族學研究』五九巻二号：一七〇―一八〇。
二〇〇二「アイデンティティの識別不能地帯で―現代マプーチェにおける「生成」の民族誌」『日常的実践のエスノグラフィ―語り・コミュニティ・アイデンティティ』田辺繁治・松田素二編、二一四―二三四頁、世界思想社。
山際素男
二〇〇〇『破天―一億の魂を摑んだ男』、南風社。
山口昌男
一九七五『文化と両義性』、岩波書店。
一九八三「見世物の人類学へ」『見世物の人類学』ターナー、ヴィクター・山口昌男編、一三八―一五二頁、三省堂。
山崎元一
一九七九『インド社会と新仏教―アンベードカルの人と思想』、刀水書房。
リオタール、ジャン＝フランソワ
一九八六『ポスト・モダンの条件―知・社会・言語ゲーム』小林康夫訳、水声社。
レヴィ＝ストロース、クロード
一九七六『野生の思考』大橋保夫訳、みすず書房。
ワグナー、ロイ

二〇〇〇『文化のインベンション』山口美惠・谷口佳子訳、玉川大学出版部。

〈欧文〉

Abu-lughod, Lila

1991 Writing against Culture. In *Recapturing Anthropology: Working in the Present*. Fox, Richard G. (ed.), pp. 137–162. School of American Research Press.

Ahir, D. C.

1998 *India 50 Years of Independence: 1947–97 Status, Growth & Development, 6 Buddhism*. B. R. Publishing Corporation.

Ambedkar, B. R.

1990 The Untouchables: Who were They and Why They Became Untouchables? In *Dr. Babasaheb Ambedkar Writings and Speeches Vol. 7*. Moon, Vasant (ed.), pp. 231–379. Dr. Babasaheb Ambedkar Source Material Publication Committee.

2010 Annihilation of Caste. In *Dr. Babasaheb Ambedkar Writings and Speeches Vol. 1*. Moon, Vasant (ed.), pp. 23–96. Dr. Babasaheb Ambedkar Source Material Publication Committee.

2011 *The Buddha and His Dhamma: A Critical Edition*. Rathore, Aakashi Singh and Ajay Verma (eds.). Oxford University Press.

Ambedkar Center for Justice and Peace

2004 *ACJP Speaks*. Souvenir for World Conference on Human Rights Education.

Apffel-Marglin, Frédérique

1985 *Wives of the God-King: The Rituals of the Devadasis of Puri*. Oxford University Press.

Appadurai, Arjun

1996 *Modernity at Large: Cultural Dimensions of Globalization*. University of Minnesota Press.

Barua, Dipak K.
1981 *Buddha Gaya Temple: Its History*. Buddha Gaya Temple Management Committee.
Bashkow, Ira
2006 *The Meaning of Whitemen: Race and Modernity in the Orakaiva Cultural World*. University of Chicago Press.
Beltz, Johannes
2005 *Mahar, Buddhist and Dalit: Religious Conversion and Socio-Political Emancipation*. Manohar.
Brass, Paul R.
2003 *The Production of Hindu-Muslim Violence in Contemporary India*. University of Washington Press.
Chandra Sekhar, A.
1972 *Census of India 1971, Series 1 India, Paper 2 of 1972 Religion*. Manager of Publications.
Chatterjee, Partha
1999 Nationalist Thought and the Colonial World: The Derivative Discourse? In *The Partha Chatterjee Omnibus*, pp. 1–181. Oxford University Press.
2004 *The Politics of the Governed: Reflections on Popular Politics in Most of the World*. Columbia University Press.
Clifford, James
2000 Taking Identity Politics Seriously: 'The Contradictory, Stony Ground.' In *Without Guarantees: In Honour of Stuart Hall*. Gilroy, Paul, Lawrence Grossberg, and Angela McRobbie (eds.), pp. 94–112. Verso.
Cohn, Bernard
1987 *An Anthropologist among the Historians and Other Essays*. Oxford University Press.
Conklin, Beth A.
1997 Body Paint, Feathers and VCRs: Aesthetics and Authenticity in Amazonian Activism. *American Ethnologist*

24(4): 711–737.

Conklin, Beth A. and Laura R. Graham

1995 The Shifting Middle Ground: Amazonian Indians and Eco-Politics. *American Anthropologist* 97(4): 695–710.

Daniel, Valentine E.

1984 *Fluid Signs: Being a Person the Tamil Way*. University of California Press.

1996 *Charred Lullabies: Chapters in an Anthropography of Violence*. Princeton University Press.

Das, Veena

1990 Our Work to Cry: Your Work to Listen. In *Mirrors of Violence: Communities, Riots and Survivors in South Asia*. Das, Veena (ed.), pp. 345–398. Oxford University Press.

Deliège, Robert

1992 Replication and Consensus: Untouchability, Caste and Ideology in India. *Man* 27(1): 155–173.

Directorate of Census Operation, Maharashtra

2005 *Census of India 2001, Series-28 Maharashtra, Primary Census Abstract Volume-II*. Controller of Publications.

Dirks, Nicholas B.

1987 *The Hollow Crown: Ethnohistory of an Indian Kingdom*. Cambridge University Press.

Doyle, Tara N.

2003 "Liberate the Mahabodhi Temple!": Socially Engaged Buddhism, Dalit Style. In *Buddhism in the Modern World: Adaptations of an Ancient Tradition*. Heine, Steven and Charles S. Prebish (eds.), pp. 249–280. Oxford University Press.

Eaton, Richard M.

1985 Approaches to the Study of Conversion to Islam in India. In *Approaches to Islam in Religious Studies*. Martin, Richard C. (ed.), pp. 106–123. University of Arizona Press.

Edelman, Marc

2001 Social Movements: Changing Paradigms and Forms of Politics. *Annual Review of Anthropology* 30: 285–317.

Election Commission of India

http://eci.nic.in（2008年 6 月25日閲覧）.

Eriksen, Thomas Hylland

2005 How can the Global be Local?: Islam, the West and the Globalization of Identity Politics. In *Media and Glocal Change: Rethinking Communication for Development*. Hemer, Oscar and Thomas Tufle（eds.）, pp. 25–40. Clacso.

Freeman, James M.

1979 *Untouchable: An Indian Life History*. Stanford University Press.

Gandhi, Mohandas K.

1993 *An Autobiography: The Story of My Experiments with Truth*. Desai, Mahadev H.（trans.）. Beacon Press.

Ghassem-Fachandi, Parvis

2012 *Pogrom in Gujarat: Hindu Nationalism and Anti-Muslim Violence in India*. Princeton University Press.

Gold, Ann Grodzins

1988 *Fruitful Journeys: The Ways of Rajastani Pilgrims*. University of California Press.

Gorringe, Hugo

2005a *Untouchable Citizens: Dalit Movements and Democratisation in Tamil Nadu*. Sage Publications.

2005b "You Built Your House, We'll Build Ours": The Attractions and Pit falls of Identity Politics. *Social Identities* 11（6）: 653–672.

Hale, Charles R.

2006 Activist Research v. Cultural Critique: Indigenous Land Rights and the Contradictions of Politically Engaged Anthropology. *Cultural Anthropology* 21（1）: 96–120.

Hardtmann, Eva-Maria

2009 *The Dalit Movement in India: Local Practices, Global Connections.* Oxford University Press.

Hindu

Nov. 17, 2006. He lives to see justice done.

Nov. 19, 2006. Police were lax in probing Khairlanji killings: Dalit activists.

Dec. 28, 2006. Charge sheet filed in Khairlanji case.

Hindustan Times

Dec. 7, 2006. Two more Ambedkar statues vandalised.

Hodgson, Dorothy L.

2002 Introduction: Comparative Perspectives on the Indigenous Rights Movement in Africa and the Americas. *American Anthropologist* 104(4): 1037–1049.

Hutton, J. H.

1933 *Census of India 1931, Vol. I India, Part I Report.* Manager of Publications.

Indian Express

Nov. 7, 2006. Violence in Nagpur over Dalit killings.

Nov. 8, 2006. Village quiet after it ganged up to hack Dalit mother, 3 children.

Nov. 15, 2006. CBI to probe Dalit killings.

Nov. 30, 2006. Damaged Ambedkar statue sparks protests.

Dec. 1, 2006. UP statue gets politics and rage to stoke fires across Maharashtra.

Sep. 25, 2008. Khairlanji Dalit killings: six get death, two sentenced to life.

Jackson, Jean E.

1995 Culture, Genuine and Spurious: The Politics of Indianness in the Vaupés, Columbia. *American Ethnologist* 22 (1): 3–27.

Jaoul, Nicholas

2006 Learning the Use of Symbolic Means: Dalits, Ambedkar Statues and the State in Uttar Pradesh. *Contributions to Indian Sociology* 40(2): 175–207.

Kale, Kishore Shantabai

2000 *Against All Odds*. Pandey, Sandhya (trans.). Penguin Books.

Kantowsky, Detlef

2003 *Buddhists in India Today: Descriptions, Pictures and Documents*. Manohar.

Keer, Dhananjay

1971 *Dr. Ambedkar: Life and Mission*. Popular Prakashan.

Keesing, Roger M.

1989 Creating the Past: Custom and Identity on the Contemporary Pacific. *The Contemporary Pacific* 1(1&2): 19–42.

1991 Reply to Trask. *The Contemporary Pacific* 3(1): 168–171.

Khare, R. S.

1984 *The Untouchable as Himself: Ideology, Identity, and Pragmatism among the Lucknow Chamars*. Cambridge University Press.

Kulkarni, B. A.

1964 *Census of India 1961, Volume X Maharashtra, Part V-A Scheduled Castes and Scheduled Tribes in Maharashtra-Tables*. Manager of Publications.

Lavie, Smadar

2012 Writing against Identity Politics: An Essay on Gender, Race, and Bureaucratic Pain. *American Ethnologist* 39(4): 779–803.

Li, Tania Murray

2000 Articulating Indigenous Identity in Indonesia: Resource Politics and the Tribal Slot. *Comparative Studies in Society and History* 42(1): 149–179.

Limbale, Sharankumar

2003 *The Outcaste: Akkarmashi*. Bhoomkar, Santosh (trans.). Oxford University Press.

Linnekin, Jocelyn

1991 Text Bites and the R-word: The Politics of Representing Scholarship. *The Contemporary Pacific* 3(1): 172–177.

1992 On the Theory and Politics of Cultural Construction in the Pacific. *Oceania* 62(4): 249–263.

Lynch, Owen M.

1969 *The Politics of Untouchability: Social Mobility and Social Change in a City of India*. Columbia University Press.

Maharashtra Census Office, Bombay

1969 *Census of India 1961, Volume X Maharashtra, Part VII-B Fairs and Festivals in Maharashtra*. Manager of Publications.

Marriott, McKim

1976 Hindu Transactions: Diversity without Dualism. In *Transaction and Meaning: Directions in the Anthropology Exchange and Symbolic Behavior*. Kapfere, Bruce (ed.), pp. 109–142. Inst. for the Study of Human Issue.

Marriott, McKim and Inden, Ronald

1977 Toward an Ethnosociology of South Asian Caste Systems. In *The New Wind: Changing Identities in South Asia*. David, Kenneth (ed.), pp. 227–238. Mouton.

Mayer, Adrian C.

1960 *Caste and Kinship in Central India*. University of California Press.

Mitra, A.

1965 *Census of India 1961, Volume I India, Part II-C(i) Social and Cultural Tables*. Manager of Publications.

Moffatt, Michael

1979 *An Untouchable Community in South India: Structure and Consensus*. Princeton University Press.

Moon, Vasant

2002 *Growing up Untouchable in India: A Dalit Autobiography*. Omvedt, Gail (trans.), Vistaar Publications.

Muratorio, Blanca

1998 Indigenous Women's Identities and the Politics of Cultural Reproduction in the Ecuadorian Amazon. *American Anthropologist* 100(2): 409–420.

Nagaraj, D. R.

2011 *The Flaming Feet and Other Essays: The Dalit Movement in India*. Shobhi, Prithvi Datta Chandra (ed.). Seagull Books.

2014 *Listening to the Loom: Essays on Literature, Politics and Violence*. Shobhi, Prithvi Datta Chandra (ed.). Seagull Books.

Nandy, Ashis

1990 The Politics of Secularism and the Recovery of Religious Tolerance. In *Mirrors of Violence: Communities, Riots and Survivors in South Asia*. Das, Veena (ed.), pp. 69–93. Oxford University Press.

Narayan, Badri

2004 Inventing Caste History: Dalit Mobilization and Nationalist Past. *Contributions to Indian Sociology* 38(1&2): 193–220.

Nash, June

2005 Introduction: Social Movements and Global Processes. In *Social Movements: An Anthropological Reader*. Nash, June (ed.), pp. 1–26. Blackwell Publishing.

Nemoto, Tatsushi

2014 Creating a New Meaning for Buddhist Rituals: Two Forms of Religion and Conversion among Contemporary Indian Buddhists in Nagpur City. In *Revisiting Colonial and Post-Colonial: Anthropological Studies of the Cultural Interface*. Wong, Heung Wah and Keiji Maegawa (eds.), pp. 131–158. Bridge 21 Publications.

Office of the Registrar General, India

1963 *Census of India, Paper No.1 of 1963, 1961 Census-Religion*. Manager of Publications.

Office of the Registrar General and Census Commissioner, India

2005 *Census of Indian 2001, Series-1 India, Slum Population Vol. I*. Controller of Publication.

2011 *Census of India*. (http://www.censusindia.gov.in/) (2015年 9 月16日閲覧)

Omvedt, Gail

2001 Ambedkar and After: The Dalit Movement in India. In *Dalit Identity and Politics*. Shah, Ghanshyam (ed.), pp. 143–159. Sage Publications.

Ortner, Sherry B.

1995 Resistance and the Problem of Ethnographic Refusal. *Comparative Studies in Society and History* 37(1): 173–193.

Pai, Sudha

2007 From Dalit to Savarna: The Search for a New Social Constituency by the Bahujan Samaj Party in Uttar Pradesh. In *Political Process in Uttar Pradesh: Identity, Economic Reforms and Governance*. Pai, Sudha (ed.), pp. 221–240. Person Education.

Parry, Jonathan P.

1980 Ghost, Greed and Sin: The Occupational Identity of the Benares Funeral Priest. *Man* 15(1): 88–111.

1994 *Death in Banaras*. Cambridge University Press.

Pillai-Vetschera, Traude

1994 *The Mahars: A Study of their Culture, Religion and Socio-Economic Life*. Intercultural Publications.

Queen, Christopher S.

1990 Introduction: The Shapes and Sources of Engaged Buddhism. In *Engaged Buddhism: Buddhist Liberation Movements in Asia*. Queen, Christopher S. and Sallie B. King (eds.), pp. 1–44. State University of New York Press.

2010 Ambedkar, Modernity and the Hermeneutics of Buddhist Liberation. In *Dr. Ambedkar, Buddhism and Social Change*. Narain, A. K. and D. C. Ahir (eds.), pp. 99–122. Buddhist World Press.

Raheja, Gloria Goodwin

1988 *The Poison in the Gift: Ritual, Prestation and the Dominant Caste in a North Indian Village*. University of Chicago Press.

Robertson, Alexander

1938 *The Mahar Folk: A Study of Untouchables in Maharashtra*. Kaushalya Prakashan.

Robinson, Rowena and Sathianathan Clarke

2003 Introduction: The Many Meanings of Religious Conversion on the Indian Subcontinent. In *Religious Conversion in India: Modes, Motivations, and Meanings*. Robinson, Rowena and Sathianathan Clarke (eds.), pp. 1–21. Oxford University Press.

Scott, James C.

1985 *Weapons of the Weak: Everyday Forms of Peasant Resistance*. Yale University Press.

Speed, Shannon

2006 At the Crossroads of Human Rights and Anthropology: Toward a Critically Engaged Activist Research. *American Anthropologist* 108(1): 66–76.

Steedly, Mary Margaret

1993 *Hanging without a Rope*. Princeton University Press.

Survey of India

2004a State Map Series, Mahārāshtra East.

2004b State Map Series, Dādra & Nagar Haveli and Mahārāshtra West.

2007 Nāgpur and Kāmthi Guide Map.

Sylvain, Renée

2002 "Land, Water, and Truth": San Identity and Global Indigenism. *American Anthropologist* 104(4): 1074–1085.

2014 Essentialism and the Indigenous Politics of Recognition in Southern Africa. *American Anthropologist* 116(2): 251–264.

Tambiah, Stanley J.

1996 *Leveling Crowds: Ethnonationalist Conflicts and Collective Violence in South Asia*. University of California Press.

Thehelka

Nov. 11, 2006. Dalits, like flies to feudal lords.

Nov. 18, 2006. Punish the guilty of the Kherlanji horror.

Nov. 25, 2006. A flag over the dead.

Times of India

Dec. 1, 2006. Dalit anger singes Maharashtra.

Trask, Haunani-Kay

1991 Natives and Anthropologists: The Colonial Struggle. *The Contemporary Pacific* 3(1): 159–167.

Trawick, Margaret

1990 Untouchability and the Fear of Death in Tamil Song. In *Language and Politics of Emotion*. Lutz, Catherine A. and Lila Abu-Lughod (eds.), pp. 186–206. Cambridge University Press.

1992 *Notes on Love in a Tamil Family*. University of California Press and Editions de la Maison des Sciences de l'Homme.

Tsing, Anna

1993 *In the Realm of the Diamond Queen: Marginality in an Out-of-the-Way Place*. Princeton University Press.

Valmiki, Omprakash

2003 *Joothan: A Dalit's Life*. Mukherjee, Arun Prabha (trans.). Samya.

Varshney, Ashutosh

2002 *Ethnic Conflict and Civic Life: Hindus and Muslims in India*. Yale University Press.

Vincentnathan, Lynn

1993 Untouchable Concepts of Person and Society. *Contributions to Indian Sociology* 27(1): 53–82.

Viswanathan, Gauri

1998 *Outside the Fold: Conversion, Modernity, and Belief*. Oxford University Press.

Waghmore, Suryakant

2013 *Civility against Caste: Dalit Politics and Citizenship in Western India*. Sage Publications.

Zelliot, Eleanor Mae

1969 Dr. Ambedkar and the Mahar Movement. Ph. D. Dissertation. University of Pennsylvania.

1996 *From Untouchable to Dalit: Essays on the Ambedkar Movement*. Manohar.

根本 達

現代インドの仏教徒と不可触民解放運動

ポスト・アンベードカルの民族誌

法藏館

著者略歴
根本　達（ねもと　たつし）

1975年ペルー・リマ生まれ。立教大学文学部卒業後、筑波大学大学院修士課程地域研究研究科修了、筑波大学大学院博士課程人文社会科学研究科修了。博士（国際政治経済学）。専攻は文化人類学、南アジア地域研究。現在、筑波大学人文社会系助教。
主な論文に「ポスト・アンベードカルの時代における自己尊厳の獲得と他者の声―インド・ナーグプル市の反差別運動と仏教僧佐々井の矛盾する実践について」（『文化人類学』81巻2号、2016年）、「「繫ぐ者」の連帯と開かれた交渉の場―現代インドを生きる仏教徒たちの改宗運動と生活世界」（『文化人類学』78巻3号、2013年）。

ポスト・アンベードカルの民族誌
——現代インドの仏教徒と不可触民解放運動——

二〇一八年二月二八日　初版第一刷発行

著　者　根本　達
発行者　西村明高
発行所　株式会社　法藏館
京都市下京区正面通烏丸東入
郵便番号　六〇〇-八一五三
電話　〇七五-三四三-〇〇三〇（編集）
〇七五-三四三-五六五六（営業）

装幀者　山崎　登
印刷・製本　亜細亜印刷株式会社

ISBN 978-4-8318-5704-0 C3039

索　引

Ⅰ．事項

あ　行

か　行

さ　行

た　行

な　行

は　行

ま　行

や　行

ら　行

わ　行

Ⅱ．人名・地名

あ　行

か　行

さ　行

た　行

な　行

は　行

ま　行

や　行

ら　行

わ　行